名企绩效考核最佳管理实践

价值评估与应用新模式

BEST PRACTICE
ON PERFORMANCE MANAGEMENT OF
FAMOUS ENTERPRISE

王文萍 李喆 著

中国法制出版社
CHINA LEGAL PUBLISHING HOUSE

序一
实践的力量

管理就是实践，实践是我们最伟大的老师。1954年著名的管理学大师彼得·德鲁克出版了《管理的实践》一书，在书中他强调了"管理是一种实践"，以及人的重要性。管理的本质在于实践，而人力资源管理因为"人"的自我意识驱动，以及日益成为企业价值创造的主导要素，区别于企业成长所需要的任何其他资源，更加需要实践的力量。

1993年，我主持编写了近一千多万字的管理实践应用丛书《现代管理制度·程序·方法范例全集》，以书为媒，有幸认识了不少像华为的任正非、美的的何享健、六和的张唐之这样极具开拓创新精神，渴望企业快速、持续成长的中国企业家，也深切感受到了中国企业成长中的管理需求，于是我与包政等六位中国人民大学的教授开始投身管理咨询行业，为华为、美的、TCL、六和等一批优秀企业提供咨询服务，弹指间二十多年过去了，我们这些当时的作者成为了所谓的管理咨询专家，而当年的这些小企业如今也有不少已发展成为千亿量级的企业。我们或陪伴着，或注视着这些企业的成长，更加深感到管理实践对管理理论研究的重要性。管理理论来源于实践需求，又回归于实践价值，管理要创造价值，不是专家学者自娱自乐的工具。未来中国管理学人的使命：是要帮助中国企业提升全球竞争力，原创中国管理理论与方法，将中国企业的最优实践推向世界，使中国企业对世界的贡献，不仅仅是GDP，还有最优管理实践及原创中国管理理论与方法。

"名企HR最佳管理实践系列丛书"的问世，我认为也正是出于这样的目的，出于对实践的尊重，充分体现了管理学人的使命与价值，这正是我推荐这套丛书的主要原因。这些仍然服务于企业人力资源管理一线的专业实战派人士，能够将亲身实战的企业人力资源管理成功经验拿出来进行系统总结、提炼、升华，立足中国本土招聘管理、绩效考核、薪酬管理、培训管理、员工劳动关系管理等人力资源管理经典模块的扎根实践，以全球视野与互联网时代新思维，全面而立体地剖析、萃取人力资源管理实践的精华，对于快速提升企业人力资源管理水平，具有极大的参考价值。

在国内浩瀚如海的人力资源管理类书籍中，针对人力资源入门者、主管和经理以及高级管理人员，围绕职业生涯路线，提供业务知识系统化指导与帮助的书籍相对较少，本套丛书区别于其他人力资源管理类书籍，有以下几个方面的特点：

其一，能够站在企业管理者的高度上看问题。将人力资源管理理念提升到企业战略与人力资源战略的高度，从企业发展的整体性视角来审视人力资源各个模块的管理问题，对各个模块的内在联系，以及每个模块的体系化设计进行了深入的解读和相关管理知识的延展，能够引导读者建立全局性思维模式，形成人力资源管理支撑企业发展的系统逻辑，同时又能够对各个模块内容进行深入阅读和思考，让读者"既见树木又见森林"。因此，本套丛书对于企业中高级管理者、职能与业务部门管理者的管理思路方法都具有参考价值。

其二，在内容上充分结合实战经验。在实践基础上提炼理论与方法，摒弃复杂难懂、高深莫测的枯燥学术性词汇，注重生动性和接地气；将人力资源前沿理论与应用实战经验高度融合而形成的管理工具与方法具有较高的可操作性。本套丛书将理论与实践有机结合，内容新颖，题材丰富，既包含体系化的流程设计理念与知识，又收集了丰富的管理落地实战工具。

体系化的管理理论。本套丛书中提炼出的管理理念，并非基于某一个单点的成功实践或个例，而是将近些年解决实际管理问题的方法进行了科学和系统的分析与整理，形成了与时俱进的系统性管理理念。

针对性的实践内容。本套丛书中涵盖了人力资源管理领域中最具价值和挑战的模块，并针对各模块，详细地介绍了实践案例、利弊分析与实践心得，对于人力资源从业者而言，能够在解决针对性问题上给予帮助与启发。

其三，兼具研究与实用价值。本套丛书定位企业人力资源管理实践的标杆，能够将企业的各种管理实践进行直观呈现，启发读者去思考这些实践成果背后的内在规律；同时又提供了实战方法工具的解读和分析，读者可以参考研究之后应用到自己的实践工作中去。企业的管理实践者应该能够带着自己的企业实际、自己的思考和问题来学习和借鉴外部的成功经验，既不能生搬硬套，也不能故步自封。通过对本套丛书的学习，读者能够更加深入地理解人力资源管理，理解如何去实践。

实践的力量是伟大的，源于实践、尊重实践、最终应用于实践的情怀与理念是值得推崇的，本套丛书的作者们充分发挥实践的力量，为解决管理实际问题提供理论方法与参考工具，为广大人力资源从业人员的职业发展与实战能力提升指引方向、提供动力，这是令人敬佩和值得赞许的。

相信本套丛书必将成为人力资源从业者以及企业各级管理者的良师益友与必备的人力资源管理应用指南！

中国人民大学教授、博导，
华夏基石管理咨询集团董事长
彭剑锋

序二
从实践中来，到实践中去

清君总组织了许多知名企业的人力资源高管编写了一套"名企HR最佳管理实践系列丛书"，嘱我写几句话，以做推荐。

一套丛书重在主题选择。这套丛书关注中国企业人力资源管理最佳实践，这是我个人近年来一直极力主张的。改革开放三十多年，我们中国企业人力资源界一直在学习、在引进、在模仿、在实践，也一直在思考、创新。时至今日，我们至少可以总结提炼一下我们的成果。这既是我们进一步思考的前提，也是我们继续创新的基础。唯有如此，才会形成我们自己的人力资源管理最佳实践！

一套丛书重在研究对象选择。在激烈的市场竞争中，一线公司脱颖而出。这套丛书正是基于这些优秀企业而展开人力资源管理最佳实践的总结提炼与研究探索。它们既有外企，也有民企，又有国企，还有上市公司，基于"优秀"的共同特征又展现出多元化的特点。它们的人力资源管理实践不仅是助力这些企业取得成功的关键，更是我们中国人力资源管理实践探索中的宝贵财富，更为我国人力资源管理理论探索提供了丰富的素材，甚至直接构成了这些理论探索的一部分。

一套丛书全在作者选择。这套丛书的作者既不是专门的人力资源管理研究人员，也不是从事人力资源领域的咨询专家，而是奋战在人力资源管理一线的人力资源高管们。这样的一群作者可以为我们展现身在其中的独特视角，更能为我们挖掘躬行其中的独特体会。更重要的是，他们本身有着极为丰富的人力资源管理经验，拥有一手的管理素材，能够为我们提炼出管理实践中最精华的部分；而把这些内容以系列丛书的方式呈现给读者也能切身地感受到他们的社会责任感！

总的来讲，这套丛书有以下几个特点：一是实践性。所有的内容都是基于原汁原味的管理实践而展开的系统的最佳实践提炼。二是实效性。丛书实际上是经过这些优秀企业的长期检验而证明为行之有效的实践总结，基于深入学习而富有极强的借鉴价值。三是实战性。丛书涵盖人力资源管理的各个模块，以及各个模块中详尽的管理制度、精细化的管理流程和管理表单，消化后可直接应用于日程管理的细节之中。

随着我国社会经济的发展，社会各界对人力资源管理专业人才的需求大幅增长，同时人力资源管理解决方案的需求也大幅增长，因此，无论从人才培养方面还是从管理实践需求方面，都急需"从实践中来，到实践中去"，这正是这套丛书的价值所在。

特此推荐。

中国人民大学劳动人事学院院长、博士生导师

杨伟国

第一章　绩效管理整体框架——全新视角审视绩效 // 001

    1.1　揭开绩效管理面纱 // 002

    1.2　绩效管理基本理念 // 003

    1.3　绩效与企业战略 // 005

    1.4　绩效管理基本要素 // 007

    1.5　绩效实施策略选择 // 012

第二章　绩效管理的组织——不同角色管理定位 // 017

    2.1　高层要坚持打造良好绩效文化 // 018

    2.2　中层承上启下保证执行效果 // 020

    2.3　人力资源部统筹规划推动落地 // 024

第三章　绩效管理实施流程——高效执行绩效 // 033

    3.1　绩效管理核心价值 // 034

    3.2　绩效管理的基本流程 // 035

    3.3　绩效考核实施流程 // 036

    3.4　绩效考核流程优化 // 041

    3.5　绩效管理实施的技能体系保证 // 043

第四章　绩效考核方法选择——利益与艺术的平衡 // 047

    4.1　目标管理 // 049

    4.2　平衡计分卡 // 051

4.3 关键绩效指标法（KPI）// 055
4.4 360度评估反馈法 // 060
4.5 事后回顾法（AAR复盘）// 063
4.6 目标与关键结果（OKRs）// 066

第五章 分层分类绩效管理——有针对性才有效 // 073
5.1 考核维度划分 // 074
5.2 考核的分层管理 // 076
5.3 典型岗位考核 // 079

第六章 从目标到考核指标——适合的就是最好的 // 089
6.1 目标设定的挑战 // 090
6.2 设定企业的总目标 // 093
6.3 从方向指引到落地 // 101
6.4 目标设定常见误区 // 107

第七章 团队绩效考核实操——一荣俱荣一损俱损 // 111
7.1 团队类型 // 112
7.2 团队绩效目标设定 // 114
7.3 团队考核模式 // 115
7.4 团队考核实施策略 // 117

第八章 公司高管考核——让考核成为发动机 // 131
8.1 哪些人纳入高管？// 132
8.2 企业高管常见的考核指标 // 133
8.3 企业面临的适应性挑战及高管考核重点的变化 // 136
8.4 合伙人制兴起与高管考核 // 140

第九章 绩效反馈——绩效改进从"心"启动 // 147
9.1 绩效反馈面临各种困境 // 148
9.2 让绩效反馈真正有价值 // 150
9.3 如何用好绩效面谈工具 // 154
9.4 及时有效处理绩效申诉 // 160

目 录

第十章　绩效评估结果——对应奖惩的艺术 // 163
  10.1　绩效考核与薪酬管理 // 165
  10.2　绩效考核与培训开发 // 172
  10.3　绩效考核与招聘 // 175
  10.4 绩效考核与人才发展 // 177
  10.5　绩效考核与绩效改进 // 178

第十一章　绩效实战技巧——老 HRD 不愿传授的秘笈 // 183
  11.1　绩效考核周期选择的智慧 // 184
  11.2　强制分布与末位淘汰 // 186
  11.3　绩效不达标如何处理 // 191
  11.4　如何评价价值观 // 195

第十二章　绩效教练——绩效管理最新实践 // 201
  12.1　应需而生的教练 // 202
  12.2　教练的本质 // 203
  12.3　绩效教练的基本功 // 205
  12.4　教练实用框架——GROW// 210
  12.5　教练的实用框架——CDCA// 215

第十三章　绩效管理变革与趋势 // 221
  13.1　新时代的变革和冲击 // 222
  13.2　正在发生的未来 // 225
  13.3　重新思考绩效 // 229

第十四章　来自名企的绩效实践 // 239
  14.1　阿里巴巴的绩效观 // 240
  14.2　华为的绩效观 // 245
  14.3　IBM 的绩效观 // 253

第一章
绩效管理整体框架——全新视角审视绩效

【本章导读】

◆ 回归绩效管理本质澄清绩效管理核心要点

◆ 遵循常识了解绩效管理的内涵与基本要素

◆ 拨开迷雾理解绩效管理与企业运营的关系

◆ 结合企业不同发展阶段梳理绩效管理重点

1.1 揭开绩效管理面纱

在当下的全球经济环境里，越来越多的企业员工对绩效管理体系提出质疑，甚至连高绩效人士也开始对绩效管理提出疑问，甚至觉得绩效管理根本不能帮助和激励他们去更好地完成工作。所以，开篇伊始，首先请读者思考几个问题：

1. 绩效管理是什么？

绩效管理是一种方法，是一套体系，不是单独的某个动作。有的企业认为有了绩效合同就有了绩效管理，有的高管认为时时关注目标就是绩效导向，有的管理者认为有了绩效评估可以包治百病，有的员工认为多劳多得就是绩效管理。以上这些观点最大的问题就是把绩效管理当成了一个点，而忽略了其他。

绩效管理从某种程度上说就是管理本身。简单地说，管理就是在限定条件下实现人、财、物的最佳配置，从而实现目标结果。那么在日常的所有管理活动、管理决策和传递管理信息的时候，其实都是我们在实施绩效管理。当我们把绩效管理体系化的时候，实际上就是把绩效管理融入每天的日常工作当中。当然，这里讲的绩效管理不是绩效评估。

2. 绩效管理该怎么做？

很多企业在进行绩效管理的设计实施过程中，喜欢做加法，一层套一层：在KPI（关键绩效指标）基础上配合强制分布，在绩效季度考评基础上再来个年终总结，最好还能再来个战略解码加平衡计分卡，总之，似乎体系化管理变成了什么都做，做得越复杂就和体系化的真相越接近。但悲哀的是，当企业内部的绩效管理体系越来越复杂的时候，被诟病和质疑得反倒越来越厉害。

我们提倡通过做减法来思考绩效管理，回归本源。

比如：如果公司从下个季度开始取消绩效评分，公司的绩效管理体系是否还能正常运转？如果不能，为什么不能？是管理者没了评分系统就不知道该怎么评价员工了，还是奖金发放就会失去规则？还是强制分布没法配套了，因为没有分数就没法强制分布了？这些"不能"里，有哪些其实是可能的呢？比如说，关于评价员工的部分。没有了优良中差的评分系统，管理者真的就不知道怎么办了？优秀的管理者应该在日常工作中及时甄别和奖励优秀的员工，鼓励良好的员工，发展中等的员工，管理绩效差的员工。如果能够更加灵活地对绩效结果进行分类，也许反而帮到了这些管理者们。

3. 绩效管理中的体系和人谁更重要？

多数企业建立体系的初衷是期望通过硬性的体系制度来回避一些人为的消极因素，如个人的好恶和情绪的影响等，但是往往容易矫枉过正，或者还有可能出现体系归体系，执行归执行，大家回过头来还会抱怨频频。

通过体系设定来督促规范绩效管理当中人的行为远远不够，应该把更多的资源投入提升管理者管理水平和员工的工作能力上。体系执行者是否能够很好地领会管理意图并身体力行非常重要。管理者在对体系本身未能很好地理解和掌握的情况下，匆忙地执行，结果文不对题，反而制造出更多的问题，并把它们归结到体系上，公司就更加迫切地想对体系进行修正和调整。这个时候，如果公司能够冷静下来，深入地对问题进行分析和考察，把资源投到人的因素上，或许就会产生不一样的效果。

1.2 绩效管理基本理念

企业实施绩效管理，本身就在贯彻企业管理的价值观和核心管理理念。理念不同绩效管理结果就不同。

1. 绩效管理是一项"以人为本"的管理活动

之所以强调这个观点，很大程度上是由于相当多的企业把绩效管理的大部分精力放在了体系和流程上，忽略了对人这个最重要因素的关注。优秀的企业和管理者在绩效管理中知道要充分发挥和调动人的积极性以及人与人之间的良性互动。例如，他们会主动积极地向员工提供完成关键绩效任务和指标的关键信息，碰到问题的时候不是说"你不能光带着问题来找我，你应该带着你的解决方案来找我"，而是说"感谢你带着问题来找我，让我们一起坐下来研究解决办法，你的思路会是什么呢"。这些优秀企业和管理者正在把绩效管理与人才管理结合起来，把人的发展和绩效的提升作为同一个主题，相互融合。

2. 绩效管理中的动态和整合视角

不能说绩效体系一旦建立，所有问题就会迎刃而解，就会一劳永逸，也不能因为短期内绩效体系实施不见成效，就直接否认绩效管理的积极作用。外部市场变化速度快，企业战略调整速度快，体系变革的速度也快，要动态地看待绩效管理。

不是一定要每年通过层层分解，才能把各项目标分解到具体岗位，有效的战略沟通加上清晰的岗位职责完全可以胜任。不是一定要定期坐下来面谈才能为员工提供及时有效的绩效反馈，新的移动互联网科技提供了各种及时沟通的可能性。不是一定要参与课堂教学，才能把能力提升。日常工作中提供了各种锻炼和发展的机会，需要的是管理者和员工的共同努力；不是一定只有奖金才能体现激励，综合调动全面薪酬的各项要素，完全可以让员工感受到优异绩效所带来的工作动力。

抛开绩效管理的定式，将战略思维、及时反馈、能力发展和全面激励的基本思路融会贯通，明确绩效管理的核心问题，拓宽绩效管理的内涵，企业完全可以通过更加灵活有效的方式来达成战略目标。

3. 绩效管理不只是公司的事情

公司内的多数人把绩效管理看成公司的事情、老板的事情、人力资源部或者战略管理部的事情，那是怎么让公司能多赚钱的事情，与我无关，因为公司多赚钱了老板就多赚钱，我什么好处都捞不着。

如何把共赢的观念植入绩效体系之中，是整个体系实施的重要步骤。因为每一个个体都是绩效管理的基本单位，只有把人的积极性调动起来，才有可能形成合力，尤其是在绩效管理体系当中，不要只把激励部分和人联系起来。个性化、人性化、有针对性的绩效反馈，不仅能够非常好地提升个体在绩效管理当中的参与感和成就感，同时还可以帮助员工在工作中发展，从而实现职业发展。

4. 绩效管理的系统化运作异常重要

这里所说的系统化运作，指的是绩效管理不是一个单纯独立运作的系统，企业若想获得绩效管理的有效实施，必须解决绩效管理体系和整个企业运营管理体系之间的系统化运作问题。没有和财务系统的连接，不可能在第一时间获得有效的业绩指标信息；没有和人力资源系统的连接，不可能把部门岗位的需求及时地和人的能力表现结合起来。

反之，单纯依靠绩效体系，不对其他运营管理体系进行改善和提升也会造成很多问题。比如，如果新的绩效体系更加关注人的发展，可公司内部只有最基本的人员信息记录，对人才潜力、能力、发展规划等都没有相对应的配套；如果新的体系更加关注战略思维，可是公司未来的经营目标却始终不清晰；如果新的体系更加关注目标分解的及时有效，可是公司内部的组织结构却仍然是松散无序。当出现上述种种情况时，绩效体系本身再科学，也终究是纸上谈兵。

1.3 绩效与企业战略

毋庸置疑，绩效是为企业经营战略服务的，我们可以通过图 1-1 看到绩效管理与企业整体经营战略的关系。

无论是从理念上、内容上，还是从具体流程上，都是先从战略承接以及分解开始，最后实施的效果也是为了达成战略目标。

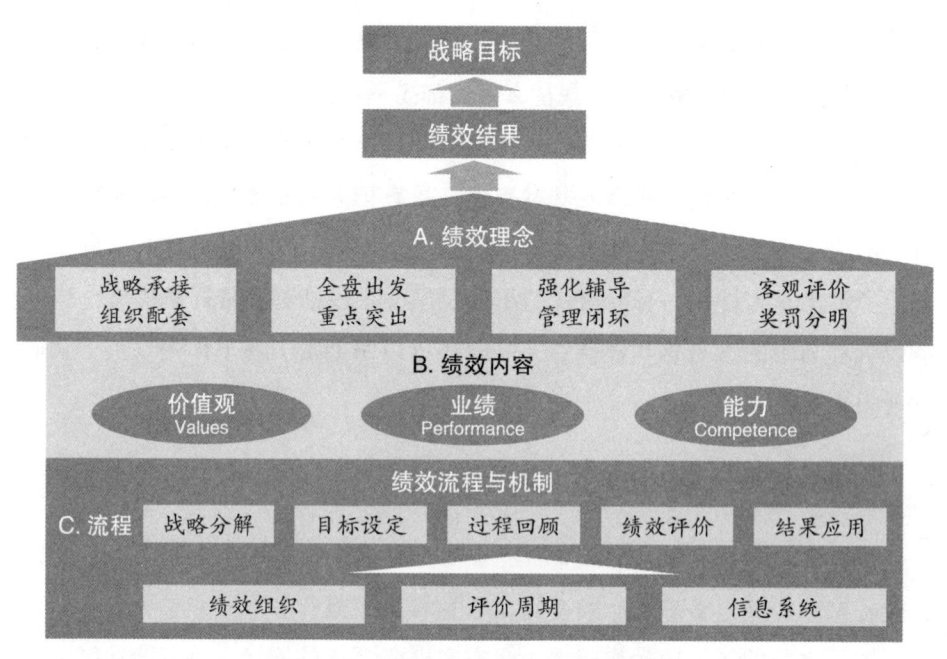

```
                        战略目标
                           ↑
                        绩效结果
                           ↑
┌─────────────────── A. 绩效理念 ───────────────────┐
│  战略承接      全盘出发      强化辅导      客观评价  │
│  组织配套      重点突出      管理闭环      奖罚分明  │
└──────────────────────────────────────────────────┘
┌─────────────────── B. 绩效内容 ───────────────────┐
│     价值观           业绩            能力           │
│     Values        Performance     Competence       │
└──────────────────────────────────────────────────┘
┌─────────────────── 绩效流程与机制 ─────────────────┐
│ C.流程  战略分解  目标设定  过程回顾  绩效评价  结果应用│
│                                                    │
│        绩效组织       评价周期        信息系统      │
└──────────────────────────────────────────────────┘
```

图 1-1　公司战略与绩效分解示意图

在实际运行过程中，企业经常会面临经营战略不清晰、经营战略调整等现实的挑战，那么绩效管理如何与之共舞呢？对于快速发展的企业，我们经常看到的一种典型模式是先有行动，后有战略，或者根据企业内外部环境，实时调整战略，摸着石头过河。

这种做法在企业经营的特定阶段，无可厚非。但是当战略要具体落地运营的时候，随着公司规模发展壮大就会产生一些问题，如有的企业在战略中已经明确要进一步跨越式发展，可是没有明确这一跨越到底来自什么，是品牌形象，还是设计思路？是渠道渗透，还是质量控制？如果不能明确这些具体的战略思路，那么销售部门就会集中力量实现现有销售模式的重复扩张，市场部会专注于对市场的精确把握与品牌建设，生产部门把材料、质量、排期和成本控制当成最优先的选择，而设计部门则完全只着眼于独特的理念和设计语言。每个部门都没有做错，可是合力始终无法形成。大多数老板在这个时候就会开始感叹，怎么公司的执行力就下来了呢？

基于上述类似情况，如果公司期望通过绩效管理体系的建设来解决相关问题，首先应该是要明确公司这种战略晚于行动的情况还会持续多久。根据公司的发展阶段和市场情况，可能答案会有所不同，但短期之内不能有所变化。我们会认为，把绩效管理体系行动化比搭建一个完整体系效果更好。所谓行动化，就是把绩效管理体系当中各个关键节点从制度变成行动。比如，通过季度或者年度的目标沟通会，随时把公司的最新战略和发展意图展开不同层次的沟通，确保管理层和核心员工能够第一时间理解和把握公司的方向与优先级，然后在日常工作中不断加以调整、强化，从而实现绩效管理的目标。

这样做的好处是能够适应快速变化的氛围，实现即时沟通。缺点也很明显，就是需要管理层投入更多的时间，用对话、行动去实现本来通过系统可以实现的一些动作。如果公司规模进一步扩张，也许采取分类法，对不同部门和运营环节采取不同的绩效管理方式，会更加有效一些。

同时，绩效管理不是一蹴而就的过程，不能说一开始实施绩效管理，所有问题就迎刃而解。其实不光是绩效管理，所有的管理活动都会存在类似的现象。从常识上说，效率与公平兼顾、质量与速度齐飞的状态是无法持久的，又好、又快、又公平的发展只有在书上看到过。企业组织只有通过不断的变革和调整，才能保持其竞争优势。

综上所述，对绩效管理的理解，不能局限于经典理论当中的自上而下的战略分解，而应该理解为一个与经营战略充满联系、双向互动的重要管理活动。通过绩效管理活动，能够加强战略的明晰与执行；反过来，绩效管理活动将可能发现的战略当中有待调整的部分，进行反馈与总结。不能把绩效管理的成功寄托在绝对清晰明确的战略上，或者把战略的清晰明确完全依赖于绩效管理的实施反馈。当然，任何管理活动的效果都必须经过一段时间才能显现，因为从计划到实施，再到产生效果，再到评估，总要有一个时间过程。外部市场变化速度快，企业战略调整速度快，体系变革的速度也快，但是每一次变革所能产生的效果，仍然需要耐心的观察和总结才有可能获得。

1.4 绩效管理基本要素

下个部分我们会谈到企业实施绩效管理的基本策略，在此之前，我们来看看绩效管理的基本要素，当专注于基本要素并对其反思时，更能有针对性地找到合适的解决方案。

1. 绩效目标的制定

绩效目标的制定被普遍认为是绩效管理体系所包含的所有管理行为的起点。通过目标的制定，公司会将整体的战略和发展计划逐层细化到组织的各个层面。但同时，针对绩效目标的反思也层出不穷。

（1）应用广义的目标，充分实现人的能动性

有一种观点认为，人不是机器，不应该用目标去框定员工可能的产出。比如，同样是护士，在护理时间和技术水平上完全一致，然而在对病人的情感联系上，甲由于性格使然就是比乙付出更多，我们就应该忽略不计吗？或者说情感联系这种性格使然的东西，是否能靠绩效目标要求出来？

笔者的观点认为，这种观点最大的问题在于将目标的概念狭义化了，"目标"这个词，绝不仅仅是只包含量化指标这一个内容。量化指标类的目标当然不能代替一切，非量化指标类的目标、长期目标等，都应该并且可以被应用到绩效管理活动当中来。我们都能理解，一个有理想、有目标（广义的目标）的人，才有可能去激发出最大的潜能。

（2）目标是用来超越的

有些观点认为设定的目标达成即可，即踮起脚来够得着，而不是员工尽其所能地不断超越自己。是否还有别的方式，既能让员工了解组织对工作岗位的期望，又能激励员工在现有岗位上不断超越。

笔者的观点认为，如果按照广义的对目标的理解，目标的设定应该把更多的前期假设归纳为——目标是用来超越的，换句话说，目标的达成不是目的，而超越目标，实现组织与个人的超越与共赢，才是绩效管理中目标设定的终极目的。

（3）目标不仅是基于过去，也应放眼未来

目标管理有时候会被理解为是一种事后总结式的管理方法，因为所有的目标制定都是基于上一年的结果分析和总结出来的。如果说企业经营战略的核心在于高管层基于不完整的信息对不确定的未来做出管理决策，那么绩效目标本身也应该需要考虑未来的因素，而不单单是着眼于过去。

所以，应该适当设定基于未来的目标。这里所说的未来，不是不负责任的天马行空，而是企业整体基于对未来趋势的判断。未来充满了不确定性，但不确定性的未来不代表不合理。重要的是通过这些目标，鼓励组织和个人真正走向超越。

（4）绩效目标具备时效性，但不代表不准确

对于进入成熟期的企业来说，在一定的时间段内，各种岗位、组织结构和发展战略是相对比较稳定的。在这种情况下，绩效目标的时效性比较可靠，可是面对快速发展变化的市场，企业经常要做出很多快速的改变，这个时候绩效目标可能在这个月是这样，下个月就应该调整成那样了。这样做，是否会降低目标本身的准确性，或者会影响到后续绩效管理的有效性？

这种情况下，涉及时效性，需要靠更加强有力和及时的沟通来进行处理。目标必要的调整与改变，只要能够通过沟通，达成共识，仍然是准确的。通过沟通，达成对目标本身的一致性理解，相较于对目标数值的关注，更为重要，也自然在一定程度上避免了纠结在数字游戏当中。

2. 目标跟进与绩效沟通

在绩效目标制定完成并与员工达成一致之后，绩效管理体系通常会进入目标跟进与绩效沟通的阶段，也就是说针对目标进展情况和员工的具体表现，由管理者定期、正式地向员工提出及时有效并且有针对性的反馈。在这个要素上，也有更多的声音基于如下观点：

（1）沟通不应该是单向的

只让管理者向员工提出要求和反馈是一种对管理者的过度依赖，对员工也不公平。训诫式的绩效谈话可能在当时能够快速产生一定效果，但是从长期来说，除非文化上大家能够认同，否则，通常只会带来短期的效果。

（2）关注事也关注人

过多地关注事件本身，有时候反而会让员工觉得此事与我无关，不论好与不好，只看结果不看过程。如果能够采取更加积极和直接的对话方式，把简单的人与事之间的联系丰富为工作任务与个人发展、公司战略与个人成就的综合性对话，也许就能产生更加积极的效果。

（3）对话的形式多样化与频繁化

员工在日常工作当中所碰到的问题以及需要指导反馈的时间点往往都是随机的，而管理者如果只是把绩效沟通的安排固定在特定的时间地点，其效果就会大打折扣。同时，那种简单的追问绩效进展的沟通方式也容易让员工感觉到压力倍增。只有通过多样化的安排，让员工与管理者之间建立一种轻松、信任和相互激励的关系基础，才有可能使绩效沟通事半功倍。

（4）沟通时机具有多样性

考虑到绩效评估周期的多样性，绩效沟通的环节不一定要发生在目标制定与绩效评估之间，也可以发生在绩效评估之后。时间的先后顺序不是决定性因素，关键还是需要充分利用反馈的机会将绩效管理本身所关注的重点及时融入日常管理活动中。

3. 绩效考核

在绩效周期到达约定的时间节点时，绩效管理体系通常会进入绩效考核的阶段，对整个绩效周期的员工业绩和表现进行客观、量化的评估与考核。这个过程中，如何确保信息来源的真实性、过程本身的客观性以及结果的相对公正性，决定了最终考核的效果。在这样一个步骤当中，共识之外的声音仍然此起彼伏。

（1）保持绩效考核的前后一致

在评估过程中，有时候会有这种情况，管理者习惯于从人入手，全面考核员工的综合表现与能力，而在绩效目标和绩效反馈的步骤中却没能够把这个因素反映出来，往往会给人感觉，指定任务的时候对事不对人，真到了评估的时候却又对人不对事。如果在前面的步骤中不去认真关注人的因素，到了考核周期的时候却掉头走向另外一个方向，难免会让员工感到这些管理步骤与过程的随意性很强。所以考核步骤中的前后一致性就会异常重要。

（2）过程的客观性

绝对的客观很难做到，因为在绩效考核中，始终是一个人对另外一个人的综合判断，要想完全排除主观因素，理论上说是不可能的。那么，在绩效考核中人的因素究竟应该起何种作用？比如，如果考核结果达成情况可以通过工具来实现，即保证其客观性，那么在评估过程中，管理者与被管理者之间的对话是否可以更多地关注其中的因果关系，以及可能产生的变化及影响。我们应该将考核调整为一个过程，而非一个时点，始终关注人的发展，从而实现共赢。

（3）考核结果的相对公正性问题

任何一家公司都会有自己的文化取向和价值观体系，抛开这些去谈绝对公正，这在现实世界中是不可能的。那么公司所关注的东西到底是什么，如何把这些关注点从始至终地融合到绩效管理体系当中并且在绩效考核中完整地体现出来，就十分重要。

4. 绩效结果的运用和绩效改进

根据对绩效周期内员工工作任务完成情况的考核结果，公司向员工提供一定的回报，作为完成的奖励。支付了这些奖励与回报之后，公司需要针对相关情况提出下一个绩效周期内需要调整和改进的内容。这里所说的回报与奖励，通常会被理解为绩效奖金。由于薪酬理念和结构的不同，各家公司对绩效奖金的具体政策也不尽相同，但是通过现金等方式进行直接的物质激励却是大家的共识。在绩效改进的步骤中，通常各公司会把这一管理活动与下一个绩效周期的目标制定结合起来，最终形成绩效管理的闭环循环。

但同时我们要思考的是，绩效结果的应用范围能有多广。从人才发展的角度来说，绩效激励实际上是对已经完成的绩效目标的回报和奖励。而对人才的发展，更多主流观点认为是应该关注人的综合能力，并以此为基础进行规划。而能力与业绩之间是不是绝对的正相关呢？举个例子，两个销售经理，都是销售方面的天才，每年的业绩目标实现结果都是公司的前两名。除了高额的绩效奖金之外，公司对他们未来的发展也提供了多样化的方案，以提升两人的能力。三年后，其中一位销售经理晋升为销售总监，统管某个产品线在中国地区的所有业务，另外一个虽然业绩始终名列前茅，却因为各种原因总是提拔不上去，仍然是销售经理。面对这种情况，公司是否依然应该把有限的人才发展资源完全依据绩效考核结果进行分配，这个问题就值得全面深入的思考。

至此，我们将绩效管理体系的基本要素做了一个简单的概述，后续其他章节还会对这些内容进行进一步的研究与分析。在本章接下来的内容中，我们将从企业发展的不同阶段的视角来看绩效管理的实施策略。

1.5 绩效实施策略选择

1. 企业生命周期理论

说到公司的动态战略发展与绩效管理，必须关注企业的生命周期。同生物界的生命周期相似，企业行为也经历着从成长到衰退的过程。我们先来看看不同发展阶段的企业通常的特点和面临的风险，如下图1-2所示。

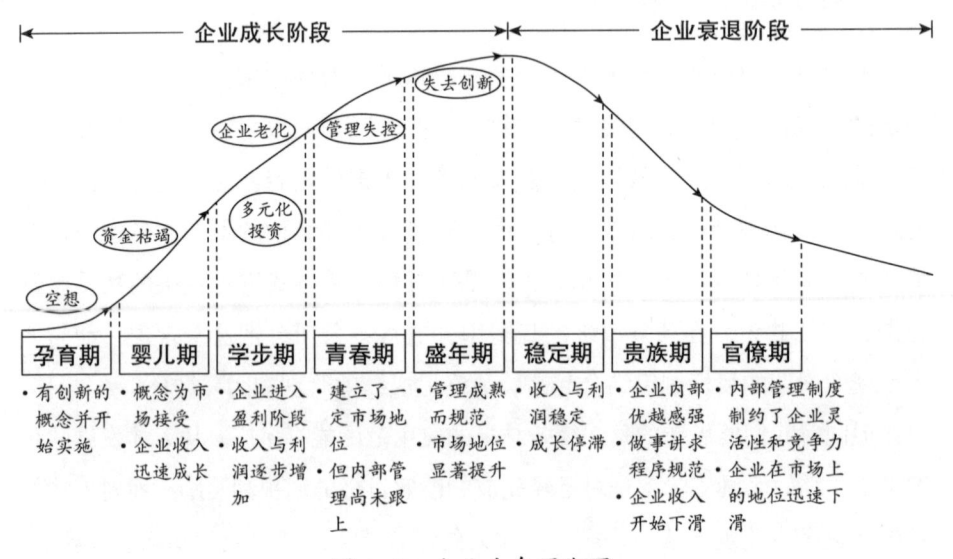

图 1-2 企业生命周期图

企业在成长和衰退阶段也有着各自特定的行为模式，见下表1-1。

表 1-1　　　　　　　　不同阶段企业的行为模式

成长阶段	衰退阶段
个人成功源于承担风险	个人成功源于规避风险
紧缩的现金流	过于充裕的现金流
对于行动和效果的关注	对于行为规范和做事方式的关注
任何事情只要不被禁止就可以做	任何事只要不被批准就不能做
把问题看成机会	把机会看成问题
营销导向	财务导向
企业成长是第一位	个人在企业中的地位是第一位

2. 生命周期的推动因素和对应的特点

企业成长与衰退的内在推动因素主要有四个：

第一是目的（Perform），也可以理解为执行力，企业对于目标和实际绩效的追求决定了企业怎样把想法付诸实践。

第二是规则（Administrate），也可以理解为管理力，其中包括行为规则和流程规范。

第三是创新（Entrepreneur），也可以理解为创造力，怎样面对机遇取决于企业所处阶段，这也决定了企业的发展走向。

第四是整合（Integrate），也可以理解为组织力，即对于资源的整合与团队的合作。

这四个因素可以简称为 PAEI，它们共同作用，推动企业在周期中前进。PAEI 在生命周期各阶段有着不同的分布，在某一阶段会突出其中某些因素，如下图 1-3 所示。

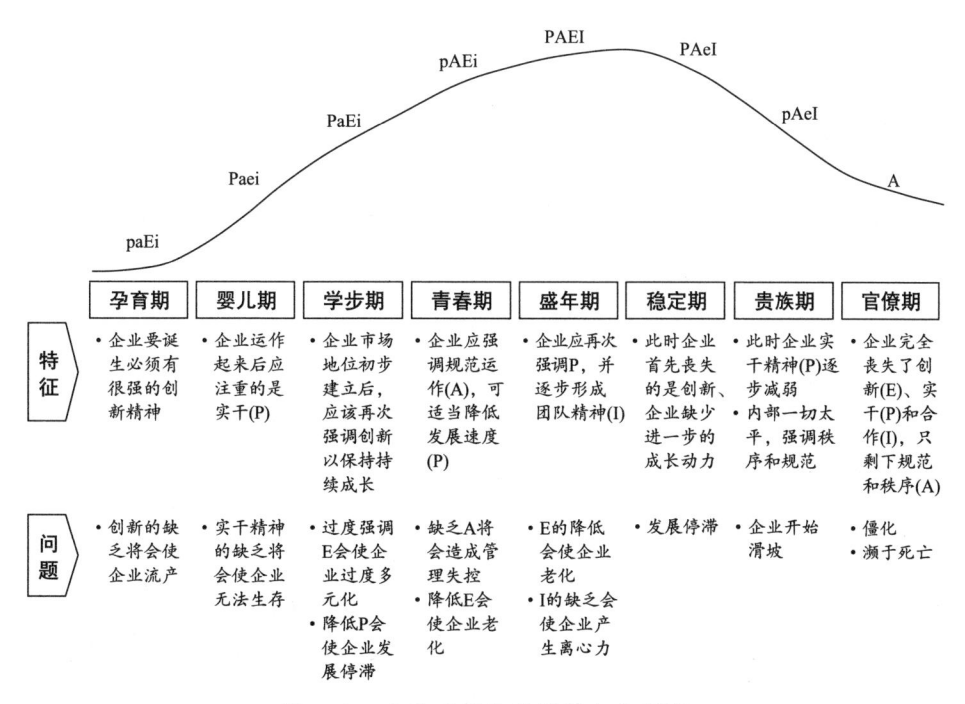

	孕育期	婴儿期	学步期	青春期	盛年期	稳定期	贵族期	官僚期
特征	• 企业要诞生必须有很强的创新精神	• 企业运作起来后应注重的是实干(P)	• 企业市场地位初步建立后，应该再次强调创新以保持持续成长	• 企业应强调规范运作(A)，可适当降低发展速度(P)	• 企业应再次强调P，并逐步形成团队精神(I)	• 此时企业首先丧失的是创新，企业缺少进一步的成长动力	• 此时企业实干精神(P)逐步减弱 • 内部一切太平，强调秩序和规范	• 企业完全丧失了创新(E)、实干(P)和合作(I)，只剩下规范和秩序(A)
问题	• 创新的缺乏将会使企业流产	• 实干精神的缺乏将会使企业无法生存	• 过度强调E会使企业过度多元化 • 降低P会使企业发展停滞	• 缺乏A将会造成管理失控 • 降低E会使企业老化	• E的降低会使企业老化 • I的缺乏会使企业产生离心力	• 发展停滞	• 企业开始滑坡	• 僵化 • 濒于死亡

图 1-3　企业不同阶段的特征与问题

3. 绩效管理在企业不同发展阶段的应用

所以，面对不同发展阶段的企业应该实施相应的发展策略，见表1-2。

表1-2　　　　　　　　　企业不同发展阶段的策略

发展阶段	发展策略关注点	重点部门	绩效管理关注点
孕育	市场导向的产品发展 选择合适的领导人	研究开发、市场	最好能够关注企业经营在未来不同阶段的成功指标，以此作为未来绩效管理的基本出发点
婴儿	拓展资金渠道 有效的资金平衡和控制 销售扩张	销售	以目标为导向的绩效管理会贯穿于日常经营活动的始终
学步	业务范围控制 强化市场策略 强化销售控制	市场、销售	绩效管理工作的复杂性会有所提升；多会在销售职能领域加以系统化体系化的安排
青春	组织管理体系引入 创新精神巩固	财务、人事	绩效管理工作的复杂度和成熟度将进入一个新的阶段；成功要素更多地取决于企业所有者与职业经理人之间能否找到适当的平衡点。平衡点的寻找更多地取决于在企业长期发展的战略方向和授权当中，双方是否能够找到共同的目标
盛年	创新精神的强调 业务组合管理	市场、财务、人事、研究与开发	寻找到制度与灵活性之间的平衡点，特别是在如何有效地帮助公司发掘、培育新的业务增长点方面，应该采取的必要措施和设计
稳定	促进创新精神	财务	在确保符合公司的各项管理要求之外，需要尽可能地反复通过长短期目标结合的方式，站在公司战略层面，施加影响
贵族	危机刺激 调动企业行动力	财务、人事	这个阶段的绩效管理基本已经成为公司日常管理的常规动作，好像不做不行，这个时候也许可以考虑破坏性创新所能带来的益处

续表

发展阶段	发展策略关注点	重点部门	绩效管理关注点
官僚	企业再造	人事	绩效管理体系在这个阶段会非常困难,关注点将更多地集中在如何减少可能的损失上,并尝试帮助公司减缓下降的速度

其中我们需要注意不同的部门有不同的侧重点：市场（PaEi）强调创新和执行；销售（PAei）强调执行和规则；研究与开发（PaEi）强调创新和执行；采购（PAei）强调执行和规则；生产（PAei）强调执行和规则；财务（PAei）强调执行和规则；而人事（pAeI）则强调规则和整合。

企业为了保证其顺利成长，应该处理好各阶段发展中的关键问题，并应随时注意发展过程中的可能问题，我们以成长阶段的企业为例，如表1-3所示。

表1-3　　　　　　　　企业不同发展阶段的问题

	发展中的关键问题	可能的问题
孕育期	• 责任与风险的承担 • 概念付诸实施	• 创业空想
婴儿期	• 资金流的有效运转 • 市场的争夺	• 因资金流枯竭而死亡
学步期	• 收入与利润的双重成长 • 企业的有效控制	• 分权而造成企业失控 • 过广多元投资导致现金流枯竭
青春期	• 管理制度与流程的建立	• 管理失控　　• 企业内部权力斗争 • 企业老化
盛年期	• 企业创新精神的培养与巩固	• 企业老化

企业往往在高速发展的阶段，经营管理的变化速度和频率都非常高，而绩效管理的复杂性却造成了不必要的负担。通常公司内的管理政策方案一旦形成，修改起来都需要一定的时间，尤其在沟通和系统设置上，没有一定的时间，很难完成。可是在公司快速发展阶段，往往是隔天的想法就会不同。

要明确所有的管理体系都是帮助公司发展的，绝对不是制约公司发展的。所以用最简单的办法来适应公司的变化是势在必行的。

所以，绩效管理的终极目的不是遵循了所谓的科学理论，而是针对企业的不同发展阶段，对于不断变化的挑战与重点，因地制宜、因势利导，以助力企业发展，这才是绩效管理的根本所在。

第二章
绩效管理的组织——不同角色管理定位

【本章导读】

- 高管——绩效管理的方向把控者
- 中层管理者——绩效管理的执行者
- 人力资源部——绩效管理的跟进者
- 员工——自身绩效的主人

绩效管理是整个企业的事情，绩效管理涉及企业全体员工，上至公司最高管理层下到普通员工。绩效管理推进效果不理想往往是因为绩效管理组织上的错位。

在绩效管理中，常见的错位就是高层重视执行，中层流于形式，人力资源部监督流程执行，员工无感或者觉得被误伤。

我们首先来看看绩效管理中各个角色应有的定位，见表2-1。

表2-1　　　　　　　　绩效管理中各组织定位及角色分工

组织/角色	角色定位	主要职责
高层管理者/战略部门	明确方向，确保绩效管理的内容与公司战略高度相关	明确绩效管理目的（与公司战略，文化上契合） 推进绩效管理有效实施 执行上关键环节的深入参与与纠偏
人力资源部	业务部门与高层管理者的桥梁，制度的制定者，绩效管理实施的跟进者	绩效制度的起草、实施、反馈与分析
业务部门	绩效管理真正的实施者和执行者	参与制定绩效目标，进行考核，反馈沟通
财务部	支持者	提供绩效管理过程中所需要的数据
商务部	支持者	提供绩效管理过程中所需要的数据

2.1　高层要坚持打造良好绩效文化

概括而言，高层的关注点应该是：

- 方向——保证正确，应需而变（引导变化）
- 文化——承接文化，确保实际行动是在传递文化和价值观

- 执行——确保不走形

作为企业高层管理者，首先要做到的是定方向、定基调，全程参与和带头宣传贯彻。所有成功的绩效管理都有一个规律，企业高层管理者在前期绩效管理体系的规划，推进过程中参与绩效管理工作越多，企业的绩效管理工作开展得就越顺利，直线经理执行得就越好，绩效管理的效果就越好。

同时，绩效管理是公司管理的一个重大改革举措，阻力、冲突和困难不可避免，当阻力、冲突和困难出现的时候，高层管理者必须出面协调统一，排除困难，推动绩效管理深入开展。

绩效管理在观念上经历了从传统的绩效考核到全面的、战略的绩效管理的转变；在概念上经历了从结果导向到行为导向，再到潜能导向的转变；绩效管理的目标经历了从以改善员工绩效水平为目标到以提高员工工作投入为目标的转变；绩效管理的工具和方法也经历了从财务转型管理工具到全面的、智能的管理工具的转变。最近德勤（Deloitte）、埃森哲（Accenture）及通用电气（GE）等巨头也纷纷公开高调宣布要放弃原来的年度绩效考核方式。

这些变化背后无不传递一个信号，随着市场的变化，技术的创新，新生代劳动力大军等，这些外界环境的变化已经渗入企业管理的方方面面，变革一直存在，不同的是现在变革发生的速度越来越快，影响面也越来越大，在这个环境中是否能成功，已经不是是否变革或者变革的速度，而是响应变化和适应变化的能力。

"做得好的和做得一般的，奖金才那么点儿区别，别的公司能把做得好的和一般的奖金差距拉到5倍甚至10倍，我们为什么不能做？"

"我们怎么样才能把组织中的冗员去掉？"

"这个业务都只处于维护状态，为什么还要那么多的人力？"

……

以上问题，相信对每个HR都不陌生，公司CEO能强烈地感知到外界的变化和组织的整体压力，但是他们比较关心的是这些变化和压力如何传导到组织的各种制度体系上，从而引导组织中人的行为的变化。CEO期待人力资源尤其是和绩效相关的模块能主动思考并具体落实。

遇到CEO提到的上述问题，经常被看到的就是在绩效管理方法、工具和流程上的变革，如有的公司为了更好地区分人才，在绩效评估上把五档（S-远超预期、A-优秀、B-满足要求、C-低于要求、D-完全不符合）调整为七档，即把B档又区分出B+，B，B-；有的公司把考核周期作出调整，根据业务发展阶段的不同设定不同的绩效评估周期；把考核结果在奖金的体现上作出调整；包括我们看到的德勤（Deloitte）、埃森哲（Accenture）及通用电气（GE）在绩效考核上的变化，外界看到的大多数是方法、工具和流程上的改进。因为方法、工具和流程上变革的可见性高。

行动及流程的变革多聚焦于实施新项目、方案和程序，为组织补充新的方法，重新定义公司的基础架构，好像人体的呼吸系统和神经系统；而文化变革则好比灵魂和精神，体现了组织如何看待和感受自身，是组织的基本价值的体现。公司高层除了确保所有的行动方案被及时定义和执行，确保流程的停止、启动和优化及简化外，还要根据业务环境的变化恰当地调整组织的基本价值。

前者更可视，在表层体现，而后者更无形，属于内核体现，挑战更大。比如，外界环境的频繁变化需要组织快速响应，组织结构要求去官僚化，打破组织边界，那么对应的之前的层级体系和沟通方式也要随之调整和变化。在文化适应上的变革，就要改变那些不能适应组织的内外环境，阻碍组织可持续发展的各种因素，而不单单是员工的工作方式、工作习惯或者现行的流程，还必然会涉及组织的各个层面，包括组织内部个人和部门利益的重新分配方式。这些都是高层在绩效管理中需要关注和着力的地方。

2.2　中层承上启下保证执行效果

当企业导入了绩效管理并制定了方案之后，绩效管理工作的接力棒就传递到了直线经理的手中，他们是否能更好地理解和执行绩效管理流程，决定企业绩效管理工作的成败。

在具体的绩效管理实施中，直线管理者直接决定绩效管理的效果，一方面要发挥承上启下的作用，在充分理解公司的绩效管理体系的初衷和导向基础上，在具体的绩效管理过程中贯彻公司的绩效理念，使员工的努力符合公司大的战略方向；另一方面直线经理的绩效目标分解和辅导技能在很大程度上决定了公司的战略目标能否落地，决定了员工是否能成长。

通过表 2-2，我们能更好地认知到直线经理的角色和作用。

表 2-2　　　　　　　　　　直线经理的角色和作用

角　色	主要作用
领航员和伙伴	理解公司战略，把握部门方向 制订计划前，与员工就公司、部门和自己的工作目标之间的关系充分理解 给予员工有力的支持
流程控制及效率专家	培养团队协作精神 服务于其他部门 持续不断地改进流程效率及流程体验 确保相关流程的有效设计并执行
绩效辅导员和教练	认可员工的正面行为所带来的积极影响，强化员工的积极表现 以提醒的方式向员工提出需要改正和调整的地方 提供帮助，不断激励
绩效诊断专家	与员工双方对某方面工作是否需要改进达成共识：认识问题存在及其重要性 深入分析原因：自身的原因、主管人员行为不当或行为不到位的原因或是外部环境原因 与员工共同探讨解决绩效问题的途径，并把绩效改进融入部门日常管理工作之中
裁判员及公证员	客观公正地进行评估 注重平时与员工的反馈与沟通，绩效考核的结果就是水到渠成的 以提升员工能力为前提，动态地看待评估

（1）领航员和伙伴

直线经理在绩效管理的全过程中，承上启下，是员工的合作伙伴，也是员工的领航者。在这个角色下，直线经理既要准确理解公司的战略，把握部门的方向，还要在过程中监控航线不偏离方向，准确地理解公司的绩效文化并传递和身体力行。

直线经理与员工沟通清单：

- 员工应该做什么工作？
- 工作应该完成得多好？
- 为什么做这些工作？
- 什么时候应该完成这些工作？
- 为完成这些工作，员工要得到哪些支持，需要提高哪些知识、技能，得到什么样的资源？
- 管理者能为员工提供什么样的支持与帮助，需要为员工扫清哪些障碍？

通过这些工作，管理者与员工达成一致目标，更加便于员工有的放矢地工作，更加便于管理者进行管理。

（2）流程和效率专家

我们先来看一个"不拉马的士兵"的故事。

◎案例

不拉马的士兵源于一个故事，一位年轻有为的炮兵军官上任伊始，发现在操练中，总有一名士兵自始至终站在大炮的炮管下边，纹丝不动。军官不解，究其原因，得到的答复是"操练条例就是这样要求的"。军官回去查阅军事文献，发现长期以来炮兵的操练条例仍遵循非机械化时代的规则。站在炮管下的士兵的任务是负责拉住马的缰绳（在那个时代，大炮是由马车运载到前线的），以便在大炮发射后调整由于后坐力产生的距离偏差，减少再次瞄准需要的时间。在大炮的自动化和机械化程度提高之后，已经不需要这么一个角色和流程了，但操练条例并没有作出相应调整，就出现了"不拉马的士兵"。

那么，怎么找出"不拉马的士兵"呢？作为直线经理需要注意：

- 明确流程产出：根据业务的产出要求，定义主要的活动流程，并把流程切分成可管理的单元，明确流程的产出成果，确认与流程有关的主要衡量指标（成本、质量、时间等）。
- 分析现状：分析工作流程（谁、何时、何处、做什么工作、如何做），找出存疑之处，质疑目前流程中的活动（为何做这个、为何在该处做、为何在那个时候做、为何由那个人做、为何用那个方法做等），探寻可替代方案。
- 探讨新的流程：设计新流程，评估新流程的影响（成本、效益、风险等）。
- 执行策略：是渐进还是一步到位；使用什么样的宣传策略，出现反复时的调整和应对措施等。

（3）绩效辅导员和教练

随着绩效管理理论的发展和企业应用的成熟，人们对绩效管理的关注点已经从硬件——绩效管理体系建设，转到了软件——绩效导向的企业文化和管理者的领导力提升建设。在绩效管理的实施上，很多企业还存在很多问题，看起来高质量的绩效管理方案运行之后却无法得到高质量回报，"鸡肋感"时常困扰着企业。为什么前期工作那么充分，花了那么多的时间探讨战略目标，探讨目标分解，探讨行动计划，考核指标也定得很清晰了，讨论了很多轮，但是，为什么最终考核结果不能实现企业的目标？为什么绩效管理实施了那么久，经理还是我行我素，员工还是不能自动自发，绩效考核结果迟迟出不来？到底要怎么做才能真正让企业走向战略绩效管理之路呢？

究其根本，绩效管理没有有效落地的原因还是在于"人"，管理体系改变了，但是执行管理体系的人没有转变，管理者的思维没有转变。当管理者的思维没有转变的时候，绩效管理就只是老板自己的，而不是每个管理者和员工的。在这种状态下，难以有效落地。

企业绩效管理实施的过程也是每一位员工被激发责任心和内心动力实现绩效目标的过程，管理者无可避免地要做好辅导和教练的工作。

在员工表现优秀的时候给予及时的表扬和鼓励；在员工表现不佳，没有完成工作的时候，及时真诚地指出。由于企业战略目标的前瞻性、先进性、挑战性和持续提升性，决定了员工绩效目标略高于员工上一个考核周期的能力，员工需要尽最大的努力方可具有实现的可能，所以在绩效目标的实现过程中遇到这样那样的困难、障碍和挫折在所难免。同时，由于社会及市场环境处于不断变化之中，企业的经营方针、策略也会进行相应的调整，随之变化的是员工绩效目标的调整。所有的这些都需要管理者与员工一起，改进业绩，提升水平。这就要求管理者发挥管理者的作用和影响力，帮助员工排除障碍做好沟通，不断辅导员工改进和提高业绩，激发员工的内在动力和潜力，有好的绩效产出。

（4）绩效诊断专家

所谓绩效诊断专家，是指直线经理不仅要知道哪些地方是需要改进的，而且要知道如何改进。绩效改进是绩效管理过程中的一个重要环节。传统绩效考核的目的是通过对员工的工作业绩进行考核，将考核结果作为确定员工薪酬、奖惩、晋升或降级的依据。而现在绩效管理中员工能力的不断提高以及绩效的持续改进，才是其根本目的。所以，绩效管理工作不仅要找出员工绩效不佳的方面，而且还要找出导致这种绩效不佳的原因所在，并指导和帮助员工采取针对性措施加以改进和提高。

（5）裁判员及公证员

绩效管理的一个重要也是备受员工关注的环节就是绩效评估。绩效评估通常是对员工月度、年度绩效管理的一个总结，总结员工的表现，积极的方面，需要改进的地方，管理者需要给员工的绩效表现做出评价。同时，绩效评估也是公司薪酬管理、培训发展的一个重要依据。所以，管理者在其中是否能公平、公正显得至关重要。

2.3 人力资源部统筹规划推动落地

人力资源部应该是企业中的绩效管理专家角色，通晓绩效管理的理念、意义、方法和作用。人力资源要上承公司战略，深刻理解公司的业务方向和现状，协助公司最高管理层确定绩效管理的关键理念，选择合适的方法。在确定方案的过程中，人力资源要深入每个部门，将绩效管理的理念、技巧和方案传达给直线经理和员工，使他们认识和了解绩效管理，帮助他们掌握更多的技巧和方法，提高他们的绩效管理能力，以便于绩效管理方案被正确理解和执行，并不断得到修正和提高。

◎案例

一位公司高管在和离职员工面谈之后颇多感触，这位离职的员工在公司工作了18年，当他告诉这位高管"过去的18年里，至少有10年的时间你们只利用了我的时间和体力,却没得到我的头脑",他说他有很多能够改进业务运营的想法,但是没有人问过他,开始他还试图去说,但是没人听,所以,他选择了不说,把想法留在自己的脑海中。当这位高管提及公司有意见箱可供大家反馈意见时,员工告诉他谁都知道意见箱只是做个摆设。在这次离职面谈之后,这位高管在一次公司内部培训中问到参加培训的人"有多少人知道3种以上可以改进所在流程的方法",所有人都举起了手,这些举手的人也同样认为他们的想法要么没有机会表达,要么没有落实或者没有反馈为什么不能落实。

相信案例中的情形在很多公司都有发生。当我们的管理者还在为绩效改进绞尽脑汁并力图把想出来的方法让员工接受时,却没想到很多答案就在员工的脑子中。

现在工作的要求比以往高出许多,员工越来越多地被要求用更少的资源、更快的时间做更多的工作。如果公司不选择信任和理解员工,员工也会用自己的方式"回报"公司,他们会把自己与公司视为交易关系,他们会贡献时间,但谈不上全身心投入。当员工感到能自由分享想法,有人关注自己的想法时,员工的贡献度和承诺度就会提高,业绩也自然会体现在公司的财务成果上。在建立良好的公司员工关系过程中,HR是可以扮演关键角色的,HR可以倾听员工的心声,关注员工的利益,关注员工的日常需求。在这个角色下,HR的工作重心是在对员工的工作要求与可用资源之间寻求合理的平衡。当然,这个角色作用的充分发挥,HR一定要和直线经理密切配合,一起努力。

我们结合绩效管理的全过程来看HR如何在整个绩效管理上有所贡献,如图2-1所示。

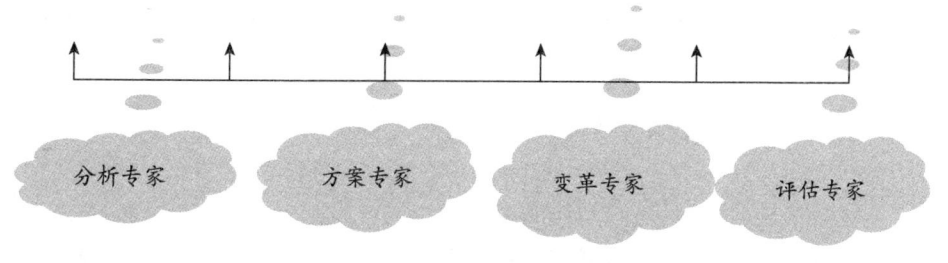

图2-1 人力资源在绩效管理全程的角色

（1）分析专家

在分析环节，作为专家的 HR 要关注的不仅仅是绩效需求，而且还要从如下四个方面全面分析，洞察到真正的绩效需求。

第一，业务需求是什么？一是能够清楚地指明业务运营的重点；二是可以衡量；三是整体的需求，如某个团队，某几个团队，甚至整个公司的需求。表2-3 提供了一个业务需求的例子。

表 2-3　　　　　　　　　　业务需求的衡量

业务需求	衡量	承担团队
增加市场份额	将市场份额提高 5 个百分点	营销部
降低运营成本	将公司运营成本降低 10%	采购部 生产部
提高客户满意度	客户满意度提高 5%	客户服务部

这些业务需求都是公司运营的重点，公司层面关注的、可以衡量的而且需要多人或者多团队努力才能达成的。

第二，绩效需求是什么？绩效需求是指员工应该具备哪些履行岗位职责的能力，应当做出哪些行动才能成功地完成业务需求。要回答"为了完成业务需求，必须在哪些方面做得更多、更好，或者不同"的问题。因为绩效需求必须针对一个或多个具体的员工群体，也就是工作内容或角色相同的员工，所以，需要区分员工群体，如销售代表、客户代表。表 2-4 示意了如何将业务需求和绩效需求联系起来。

表 2-4　　　　　　　　业务需求和绩效需求的结合

业务需求	员工群体	绩效需求
增加销售收入	销售代表	1. 将客户做出分类，定位重点客户（每年能带来 100 万元的销售收入）； 2. 针对这些客户专门设计有突破性的方案
提高客户满意度	客户代表	1. 需要问客户一些开放性的问题以了解他们更多的需求； 2. 就所获得的信息进行总结和讨论，给出提升客户满意度的建议方案

第三，工作环境需求是什么？工作环境代表构成员工赖以生存的组织的基础性架构，这个基础性架构有看得见的，也有看不见的，包括组织中的工作程序、信息的传递过程、报酬与认可体系以及清晰的目标预期体系等。例如，明确的角色与预期、辅导、激励、工作体系和流程、信息和辅助工具的可获得性等，这些以积极的方式表现出来时，会促成绩效的达成。

第四，能力需求是什么？能力需求是指员工有效地展开工作所必需的技能和知识，能力需求还包括内在能力，如个人的背景经历、所接受的教育和性格特质等。个人能力发挥是受制于组织内部因素的。工作所必须的技能和知识通过培训是容易解决的，但是内在能力很难发展，如果在一开始就能准确地选择那些拥有适合特质的人才，那么工作就会变得更加高效。所以，要区分影响绩效的个人能力需求是哪类的，不同类别需要有不同的解决方案。

"让一个好的员工和一个差的系统斗，系统八成会赢。"往往我们看到问题时，第一个反应是做这个事情的人不行，但是往往忽略了背后的组织因素和策略因素。再细致分析的时候，我们会发现也许是因为组织设置的问题，也许是因为策略制定的问题。成功的岗位绩效的影响因素包括我们上边谈到的组织外部因素、组织内部因素（工作环境需求）和个人内部因素（能力需求）。所以，在做分析的时候，一定要能由大及小，由远及近，由整体及个体。业务需求和绩效需求是要取得的目标结果，而工作环境需求和能力需求通常是达不到预期结果的根本原因。HR 最应该掌握的重要能力，就是对需求层次中的各类需求作出区分和判断。

比如，一个经理给 HR 部门提出需求，希望能帮助其团队提高时间管理能力，这其实是一个能力需求，而不是绩效需求，如果转化为绩效需求，应该是更加关注员工是否能在日常工作中表现出符合既定期望的做法。而员工之所以没有表现出符合既定期望的做法，原因可能是下述的任何一种或者多种：

- 其不知道为什么要做某些事情（不清楚组织的期望和目标）
- 其不知道应该做什么（不清楚要达到的标准）
- 其以为自己正在做（事实上跟你要的不一样）
- 其不知道如何去做（没有方法思路）
- 其认为当下方式行不通（坚持自己的思路）

- 其认为其他事情更重要（不清楚任务的重要性）

所以，成为分析专家，不仅要从上述提到的几个需求入手，还要分析需求之间的关联度，定位问题，然后才能谈及给出方案建议。

（2）方案专家

方案要衔接之前的分析，承接之后的评估，绝不是一个独立的环节。首先，在做方案时要心中有数，而这个数，指的就是之前基于业务、绩效、工作环境以及能力所做的分析；其次，方案是要保证结果的。所以，在方案制定时，也要考虑到如何评估结果的问题。

在这个角色上，HR最大的挑战是什么？"如果高管只是在问题出现时才想起我，那他也是这样看我的"，很多时候，HR扮演着救火队员的角色，在出现问题的时候临时性地解决问题，或者执行者的角色，业务部门提出直接的方案，请HR落实。

在这里，给一个GAPS！方法帮助大家掌握做方案的方法，GAPS！是肯·布兰查德博士在他的《缩小差距：企业成功实现更高绩效的四步曲》中提到的方法：

G= 了解理想目标

提出"应当是什么"类的问题，去确定业务目标和绩效需求。

A= 分析现状

提出"现状是什么"类的问题，去澄清和了解当前的业务结果和绩效结果。

P= 挖掘问题的原因

提出"原因是什么"类的问题，去挖掘工作环境支持体系和个人能力等相关因素。

S= 选择正确的解决方案

选择并完成"与工作环境支持体系相关的"和"与能力相关的"两类解决方案。

在选择解决方案之前，为了确保方案的可执行性，一定要再次回答如下问题：

- 利益相关者的期望是什么？
- 解决方案要实现的结果是什么？

- 与解决方案有关的参数和限制有哪些？
- 解决方案成功所需要的支持和资源有哪些？
- 方案推行过程中与利益相关者以及其他相关者的信息沟通和更新流程是什么？

HR需要在方案执行过程中保持自始至终的关注，既要身在其中，推动和调整方案，又能"跳出画面看画"，排除干扰，看到潜在的风险和更远的目标，用目标牵引大家走出实际实施中的干扰。

（3）评估专家

如果出现"手术很成功，不过病人死了"的情况，我相信没有人会认为这是一个好的结果，就像HR如果推行了一个项目，"培训很成功，不过工作业绩完全没有改观"，或者"新的激励计划很成功，不过销售额却没有上升"，这听起来就是HR的自嗨，业务完全没感知。所以，作为HR，必须知道如何评估方案是否有效，需要预测解决方案的结果会是什么，在每个关键点应该如何来衡量是否有效，从而来判断后续是否需要调整。方案是需要借助过程中的评估来修正的，也是要借助最后结果的评估来判断是否有效的，所以，方案和评估是密不可分的。

首先要思考的是方案本身用哪些因素去考察。管理专家Harold Stolovitch和Erica Keeps指出了五种需要考察的因素，分别是：

- 合适性：解决方案是否处理了某个问题的原因，并有效提高了绩效水平；
- 经济性：解决方案所需要的资金是否到位，以及方案执行或者成功后是否能带来正的投资回报率；
- 可行性：解决方案所需的公司能力、资源以及时间是否充足；
- 公司认可度：解决方案本身能否在文化上被接受，并不会由于自身原因被排斥；
- 员工认可度：目标员工群体能否接受该解决方案。

当然，上述是比较通用的一些考察因素。作为评估专家，在方案实施后，要解决两类问题，一是要判断目标结果是否已经实现；二是要找到保持或者提高现有业绩所需要采取的行动。

现实中，经常会出现两类情况：有时候解决方案看起来奏效，但是结果并没有表现出来；有时候业绩确实得到了提高，但是却不确定方案在其中起到了多少作用。面对这些问题，作为评估专家的 HR 要思考如下问题并收集相关信息：

- 预期的效果是什么？是否实现了预期效果？比如，评估一个提高销售人员销售能力的解决方案，最好的办法就是考察他的销售能力是否有提升，是否达到了工作所必需的标准。
- 员工的绩效是否按预期发生了改变？如果没有，是因为什么？在解决方案时即要确定一个目标的绩效，评估之前需要了解要得到什么结果，以便于了解评价方案执行前后绩效的变化情况，从而追踪分析和调优方案。
- 业务目标是否已经实现了？如果没有，为什么？比如，销售能力提升的解决方案，需要观察销售额的变化、订单的情况等。如果结果未能达到预期，则需要先找到原因，再做修改。
- 使用方对于达到的结果以及实现的过程是否满意？主要是要了解使用方对于解决方案本身以及执行过程是否满意，如通过了解关于人员绩效改变程度、工作成果的体现大小、执行过程中的策略、目标员工受影响的大小等方面来回答。

对于评估而言，最关键的是找出评估的目的并确定评估的目标，在评估目的和目标选择上尤为重要，一个错误的评估目标会带来适得其反的作用，如人力资源部在评估招聘效果的时候，如果单单考虑发出 offer 的数量，就会导致招聘人员为了追求发出 offer 的数量而倾向于在薪酬上就高不就低或者降低对人选质量的把关。同时，评估的意识应该从始至终贯穿绩效管理过程，并不只是在某个时点上才进行，初始要考虑目的以及如何衡量和评估效果，执行过程中要跟踪衡量，以便及时调整。目的良好，执行无效，最终会没有效果。

（4）员工

员工作为绩效管理程序的一个重要角色其作用不可忽视。在绩效管理程序中，员工不是被动的接受者，而是他们自己绩效的主人，拥有并产生绩效，他们不但接受经理的指令，更向经理反馈绩效信息，与经理一起制定目标，与经理一起沟通绩效问题，向经理寻求支持和帮助，在经理的指导下，不断提高自我绩效管理能力。管理改变的是员工的行为，绩效评估这种手段只有改变员工的行为，才能产生功效。如果员工认为"改不改变公司也不能把我怎么样"，那么绩效管理对他们则无任何效能可谈。绩效管理流程不是经理对员工的单向行为，而是由经理和员工共同执行的。

企业推行绩效管理的目的是通过绩效管理结果的反馈实现员工绩效的提升和企业管理的改善，只有企业高层管理者、人力资源经理、直线经理和员工等所有人做好自己在绩效管理过程中的定位，各司其职，才能真正通过绩效管理来实现企业对经营管理过程的控制，从而推动企业员工共同努力，实现企业的战略目标。

第三章

绩效管理实施流程——高效执行绩效

【**本章导读**】

◆ 绩效管理核心价值是高效执行的前提

◆ 绩效管理的 PDCA 如何有效实现闭环

◆ 绩效管理流程的优化都有哪些关键点

◆ 绩效高效执行需要技能体系保驾护航

3.1 绩效管理核心价值

在企业实际管理过程中，绩效管理的核心价值主要体现在：持续提升企业的管理水平和管理能力，不断清晰公司与员工的目标和方向，向员工明确传达企业绩效管理价值观，将绩效管理作为业绩提升的有效手段，从而最终实现企业与员工价值上的双赢。

我们可以发现，绩效管理的价值体现在企业宏观和微观的多个方面，并将企业的战略、文化和制度有机地联系起来，如表 3-1 所示。

表 3-1　　　　　　　　　　绩效管理核心价值体现

提升企业战略执行力	强化管理者管理职能	培养以业绩为导向的企业价值观	提升激励体系的激励功能
- 战略梳理 - 绩效规划 - 目标分解与管理 - 过程管理与评价	- 职责明确 - 角色定位 - PDCA - 促进沟通 - 培养管理习惯与能力	- 落地企业文化 - 规范行为素质 - 工作导向 - 行为素质评价 - 提升绩效	- 结合激励体系 - 过程跟踪指导 - 评价 - 结果应用

作为企业管理者，只有深刻明确绩效管理的核心价值，在执行上才不至于陷入"只见树木不见森林"的困境，才能从企业经营高度，避免陷入具体绩效考核的繁杂实务和流程中而迷失管理方向。

绩效管理体系是企业管理系统的重要组成部分，渗透在企业管理的所有过程和各个方面，良好的绩效管理实施流程不仅是企业经营战略落地的有效抓手，还应该成为企业提升管理执行力的重要保证。

在很多人的眼中，企业绩效管理就是绩效考核，只是在月底、季度末或年度考核的时候给员工的工作表现进行评分,作为绩效工资或者奖金发放的依据。

绩效管理与绩效考核虽然只有两字之差,但是涵盖的内容、折射的思想理念等都存在差别:绩效管理就是指通过人力资源管理来保证企业以最佳途径和方法达成特定的使命和目标。绩效管理也是一个对绩效工作总体把控的过程。而绩效考核是指评估对照工作目标或绩效标准,采用科学的考评方法,评定员工的工作任务完成情况、员工的工作职责履行程度和员工的发展情况,并且将评定结果反馈给员工的过程。

绩效管理与绩效考核的区别如表3-2所示。

表 3-2　　　　　　　　绩效管理与绩效考核关系

区别要点	绩效考核	绩效管理
内容方面	面向结果、面向过去	面向结果、过程、未来
管理着眼点	监督和控制	激励和发展
管理重心	如何考核评价	与企业战略关联
企业管理者角度	裁判、评估、控制细节	教练、指引方向
管理流程	一次性考核	持续评估和沟通

从一定意义上来讲,绩效考核是绩效管理的核心之一,绩效考核是绩效管理中一个重要环节,它从制度上明确规定了员工和企业考核的具体程序和方法,为绩效管理的运行和实施提供了前提和管理依据。

3.2 绩效管理的基本流程

绩效管理是管理者通过设定团队和员工的工作目标,明确与工作内容、工作重点及要求、提升团队和员工的工作能力,并评价及激励工作成果的一系列过程。

为了保证企业整体绩效实施,绩效管理的实施需要经历 PDCA(计划—实施—评价—反馈)这个完整的流程。

1. 绩效计划

绩效计划是绩效管理的实施基础，企业各级管理者需将考核周期内的工作目标、工作内容、工作完成具体要求等作出明确说明并且与员工达成一致。

绩效计划做得好坏，最终验证的标准是企业目标与部门目标与个人目标一致，绩效产出定义清晰并得到相关责任人的承诺认可。

2. 绩效实施

绩效管理的目的不是处罚或难为员工，而是通过不断提升员工工作绩效从而提升企业总体绩效。这就要求企业各级管理者在整个绩效管理中需要持续地与员工进行绩效沟通，发现在工作过程中出现的问题，通过不断指导来帮助员工改进工作、解决这些问题。

3. 绩效评价

绩效评价，也就是很多企业讲的绩效考核，是绩效考核中的关键环节，绩效评价主要是通过一些考核评价方法，对员工的工作表现作出评价（或评分）。

4. 绩效反馈

绩效反馈是很多企业中被忽视的一个环节，但绩效反馈做得不好或缺失，将使前面的绩效考核成果大打折扣。

绩效反馈是指在绩效考核周期结束后，企业各级管理者要及时与自己的下属员工进行绩效评价的面谈，将考核结果及时反馈给员工，鼓励好的方面，同时指出不足和需要改进的方面。

3.3 绩效考核实施流程

我们以年度考核周期的实施为例，来细化分解绩效考核的实施流程，如图 3-1 所示。

```
        启动绩效考核
             ↓
       公司年度经营目标
             ↓
     公司年度目标分解到部门
             ↓
       确定员工考核指标
             ↓
         执行绩效考核
             ↓
       绩效考核结果评估
             ↓
       绩效考核结果应用
             ↓
        绩效访谈和改进
```

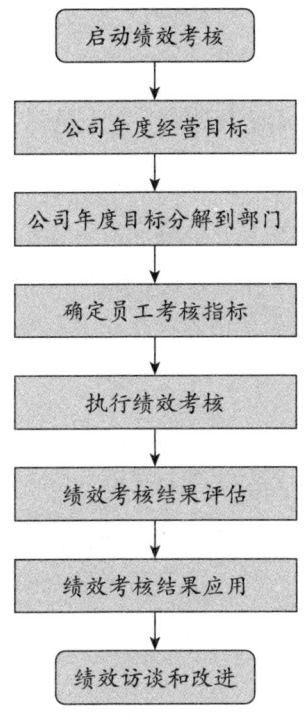

图 3-1　绩效考核流程图

1. 启动绩效考核

绩效考核的实施流程，前提是公司已经明确考核职责分工，明确不同类型人员考核周期，同时对每种类型的人员确定了明确的考核方法。

在企业就绩效管理办法与员工做了充分沟通的基础上，则可以正式启动绩效考核。

2. 公司年度经营目标

公司年度目标主要基于企业发展战略，同时结合市场竞争环境的变化，企业主要目标包括业绩目标（销售目标）、市场目标、客户服务目标、管理目标、员工技能提升目标等。

公司经营目标的制定，需要每个部门的积极参与，这是个目标沟通的过程。

（1）业绩目标：净利润、销售收入、净现金流量等，这些指标主要评价公司收益能力及市场表现，判断公司经营风险；同时分解到各产品线和事业部承载相对应的业绩指标；

（2）市场目标：按照公司经营计划，对市场及客户的维系和拓展度、市场占有率、产品技术先进性、客户满意度、产品质量、验收合格率等，评价公司在为客户提供产品过程中的综合表现等；

（3）管理目标：管理制度科学规范、流程执行切实高效、绩效考核严谨公正以及相配套的奖惩机制和人才培养机制建立完善。

3. 年度目标分解

公司各级经营管理目标要落实到每个部门。

需要特别注意的是，有些考核指标横贯每个部门，在这种情况下有些跨部门的考核指标需要通过考核权重的调节来平衡每个部门的职责权重。

4. 确定员工考核指标

各部门通过有效的绩效沟通，和企业每个员工落实《绩效考核任务书》。

5. 执行绩效考核

公司高管、各个部门负责人以及员工签订《绩效任务书》后，正式执行绩效考核。

为了绩效考核工作的顺利推进，考核指标的绩效沟通是绩效考核管理的核心，一个有效的绩效沟通，需要包括以下内容：

- 向员工明确传达公司倡导的价值观和业绩导向；
- 明确沟通绩效考核指标的来源和依据；
- 明确沟通被考核者的任务目标和工作重点以及要求。

绩效沟通主要有正式沟通和非正式沟通两类。

（1）正式沟通

- 书面报告：包括周报、月报、季报或者年报等正式报告方式；
- 会议沟通：主要适合团队沟通的方式；
- 面谈沟通：以正式面谈的方式进行深刻的沟通。

（2）非正式沟通
- 走动式管理：管理者定期或不定期和员工随时交流；
- 开放式办公：员工可随时到主管领导办公室进行沟通；
- 非正式会议：如聚餐等时机，大家在轻松愉快的气氛中进行工作沟通。

6.绩效考核结果评估

每个绩效考评周期结束，公司会正式启动考核，各部门根据时间表，结合考核指标进行评价。当然，在考核过程中，很多公司引入了自评环节，即每个人对自己的绩效进行评价，上级确认给出最后的考核结果。

7.绩效考核结果应用

在考核结果应用之前，一定要确保考核结果是公平公正的。对于绩效考核结果有异议的，可以进行绩效申诉。具体操作上，如各部门负责人将部门成员考核成绩提交人力资源部审核备案，人力资源部发现考核成绩有异议的，各部门负责人需要说明，确实有问题的，则需要进行调整。此外，各直线经理做打分前要和本部门所有员工进行绩效沟通，确保考核成绩得到员工的充分认可。员工认为受到不公正考核，或者员工对考核结果有重大异议，可以向公司人力资源部提起申诉。人力资源部接到员工的申诉后要组织相关人员进行评估，给员工一个最合理的解释，申诉结果跟踪处理完毕后要存档备案。

人力资源部每季度在所有考核成绩确定后，汇总最终考核成绩，提交公司审批后执行相关应用，一般而言，绩效考核的结果会应用在培训、人员任用、绩效改进、薪酬回顾和奖金发放等各个方面。

8.绩效面谈与绩效改进

影响员工工作绩效的因素很多（如图3-2所示），不仅仅是知识、技能，还有员工工作动机、价值观、工作态度以及个人特质等因素，必须通过有效的面谈沟通清楚。

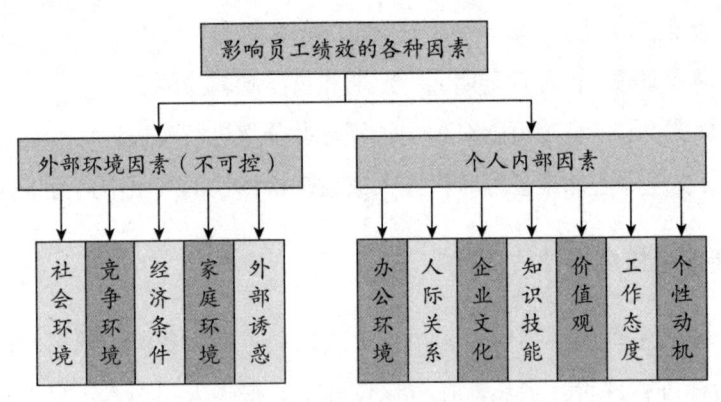

```
                        影响员工绩效的各种因素
                    ┌─────────────┴─────────────┐
              外部环境因素（不可控）          个人内部因素
          ┌────┬────┬────┬────┐      ┌────┬────┬────┬────┬────┐
         社会  竞争  经济  家庭  外部    办公  人际  企业  知识  价值  工作  个性
         环境  环境  条件  环境  诱惑    环境  关系  文化  技能  观    态度  动机
```

图 3-2　影响员工绩效的多种要素

绩效沟通的关键价值包括：

- 将绩效沟通作为绩效提升的有效手段
- 做好业绩过程监控，及时发现并解决问题，不断改进各项工作
- 及时发现各项管理中薄弱环节并找到解决问题的方法
- 对于执行不力和表现欠佳的员工要有绩效考核应对方案
- 绩效沟通最终要达到目标管理和计划管理的目的

对于表现欠佳的员工，要认真分析绩效差的根源，绩效沟通面谈后，对于绩效表现差的访谈人员应落实《绩效改进计划表》中提出的绩效改进的要点。

绩效改进流程如图 3-3 所示。

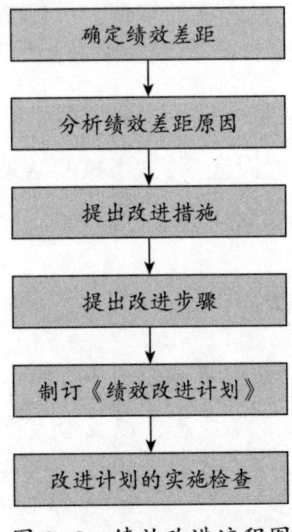

```
        ┌──────────────┐
        │  确定绩效差距  │
        └──────┬───────┘
               ↓
        ┌──────────────┐
        │ 分析绩效差距原因│
        └──────┬───────┘
               ↓
        ┌──────────────┐
        │  提出改进措施  │
        └──────┬───────┘
               ↓
        ┌──────────────┐
        │  提出改进步骤  │
        └──────┬───────┘
               ↓
        ┌──────────────┐
        │制订《绩效改进计划》│
        └──────┬───────┘
               ↓
        ┌──────────────┐
        │ 改进计划的实施检查│
        └──────────────┘
```

图 3-3　绩效改进流程图

绩效改进主要内容如下：
- 有待改进的要点
- 需要改进的主要原因
- 目前现状和改进期望值
- 绩效改进的计划
- 绩效改进时限要求

3.4 绩效考核流程优化

1. 流程优化的时机

一般来说，流程优化的时间点主要集中在考核周期结束时，因为此时更易发现和弥补问题，并且有足够的资料与数据来说明问题与解决问题。但有些时候，一些紧急问题的出现，也给流程优化提供了好的契机。

例如，在生产施工阶段，因为设计部门的一张设计图纸的变更，造成物流部门临时与采购部门进行协商，保证材料到位，并且通知生产单位暂停现阶段生产，将已经装配上的错误零件拆卸下来，等待新零件到位之后再重新生产，这就造成了窝工。从一线员工的角度看，衡量工人的绩效指标是生产产量，但是因为窝工，造成今天的产量为零；相比之下，设计人员修改一张图纸属于正常的工作范围，而衡量设计人员的绩效指标又没有包含控制设计变更的发生率的内容，因此两个部门的绩效管理就是脱节的。但是如果单独看待设计变更与生产窝工这两个结果，可能没有办法想到其中存在的内在联系，不过通过梳理工作流程，弄清楚其中的关系，就能明确事情发生的因果联系。

2. 流程优化的关键点

（1）体系设计前的沟通

在一套绩效管理设计之前需要与各部门沟通确认，这个过程必不可少，但是如果每年绩效计划制订做得过于烦琐，结果要么是绩效考核体系本身变动过大，要么就是人为地延伸了制订的时间。

实际上，各部门之间的工作是环环相扣的，考核部门为了确保本部门的工作顺利开展，必然对被考核部门提出相关要求，以考核指标的形式上升到考核层面：在对考核体系设计时进行讨论可以充分听取各部门意见，一旦确定下来，进行下年度绩效计划时就不必采用集中讨论的方式，否则各部门还会为了各自的利益而争论不休。

一般可以采用的方法是：人力资源部提前准备好历史数据，即每项指标的历史完成情况，在部门考核时，提供历史数据便于决策层参考；而个人考核则是选择被考核者与考核者进行一对一面谈，确认后进行提交。提交的方案经过人力资源部初步调整后提交决策层确定后就可以公布执行了。

（2）及时收集绩效数据

收集绩效数据不仅是人力资源部门的工作，还关系到各个部门的切身利益，也是公司整体计划能否完成的重要保证。如果人力资源部在部门间的沟通不及时、不到位，没有将数据收集的流程全景图及重要节点的时间和任务告知各部门，各部门就很难配合。

因此一般可以采用如下方法：提高部门经理及员工对绩效数据收集及绩效管理系统运行的重视度，增强大局意识；明确公司收集绩效数据的整体流程及流程中各部门职责；明确流程的相应负责人。

（3）重视流程改变对整体的影响

绩效管理要起到促进管理流程和业务流程优化的作用，不能仅仅局限在对岗位员工的绩效考评的维度之中。企业管理会涉及对人和对事的管理，对人的管理主要是激励约束问题，对事的管理就是流程问题。一个流程如何运作，涉及因何而做、由谁来做、如何去做、做完了传递给谁等问题，各个环节的不同安排都会对结果产生很大的影响，从而影响组织整体的效率。

在绩效管理过程中，各级管理者都应从公司整体利益以及工作效率出发，尽量提高业务处理的效率，应该在上述四个方面（即因何而做、由谁来做、如何去做、做完了传递给谁）不断进行调整优化，使组织运行效率逐渐提高，在提升组织运行效率的同时，逐步优化公司管理流程和业务流程。

（4）流程中不合常理结果的处理

企业在实施绩效考核时，员工绩效结果是在部门内部形成的结果。由于部门间的工作性质不同，很难在部门间进行横向对比，而员工绩效考核的结果直接与薪酬奖金挂钩，绩效考核结果的公平性就显得很重要，因此需要找到调整员工绩效考核结果差异较大的处理方式。

一般可以采用的方法是：一方面，职能部门和业务部门的差异，绩效考核结果如何衡量？这个可以通过部门的重要性来体现。体现部门重要性的要素表现在部门对公司的贡献价值、部门规模及人员能力等方面。笔者也见过在相关企业对一线、二线部门进行区分，通过相应的部门系数来体现绩效差异之间的平衡。

另一方面，用部门的业绩绩效来调整员工绩效的比例。本部门业绩优秀时，可适当提高部门内员工的考核得分；当部门业绩较差时，可适当压低部门内员工的考核得分。这样就可以使员工绩效与部门绩效基本保持一致。

比如，当部门绩效考核结果为优秀时，该部门的员工绩效中优秀的比例可以适当扩充；当部门绩效结果为不合格时，则该部门的员工绩效不合格的比例也适当增加。通过这样的挂钩来降低因部门间的差异而导致的员工绩效差异。

3.5 绩效管理实施的技能体系保证

绩效管理的技能体系主要包含了组织中管理者和人力资源部门所需要具备的技能。技能体系是整体管理体系当中的神经系统，虽然它不是运动的主题，但是所有的运动指令实际上是通过神经系统传导到韧带、肌肉和骨骼的。换句话说，技能体系将决定在同样的训练水平下哪些人可以最终在比赛中脱颖而出。

这一体系描述当中包含了大量的软技能描述和要求，很难简单地一概而论，我们希望本节的讨论尽可能多地以实践和事实作为参考标准来进行分析。

1. 管理者所应具备的技能

管理者所应具备的绩效管理技能有很多，在这里我们可以简单归纳为自我管理和团队管理两个方面。

自我管理通常包含自我认知、自我效率和自我定位三个方面。

自我认知，主要要求管理者对自己的管理风格、技能水平、长短板等有比较清晰的认知，并能够在日常的管理活动中灵活运用和扬长避短。经常可以看到，有些公司的管理者喜欢把自己善于管理挂在嘴边但下属却怨声载道，这往往是自我认知出现了问题。

自我效率是指在日常工作中管理者是否能够有效地完成自己所管辖范围内的相关工作，合理安排时间，充分发挥好管理者的各种作用。能够培养出世界冠军的游泳教练不一定自己也是世界游泳冠军，但是他不可能不会游泳。作为管理者，如何既能很好地完成自己的工作，同时又能扮演好管理者的角色，需要积极地展开效率管理。捡了芝麻丢了西瓜的事情，在笔者的观察中绝不少见。

自我定位是指管理者要明确在企业组织当中自己需要扮演的角色，并且把这一角色用最专业的态度去承担好。有些人定位过高，天天把公司战略、未来远景挂在嘴边，可一说到具体落地的方法或部门团队的战术安排便一问三不知。有些人定位过低，总觉得自己不过就是个领着大伙一起干活的，不主动丰富自己的视野，不能更多地从公司战略角度出发考虑问题。这两种情况都不是对角色定位的最佳选择。

团队管理通常包含澄清、信任和激励三个方面。

澄清，需要管理者把工作任务、部门和组织的各项目标以及工作标准清晰地传递给团队成员。工作任务是团队成员的基本职责，部门组织的各项目标可以帮助大家了解自己在公司经营当中所扮演的角色，工作标准能够帮助团队成员互相监督和激励。可以想象，如果管理者自己都没弄清楚这些内容，采取一种难得糊涂的方式来管理团队，团队成员都以一种"全心全意"领会领导意图的模式来工作，整个团队的绩效可见一斑。

信任，需要管理者与团队成员之间通过承诺、授权与关注建立起基本的互信关系。所谓承诺，要求双方在日常管理活动中要对自己的言行负责，不论大事小事要能够说到做到，如果没有做到，要有充足的双方都认可的原因。授权，要求管理者对成员的工作权力和状态给予必要的行动自由度。关注，要求管理者不仅仅把眼光着眼于团队成员的日常工作，更要把员工作为一个具体的个人来给予指导和反馈。如果管理者不能与员工建立起来这种信任的关系，那么在多数情况下绩效管理活动就会沦为一种不得不做的形式。

激励，需要管理者根据团队成员的具体情况做出对成员的认可、奖励和发展。认可，要求管理者能够在第一时间对团队成员的积极表现做出反馈，这种认可可以是正式的、书面的，也可以是非正式的、口头的，但一定要及时并且有针对性。奖励，要求管理者能够对符合绩效要求的团队成员给予奖励，这种奖励和承诺是对应的，如果不能让团队成员获得奖励，那么承诺被打破的可能性就会增加。发展，要求管理者能够为团队成员提供物质奖励以外的个人职业发展，可以是培训教育，也可以是职场人生的答疑解惑。

笔者认为，管理者可以是不完美的，但是具备各方面的管理能力是管理者最基本的素质。因为只有具备了这些基本素质同时配合管理者自身的特长，才有可能发挥出绩效管理真正的效用。优秀的管理者从来都不是天生的，他们除了在某个特定方面优于他人之外，更多的是他们付出了更多的时间与精力，在能力方面构建起了完整的素质基础，从而实现了管理的真正有效。

这里补充一点，优秀的管理者不一定是优秀的企业战略决策者，二者之间并不存在必然联系，但我们仍然能够经常在那些最优秀的企业家身上同时看到这两种角色素质。

2. 人力资源部所需要具备的技能

虽然我们前面强调过绩效管理不仅仅是人力资源部的事情，而是公司整个经营管理的重要一环，需要多重配合。但是在绩效管理体系实施的过程当中，企业仍然需要人力资源部具备战略沟通、人才培养、分析规划这些基本技能，来确保绩效管理的有效实施。

战略沟通，主要是要求人力资源部不仅能够具备基本的战略思考能力，而且能够对企业战略有深刻的领会及影响能力。战略思考，指的是人力资源部能够站在企业经营的角度，从人的角度出发，充分地把握"公司经营与人员管理之间的关系"这个重大命题。战略领会，要求人力资源部能够真正地领会公司战略，听懂公司高管对公司战略的表述，这里说的表述既包括一般的文字描述，也包含了公司经营活动中所展现出来的行为偏好和决策特征。战略影响指的是人力资源部要能够站在公司高管层面前，将具体的管理政策与安排用高管听得懂的语言阐述出来，并对公司的整体战略产生积极的影响。战略沟通绝对不是人力资源部单向接受上峰的指示，而是能够站在同一层面，与高管进行有效的对话。

人才培养，主要要求人力资源部能够对绩效管理中所涉及的不同层面的参与者，有针对性地提供有效的培训、引导和发展。培训方面，要求人力资源部能够采取灵活多样的培训手段，把绩效管理中的常识及技巧，有效地植入参与者的管理理念中去。引导方面，要求人力资源部能够身体力行，从行为角度抓住关键点，对各层级的参与者构成影响。发展方面，要求人力资源部从人的基本诉求入手，通过对人的全方位关注使得参与者主动投入对自身整体素质和能力的提高中。

分析规划，主要要求人力资源部在管理流程、管理方案和组织指标三个方面能够利用各种工具和方法进行有效的分析与规划。管理流程方面，需要人力资源部能够尽可能地利用定量分析的方法，在各种管理流程的关键指标中选择合适的角度对流程的效率进行分析，如招聘流程中的空缺填充效率。管理方案，要求人力资源部能够使用科学的分析方法对各种管理方案的效果进行考量，并得出必要的比较分析结论，如人才管理方案里，对于整体公司人才能力水平的定向评估。组织指标，要求人力资源部在组织运营的各项指标中寻找有效的项目，对整体人力资源管理水平进行必要的结果性分析，以验证公司管理的有效性，如对人力成本与整体财务指标之间进行相关性分析。

笔者认为，如果人力资源部要提升自身成为战略合作伙伴的角色，那么绩效管理体系的构建与实施是发挥人力资源部门战略影响力的最重要的机遇。

第四章

绩效考核方法选择——利益与艺术的平衡

【本章导读】

- 绩效考核是绩效管理的重要步骤之一
- 不同的考核方法有不同关注点和假设
- 新生绩效考核方法减少直接利益关注

虽然绩效考核或者绩效评估与绩效管理并不是一回事，但绩效考核仍然是在各个企业中非常重要的一个应用。不同的考核方法，背后有不同的假设和侧重点。本章重点针对比较常见的考核办法，并在方法论层面进行剖析。

如果把常见的方法根据绩效管理的目标、评估和应用层面的关注点不同来进行分析的话，则可以用图4-1来展现。

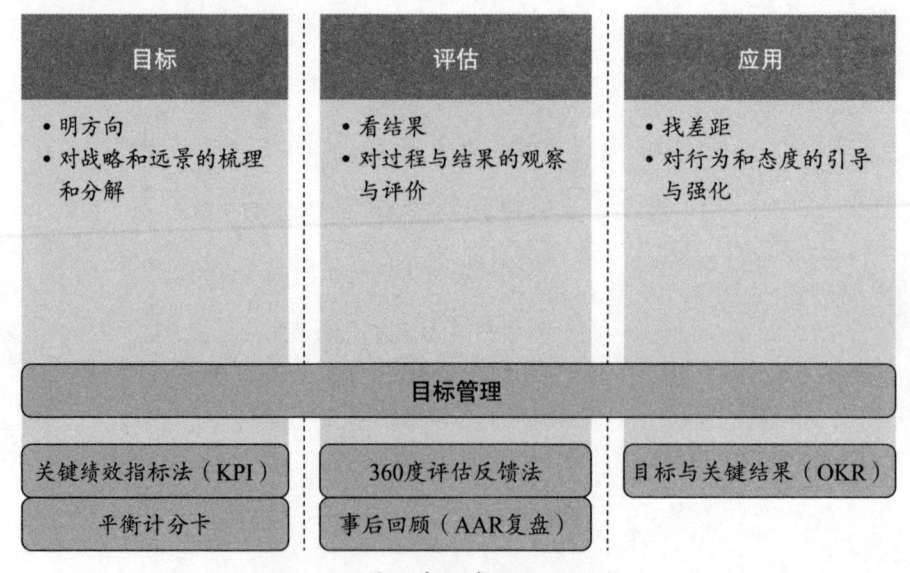

目标	评估	应用
• 明方向 • 对战略和远景的梳理和分解	• 看结果 • 对过程与结果的观察与评价	• 找差距 • 对行为和态度的引导与强化

目标管理

关键绩效指标法（KPI）	360度评估反馈法	目标与关键结果（OKR）
平衡计分卡	事后回顾（AAR复盘）	

图4-1 绩效考核常见方法示意图

这一基本思路其实就是目标管理的精髓所在，正是基于目标管理的理念，才有了现代企业管理制度当中的绩效管理体系的概念，而之后衍生出来的各种考核及评估方法，无非就是在不同环节上加以关注和调整。

KPI和平衡计分卡都是在目标设定上做文章，前者更关注如何选取最合适的核心指标，而后者更关注如何能够在目标选取上做到平衡。

360度评估和复盘多是在评估反馈中找到着力点。前者希望通过多角度反馈，对观察对象获得更完整的反馈，而后者更关注如何通过事后总结来找到应对未来的办法。

OKR 在市场上往往被人关注的是其与 KPI 之间的不同，即目标设定上的理念变化。但笔者认为 OKR 之所以能够成功，在于其在应用过程中回归到绩效管理的本质，把绩效结果不直接应用于薪酬，而是应用于未来的进一步调整和发展。

在接下来的章节中，我们首先会从目标管理的核心理念和方法展开，然后衍生出来五种方法，并在章节的最后做出总结。

4.1 目标管理

1. 目标管理基本知识

美国管理大师彼得·德鲁克（Peter F.Drucker）于 1954 年在其名著《管理实践》中最先提出"目标管理"。他认为，并不是有了工作才有目标，而是相反，有了目标才能确定每个人的工作。所以"企业的使命和任务，必须转化为目标"，如果一个领域没有目标，这个领域的工作必然被忽视。因此，管理者应该通过目标对下级进行管理，当组织最高层管理者确定了组织目标后，必须对其进行有效分解，转变成各个部门以及各个人的分目标，管理者根据分目标的完成情况对下级进行考核、评价和奖惩。

目标管理提出以后，伴随着二战后全球经济的快速发展，企业急需采用新的方法调动员工的积极性以提高竞争能力，目标管理的出现可谓应运而生，遂被广泛应用，在世界管理界大行其道。目标管理的具体形式各种各样，但其基本内容是一样的。所谓目标管理乃是一种程序或过程，它使组织中的上级和下级一起协商，根据组织的使命确定一定时期内组织的总目标，由此决定上、下级的责任和分目标，并把这些目标作为组织经营、评估和奖励每个单位和个人贡献的标准。

目标管理与传统管理方式相比有鲜明的特点，如表 4-1 所示。

表 4-1　　　　　　　　　　目标管理的特点和体现

特　　点	体　　现
重视人的因素	参与的、民主的、自我控制的管理制度 个人需求与管理目标结合 上级与下级的关系是平等、尊重、依赖、支持 下级在承诺目标和被授权之后是自觉、自主和自治的
建立目标链接与目标体系	目标分解的过程是责、权、利相一致的过程，每一层级环环相扣，相互配合，协调统一
重视成果	目标管理以制定目标为起点，以目标完成情况的考核为终结 监督成分少，控制目标实现的能力却很强
自主精神	目标管理的基本精神是以自我管理为中心 强调自我对工作中的成绩、不足、错误进行对照总结，经常自检自查，不断提高效益

目标管理在全世界产生很大影响，但实施中也出现了许多问题。因此，必须客观分析其优劣势，才能扬长避短，收到实效。

2. 目标管理的优势和挑战

在使用目标管理之前，我们先来看目标管理的优势和挑战，如表 4-2 所示。

表 4-2　　　　　　　　　　目标管理的优势和挑战

优　　势	挑　　战
• 在技术上具有可分性的工作，由于明确了责任、任务，效果立竿见影 • 有助于改进组织结构的职责分工。在明确目标、成果过程中容易发现组织中授权不足与职责不清等问题 • 调动了员工的主动性、积极性、创造性。由于强调自我控制，自我调节，将个人利益和组织利益紧密联系起来，提高了士气 • 目标明确和分解过程中，促进了意见交流和相互了解，调动团队积极性	• 在外界可变因素越来越多，变化越来越快，组织内部活动日益复杂，组织活动的不确定性越来越大的情况下，目标难以制定 • 目标管理所要求的承诺、自觉、自治气氛经常会难以形成，尤其是在监督不力的情况下。人除了有主动积极性之外，如果有机会偷懒投机走捷径，人们不会拒绝这样的机会 • 目标确定过程的管理成本可能使目标体系出现本位主义和急功近利倾向 • 最终奖惩不一定能和目标达成结果相配合，客观公正性的损耗会削弱目标管理的效果

3. 目标管理要点

我们从"目标、评估和应用"的过程来看目标管理时，每个环节都有相应需要思考的理念，以及实操层面的思考，如表 4-3 所示。

表 4-3　　　　　　　　　目标管理的理念及操作要点

环节	理念思考	操作要点
目标	解决或避免问题还是创造和把握机会	• 确定上下同欲的目标，公司管理层所关注的内容，通过各种有效的沟通与会议，形成全员的统一目标与方向是重中之重 • 目标并不简单等同于可衡量的目标，对达成效果理解一致才是重点 • 目标上确保主要目标的达成，分解程度视企业发展阶段和管理水平而定 • "有些什么机会？如果抓住了将会对公司和本团队的绩效产生多大的影响／效果？"
评估	每次都"成功"还是平均成功率（即当前的"成功"还是持续的可发展）	• 达成或"成功"并不等于高绩效，高绩效体现之一是挑战更高的标准。自满和低标准是否在评估中有所体现 • 有对结果的评估，也有对过程的评估 • 有硬性评估（对结果产出的评估），也有软性评估（关于文化价值观的评估）
应用	真正需要的、重视的、奖励的是否与公司目标管理的导向相一致	• 看得见的应用更为重要，所谓看得见的应用，是指关于"人"的各项决定——岗位安排、晋升、降级和解雇。例如：成绩一直不好或绩效平平的人，是否调换他的工作。领导岗位上的人不胜任时是否会迁就。把一个人安排在他不能胜任的职位上对个人和组织都没有好处，下属也有权要求能干的、有献身精神的、有绩效的人来当领导。一个没有绩效的上司，很难要求团队成员取得绩效

4.2　平衡计分卡

1. 平衡计分卡基本知识

科莱斯平衡计分卡（Career Smart Balanced Score Card），源自哈佛大学教授 Robert Kaplan 与诺朗顿研究院（Nolan Norton Institute）的院长 David Norton

所从事的"未来组织绩效衡量方法"的研究。当时该研究的目的在于，找出超越传统以财务量度为主的绩效评价模式，以使组织的策略能够转变为行动；经过将近20年的发展，平衡计分卡已经发展为受到普遍欢迎的集团战略管理的工具，在集团战略规划与执行管理方面发挥着非常重要的作用。

平衡计分卡方法打破了传统的只注重财务指标的业绩管理方法。平衡计分卡认为，传统的财务会计模式只能衡量过去发生的事情（落后的结果因素），但无法评估组织未来的具有前瞻性的投资（领先的驱动因素）。在工业时代，注重财务指标的管理方法还是有效的。但在信息社会里，传统的业绩管理方法并不全面，组织必须通过对客户、供应商、员工、组织流程、技术和革新等方面的投资，获得持续发展的动力。正是基于这样的认识，平衡计分卡方法认为，组织应从四个角度审视自身：学习与成长、业务流程、客户和财务。

在这个框架下，平衡计分卡关注了如表4-4所示的五项平衡。

表4-4　　　　　　　　　　　平衡计分卡的关注点

五项平衡	说　　明
财务指标和非财务指标之间的平衡	非财务指标（如客户、内部流程、学习与成长）在一般考核中占比少，缺乏量化、系统、全面性的考核
企业的长期目标和短期目标之间的平衡	以系统的观点来看平衡计分卡的实施过程，则战略是输入，财务是输出
结果性指标与驱动性指标之间的平衡	以有效完成战略为驱动，以可衡量的指标为目标管理的结果，寻求结果性指标与驱动性指标之间的平衡
企业组织内部群体与外部群体之间的平衡	平衡外部群体（股东与客户），内部群体（员工和内部业务流程）之间的利益
领先指标与滞后指标之间的平衡	财务指标就是一个滞后指标，它只能反映公司上一年度发生的情况 对领先指标（客户、学习、内部流程）的关注，使企业达到领先指标和滞后指标之间的平衡

通过以上关注点的设置，平衡计分卡在评价和企业战略目标紧密相连的内容和指标时，也让管理者能同时考虑企业各职能部门在企业整体中的不同作用与功能，使他们认识到某一领域的工作改进可能是以其他领域的退步为

代价换来的，促使企业管理部门作决策时从企业出发，慎重选择可行方案。在这个过程中，将看似不相关的要素有机地结合在一起，同时，鼓励下属创造性地（而非被动）完成目标，强调了激励动力，这些都有力地促进了企业战略的落地。

2. 平衡计分卡的优势与挑战

（1）平衡计分卡的优点

实施平衡计分卡，不仅能克服财务评估方法的短期行为，而且能使整个组织行动一致，服务于战略目标；能有效地将组织的战略转化为组织各层的绩效指标和行动，有助于各级员工对组织目标和战略的沟通与理解；利于组织和员工的学习成长和核心能力的培养，实现组织长远发展；提高组织整体管理水平。

当然平衡计分卡也不是万能的，它并不能在以下两个重要方面发挥推动企业进步的作用：它不适用于战略制定。卡普兰和诺顿特别指出，运用这一方法的前提是，企业应当已经确立了一致认同的战略。它并非是流程改进的方法。类似于体育运动计分卡，平衡计分卡并不告诉如何去做，它只是以定量的方式表明做得怎样。

（2）平衡计分卡面临的挑战

• 实施难度大

平衡计分卡的实施要求企业有明确的组织战略；高层管理者具备分解和沟通战略的能力和意愿；中高层管理者具有指标创新的能力和意愿。因此，管理基础差的企业不可以直接引入平衡计分卡，必须先提高自己的管理水平，才能循序渐进地引进平衡计分卡。

• 指标体系的建立较困难

平衡计分卡对传统业绩评价体系的突破就在于它引进了非财务指标，克服了单一依靠财务指标评价的局限性。然而，这又带来了另外的问题，即如何建立非财务指标体系、如何确立非财务指标的标准以及如何评价非财务指标。财务指标的创立是比较容易的，而其他三个方面的指标则比较难收集，需要企业长期探索和总结。而且不同的企业面临不同的竞争环境，需要不同的战略，进而设定不同的目标，因此在运用平衡计分卡时，要求企业的管理层根据企业的战略、运营的主要业务和外部环境加以仔细斟酌。

- 指标数量过多并且需要确认关联性

平衡计分卡涉及财务、顾客、内部业务流程、学习与成长四套业绩评价指标，按照 Kaplan-Nolan 的说法，合适的指标数目是 20—25 个。其中，财务角度 5 个，客户角度 5 个，内部流程角度 8—10 个，学习与成长角度 5 个。如果指标之间不是呈完全正相关的关系，在评价最终结果的时候，应该选择哪个指标作为评价的依据？如果舍掉部分指标的话，是不是会导致业绩评价的不完整性？这些都是在应用平衡计分卡时要考虑的问题。

平衡计分卡对战略的贯彻基于各个指标间明确、真实的因果关系，但贯穿平衡计分卡的因果关系链很难做到真实、可靠，就连它的创立者都认为"要想积累足够的数据去证明平衡计分卡各指标之间存在显著的相关关系和因果关系，可能需要很长的时间。在短期内经理对战略影响的评价，不得不依靠主观的定性判断"。而且，如果竞争环境发生了激烈的变化，原来的战略及与之相适应的评价指标可能会丧失有效性，从而需要重新修订。

- 各指标权重分配困难

要对企业业绩进行评价，就必然要综合考虑上述四个层面的因素，这就涉及一个权重分配问题。使问题复杂的是，不但要在不同层面之间分配权重，而且要在同一层面的不同指标之间分配权重。不同的层面及同一层面的不同指标分配的权重不同，将会导致不同的评价结果。而且平衡计分卡也没有说明针对不同的发展阶段与战略需要确定指标权重的方法，故而权重的制定并没有一个客观标准，这就不可避免地使权重的分配有主观色彩。

- 部分指标的量化工作难以落实

部分很抽象的非财务指标的量化工作非常困难。例如，客户指标中的客户满意程度和客户保持程度如何量化。再如，员工的学习与发展指标及员工对工作的满意度如何量化等。这也使得在评价企业业绩的时候，无可避免地带有主观的因素。

- 实施成本大

平衡计分卡要求企业从财务、客户、内部流程、学习与成长四个方面考虑战略目标的实施，并为每个方面制定详细而明确的目标和指标。在对战略的深刻理解外，需要消耗大量精力和时间把它分解到部门，并找出恰当的指标。而落实到最后，指标可能会多达15—20个，在考核与数据收集时，也是一个不轻的负担。平衡计分卡的执行也是一个耗费资源的过程。一份典型的平衡计分卡需要3—6个月去执行，另外还需要几个月去调整结构，使其规范化。总的开发时间经常需要一年或更长的时间。

最佳管理实践分享

基于上述分析，在推行平衡计分卡的实践当中，笔者希望大家关注以下要点：（1）平衡计分卡的优劣势都很明显，**要适时适当使用**。从前面的论述当中，我们可以看到平衡计分卡**面面俱到**，但是成也萧何，败也萧何。在企业的日常实际运作过程中，并不是所有的部门，所有的阶段都适合。笔者亲身经历过很多企业，在了解到平衡计分卡的全面性之后，大加赞赏，不加思考地立即全面推行，结果却差强人意。（2）使用过程中，要避免为了找目标而去找目标。**可以把平衡计分卡理解为一种思考模式，并不一定每一轮的目标讨论，都要面面俱到**。换句话来说，把积分卡的四个象限填满，远不如深入讨论四个象限，有些领域多一些，有些领域少一些，有的放矢地给予区别化的关注来得有效。换言之，平衡计分卡是一种绩效管理方法，是我们提升绩效管理水平的工具，而不是最终的目标。（3）平衡计分卡可以通过一些工具来实现绩效管理的日常化。有些企业会把平衡计分卡中当年的关键领域，采用卡片、台历、门卡包、易拉宝的方式，融入员工的具体日常工作中，从而实现对日常工作行为的直接影响。

4.3 关键绩效指标法（KPI）

关键绩效指标（KPI：Key Performance Indicator）是通过对组织内部流程的输入端、输出端的关键参数进行设置、取样、计算、分析，衡量流程绩效的一种目标式量化管理指标，是把企业的战略目标分解为可操作的工作目标的工具，是企业绩效管理的基础。KPI可以使部门主管明确部门的主要责任，并以此为基础，明确部门人员的业绩衡量指标。建立明确的切实可行的 KPI 体系，是做好绩效管理的关键。关键绩效指标是用于衡量工作人员工作绩效表现的量化指标，是绩效计划的重要组成部分。

KPI 法符合一个重要的管理原理——"二八原则"。在一个企业的价值创造过程中，20% 的骨干人员创造企业 80% 的价值；而且在每一位员工身上"二八原则"同样适用，即 80% 的工作任务是由 20% 的关键行为完成的。因此，必须抓住 20% 的关键行为，对之进行分析和衡量，这样就能抓住业绩评价的重心。

KPA（Key Process Area）意为关键过程领域，这些关键过程领域指出了企业需要集中力量改进和解决问题的过程。同时，这些关键过程领域指明了为了要达到该能力成熟度等级所需要解决的具体问题。每个 KPA 都明确地列出一个或多个的目标（Goal），并且指明了一组相关联的关键实践（Key Practices）。实施这些关键实践就能实现这个关键过程领域的目标，从而达到增加过程能力的效果。KRA（Key Result Areas）意为关键结果领域，它是为实现企业整体目标、不可或缺的、必须取得满意结果的领域，是企业关键成功要素的聚集地。

1. KPI 体系的特点

（1）KPI 是对公司战略目标的分解

第一层含义在于，作为衡量各职位工作绩效的指标，关键绩效指标所体现的衡量内容最终取决于公司的战略目标。如果 KPI 与公司战略目标脱离，则它所衡量的职位的努力方向也将与公司战略目标的实现产生分歧。

第二层含义在于，KPI 是对公司战略目标的进一步细化和发展。公司战略目标是长期的、指导性的、概括性的，而各职位的关键绩效指标内容丰富，针对职位而设置，着眼于考核当年的工作绩效、具有可衡量性。因此，关键绩效指标是对真正驱动公司战略目标实现的具体因素的发掘，是公司战略对每个职位工作绩效要求的具体体现。

第三层含义在于，关键绩效指标随公司战略目标的发展演变而调整。当公司战略侧重点转移时，关键绩效指标必须予以修正以反映公司战略新的内容。

（2）KPI 是对绩效可控部分的衡量

企业经营活动的效果是内因、外因综合作用的结果，这其中内因是各职位员工可控制和影响的部分，也是关键绩效指标所衡量的部分。关键绩效指标应尽量反映员工工作的直接可控效果，剔除他人或环境造成的其他方面的影响。例如，销售量与市场份额都是衡量销售部门市场开发能力的标准，而销售量是市场总规模与市场份额相乘的结果，其中市场总规模则是不可控变量。在这种情况下，两者相比，市场份额更体现了职位绩效的核心内容，更适于作为关键绩效指标。

（3）KPI是对重点经营活动的衡量，而不是对所有操作过程的反映

每个职位的工作内容都涉及不同的方面，高层管理人员的工作任务更复杂，但KPI只对其中对公司整体战略目标影响较大，对战略目标实现起到不可或缺作用的工作进行衡量。

（4）KPI是组织上下认同的

KPI不是由上级强行确定下发的，也不是由本职职位自行制定的，它的制定过程由上级与员工共同参与完成，是双方所达成的一致意见的体现。从组织结构的角度来看，KPI系统是一个纵向的指标体系：先确定公司层面关注的KPI，再确定部门乃至个人要承担的KPI，由于KPI体系是经过层层分解的，这样，就在指标体系上把战略落到"人"了。而要把战略具体落实，需要"显性化"，要对每个层面的KPI进行赋值，形成一个相对应的纵向的目标体系。所以，在落实战略时有"两条线"：一条是指标体系，是工具；另一条是目标体系，利用指标工具得到。

当然，目标体系本身还是一个沟通与传递的体系，即使使用KPI体系这一工具，具体的目标制定还需要各级管理者之间进行沟通。下级管理者必须参与更高一级目标的制定，由此他才能清楚本部门在更大系统中的位置，也能够让上级管理者更明确对其部门的要求，从而保证制定出适当、有效的子目标。

这样，通过层层制定出相应的目标，形成一条不发生偏失的"目标线"，保障战略有效传递和落实到具体的操作层面。因为战略目标是相对长期的，而具体到年度时一定会有所偏重，要求在选择全面衡量战略的KPI时要根据战略有所取舍。具体的年度目标的制定，是在全面分析企业内外环境、状况的基础上，根据年度战略构想，对本年度确定的KPI进行赋值，从而得到的。

在这里，KPI只是一个工具体系；而制定目标的关键还在于"人"与"人"

的沟通和理解，需要管理者和自己的上级、同级、下级、外部客户、供应商进行 360 度全方位的沟通。管理，在制定目标、落实战略的时候，就是一个沟通、落实的过程。所谓战略的落实，正是通过这种阶段性目标状态的不断定义和实现而逐步达到的。

2. 建立 KPI 指标的要点

建立 KPI 指标的要点在于**流程性、计划性和系统性**。

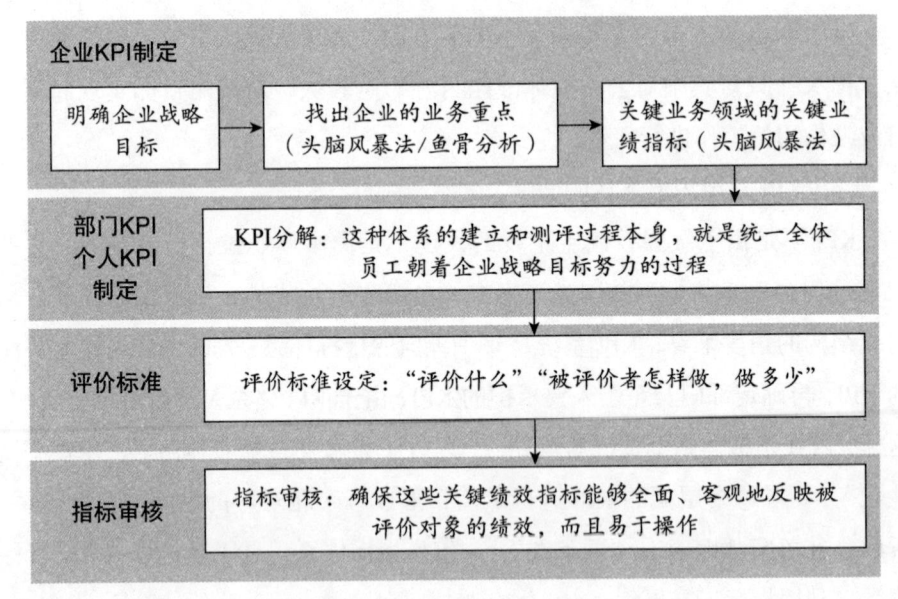

企业KPI制定			
	明确企业战略目标	找出企业的业务重点（头脑风暴法/鱼骨分析）	关键业务领域的关键业绩指标（头脑风暴法）
部门KPI个人KPI制定	KPI分解：这种体系的建立和测评过程本身，就是统一全体员工朝着企业战略目标努力的过程		
评价标准	评价标准设定："评价什么""被评价者怎样做，做多少"		
指标审核	指标审核：确保这些关键绩效指标能够全面、客观地反映被评价对象的绩效，而且易于操作		

图 4-2　KPI 制定示意图

每一个职位都影响某项业务流程的一个过程，或影响过程中的某个点。在订立目标及进行绩效考核时，应考虑职位的任职者是否能控制该指标的结果，如果任职者不能控制，则该项指标就不能作为任职者的业绩衡量指标。比如，跨部门的指标就不能作为基层员工的考核指标，而应作为部门主管或更高层主管的考核指标。

绩效管理是管理双方就目标及如何实现目标达成共识的过程，以及增强员工成功地达到目标的管理方法。管理者给下属订立工作目标的依据来自部门的 KPI，部门的 KPI 来自上级部门的 KPI，上级部门的 KPI 来自企业级 KPI。只有这样，才能保证每个职位都是按照企业要求的方向去努力的。

善用KPI考评企业，将有助于企业组织结构集成化，提高企业的效率，精简不必要的机构、不必要的流程和不必要的系统。

3.KPI体系的优势及挑战

（1）KPI体系的优点

• 目标明确，有利于公司战略目标的实现

KPI是企业战略目标的层层分解，通过KPI指标的整合和控制，使员工绩效行为与企业目标要求的行为相吻合，不至于出现偏差，有力地保证了公司战略目标的实现。

• 提出了客户价值理念

KPI提倡的是为企业内、外部客户价值实现的思想，对于企业形成以市场为导向的经营思想是有一定的提升的。

• 有利于组织利益与个人利益达成一致

策略性地分解指标，使公司战略目标成为个人绩效目标，员工个人在实现个人绩效目标的同时，也是在实现公司总体的战略目标，达到两者和谐、公司与员工共赢的结局。

（2）KPI的挑战

• KPI指标难界定

KPI更多的是倾向于定量化的指标，这些定量化的指标是否真正对企业绩效产生关键性的影响，如果没有运用专业化的工具和手段，很难界定。

• KPI会使考核者误入机械的考核方式

过分地依赖考核指标，而没有考虑人为因素和弹性因素，会产生一些考核上的争端和异议。

• KPI并非针对所有岗位都适用

最佳管理实践分享

基于上述分析，在实际中推行目标管理的实践当中，笔者希望大家关注以下要点：(1)实施KPI不代表公司只看核心指标，不关注其他。笔者经常会听到有一些公司反馈，实施了KPI之后，员工会说那我把KPI做好就行了，与我无关的事情我肯定是不会关注的。要想避免这种情况，就需要在实施过程中，不断地反复强调 KPI 并不代表不看其他。而且还需要公司真正在人才的选用预留上，除了 KPI，还能够考虑一些其他的因素，最直接的做法，那些只关注 KPI 不管其他的员工，除了能在与 KPI 直接挂钩的奖金上可以获得一些对应的奖励之外，晋升、加薪、培训等其他的安排就应该给予必要的控制。（2）KPI 作为目标管理理论的实践延伸，其背后的假设条件依然是当设定目标之后，理性的人会主动地沿着目标前进，并尽可能地实现它。但在工作中，其实并不能保证每一个员工在每一个工作时间内都百分之百的主动，因为 KPI 的目标比较精简，所以这一点体现得尤为明显。这个时候，对于人的关注，或者适当应对员工的挫败感，也能提升管理的效果。当然，笔者的经验是，把这种辅助手段应用在高潜力员工身上，效果要远远好于那些长期低绩效、无法胜任工作的员工身上。（3）KPI 也需要长期持之以恒。虽然 KPI 在管理中属于快速直接的一种方式，但不代表其关注点也是短期的。如何能够在 KPI 选取过程中，平衡紧急与重要这两个维度，往往需要管理者的智慧。作为公司的 HR 管理者，我们必须不断地提示管理者，KPI 不代表就一定只能是紧急重要的，对不同岗位不同阶段的人才，有的放矢最为关键。

4.4　360 度评估反馈法

1. 360 度评估反馈法

360 度评估反馈（360° Feedback），又称"360 度考核法"或"全方位考核法"，是指由员工自己、上司、直接部属、同仁同事甚至顾客等从全方位、各个角度来评估人员的方法。评估内容可能包括沟通技巧、人际关系、领导能力、行政能力等。被评估者获得多种角度的反馈，也可从这些不同的反馈中清楚地知道自己的不足、长处与发展需求。

360 度评估反馈自 20 世纪 80 年代以来，迅速为国际上许多企业所采用。在《财富》排出的全球 1000 家大公司中，超过 90% 的公司应用了 360 度考核法。很多大公司都把 360 度评价模式用于人力资源管理和开发上。事实上，360 度工具的流行并不限于大公司，据一项对美国企业较大规模的调查显示，65% 以上的公司在 2000 年采用了这种多面评估的评定体系，比 1995 年的调查结果 40% 上升了许多。

表 4-5 给出了 360 度评估反馈的主要框架。

表 4-5　　　　　　　　　　360 度评估的框架示意

评估维度	内　　容	举　　例
工作技能	完成某项任务的能力，掌握某项技能的程度	策略性思考能力 文字表达能力 指挥分配工作能力 影响力 洽谈协商能力 设备操作能力等
专业知识	对某一方面的业务或学科的熟悉程度	对某个行业或某项特定的商业活动的熟悉水平
工作风格	员工对外界特定的工作环境所采取的回应方式	工作动力 自我满足感 情绪稳定性等

与传统绩效评估的客观、量化的指标相比（如生成率、销售额、出勤率），360 度评估的内容具有主观性和相对性。因此，最为有效的评估问卷会针对员工们的具体行为提出问题，而不是单纯地让他们作出主观笼统的判断选择。同时，详细具体的行为描述，也让参与评估的员工了解到什么样的行为需要改变、什么样的行为值得提倡。

根据心理测量理论，从多个角度观察个体，将得出更有效和更可靠的结论。企业常规的考评方法是员工的领导、管理者评价下属的能力，360 度评估更准确的原因主要有三个：一是人员选择正确，多角度的结果比单一的视角准确；二是多角度提供了对评价人员胜任力素质更为全面的了解；三是匿名性的评估确保评估结果更可靠和可信。

研究发现多角度的评估比单一上级评估容易让评价者接受结果，因此也更容易采取行动改善。这在个人发展上尤为关键，因为无论你的结果有多准，没有力图改变的动机，想达到的效果也只能是很有限的。

360 度评估涉及整个组织，实施一次 360 度评估反馈几乎能让所有的员工都参与进来，提供了上级和下属间沟通的公开平台。

360 度评估的价值如表 4-6 所示。

表 4-6　　　　　　　　　　360 度评估价值体现

价值体现方面	具体价值体现
个人方面	发现个体潜在能力和盲点 （较全面、客观地了解有关个人优缺点的信息。可作为制定工作绩效改善计划、个人未来职业生涯及能力发展的参考）
团队方面	了解个体行为如何影响团队的顺利运行。可以向那些积极参与发展团队的团队成员提供支持。提高团队成员之间的沟通，提高团队效能
公司方面	全面把握员工的状况，了解培训需求 分析加强企业文化联系，传递公司价值

2. 360 度评估的优势和挑战

表 4-7 对 360 度评估的优势和挑战做了总结，以便大家在使用时参考。

表 4-7　　　　　　　　　　360 度评估的优势和挑战

优　势	挑　战
• 避免诸多"效应"，避免认知偏差，如"光环效应"（某一方面好，其他方面都好）；个人偏见；考核盲点（管理者无法及时准确地观察到员工所有的方面） • 对一个人可以获得更准确的信息 • 防止急功近利的行为，如仅仅在与奖金相关的业绩指标上付诸努力 • 提高参与度：更多人参与评估，会增加员工的自主性和积极性	• 实施成本高，实施有难度 • 一个人要对多个人进行考核时，时间耗费多，由多人来共同考核所导致的成本上升可能会超过考核所带来的价值 • 成为某些员工发泄私愤的途径 • 因工作中的批评与挑战，将工作上的问题上升为个人情绪，利用考核机会"公报私仇" • 培训工作难度大，要对参与员工进行方法培训，因为所有的员工既是考核者又是被考核者

💡 最佳管理实践分享

（1）实施前要考虑公司文化和整体员工的关系情况。前文已经提到了

360度评估容易成为发泄私愤的途径，那么就需要对公司的整体文化有一个比较明确的把握，如果公司整体管理文化就是比较紧绷，上下级之间、同级之间的员工关系都比较敏感，那么最好在选择360度评估方法前再三斟酌，或者先通过一些部门作为试点，逐步推进，更为稳妥。

（2）评估之后必须要有跟进。如果被评估者的结果与其他评估的结果相差甚远，有必要进行跟进。跟进的方法有很多，最简单的是无领导小组访谈，也就是在被评估者不参加的情况下，邀请不同评估方坐下来集体沟通评估当中所反映出来的问题。注意，组织类似的讨论会时，需要会前、会后反复强调保密的问题，另外，在需要的时候，可以安排一到两个平时比较善于沟通的同事先发言，来带动大家的表达。

（3）360度评估要对事不对人。要注意360度评估中所要求评估者考察的点。要回避所有对于人的判断的内容，多使用开放式问题。比如，类似被评估者客户服务的态度可以打几分这种问题，理想的表达应该是，被评估者是否在日常工作中表现出了客户优先的行为？如果有，请具体列举。当然，这样的评估必然会比一般的打分要花费更多时间。

（4）360度评估最好不要全员。作为评估人，当360度评估在全公司展开的时候，哪怕是一个人的部门，也至少要评估上级和同级跨部门的两个人。如果在一个8—10人左右的部门，平时还跟另外3—5个部门有交集，让评估者在短时间内对20—50分评估问卷保持高度的专注和负责，都是不现实的。

4.5 事后回顾法（AAR 复盘）

事后回顾（AAR，After Action Review，或者叫复盘），通过让工作参与者及时回顾工作过程中的收获、经验、教训，从而达到知识管理的行动学习；它让参与成员互相尊重，不去追究任何责任；它让团队成员拉齐活动经验；更加重要的是，改进措施往往是团队成员共同讨论出来的，而不是管理者下发给大家的，这样让团队成员感觉更有参与感，更会为团队共同制定的措施做努力改进。

1. 事后回顾法的价值

事后回顾，即 After Acfion Review，发明于美军陆战队占领海地时使用的一种方法。海地战争中，通过 AAR 每周都会产生许多记录，中层官员的工作便会从中提取精华并形成学习材料，然后按照两个途径传播这些信息，一是平级分发，发给其他分队的对应中层官员；二是垂直传播，传给高层军官，最后形成在全军分发的学习材料。这些宝贵的知识和经验被提炼出来，运用于下一次、下下一次的战斗行动中，一位师长回忆说："我们到达之前，第一批军队已经总结了 24 个主要经验，我们训练并运用这些经验，结果在海地，训练的 24 个情节我实际用到了 23 个！"

AAR（复盘）的最终目的是：提高未来绩效。具体来讲，它主要给组织带来如表 4-8 所示的四个方面的价值。

表 4-8　　　　　　　　　　　　AAR 的价值体现

价值体现	具体描述
不重复犯错	帮助组织找出失败之处，从而采取正确的措施，避免错误的再次发生
固化成功经验	帮助组织找出失败之处，从而采取正确的措施，避免错误的再次发生
发现改进机会	通过回头看和不同人参与讨论观点的碰撞，发现更好的方法，包括重大的创新机会
提升个人能力	通过回顾、讨论和分享的过程，对参与者来说，可以有效提升沟通、分析与解决问题等多方面的能力，丰富知识储量和实践经验

2. 事后回顾法（复盘）的操作方法

- 只有评估之后，工作才算完成
- 尽快实施评估，保证细节和感受的可靠性
- 确保完全参与，避免一言堂
- 营造畅所欲言的氛围，确保多重经验的分享
- 使用标准程序，从而保证经验的聚集是科学有序的
- 记录经验教训，好的、不好的都是经验
- 传播经验教训，避免错误再次发生，让好的重复发生
- ……

在国内企业中，联想公司很好地继承和发展了"复盘"的方法，笔者以此为例来做进一步的说明。

复盘虽然是通过反思或总结来进行的，但是从内涵上来看，复盘和一般意义上的总结是有所不同的。企业经常会出现"有心栽花花不开，无心插柳柳成荫"的现象，一般做总结时，会先射箭后画靶子，根据"成荫"的结果去回想整个过程，然后去总结"柳"为什么会"成荫"。复盘方法与之不同的是，我们是要回到做此事的最初目的上来，研究为什么当初是想"栽花"，最后却种出了"柳"，是当初定的栽花的目的错了，还是说当初栽花的时候没有认真去栽，或者是这个地方的环境不适合养花？那在下一次定目标时就会考虑进去这些因素。通过这样的复盘，最终可能实现的结果就是希望栽花就开花，种柳就成荫。

也就是说，复盘式的总结是从梳理最初的目标开始，一路刨根问底，探究结果与目标之间的差异的根本原因，有什么反思、经验和体会，可以说是一次目标驱动型的学习总结。柳传志也常说："一件事情做完了以后，做成功了，或者没做成功，尤其是没做成功的，我们预先怎么定的、中间出了什么问题、为什么做不到，把这个过程梳理一遍之后，下次再做，这次的经验教训就吸取了。"

我们来看一个标准的复盘四步骤，如下：

1.回顾目标：当初的目的、期望的结果是什么	2.评估结果：找出过程中的亮点和不足	3.分析原因：事情做成功的关键原因和失败的根本原因（主观和客观）	4.总结经验：体会、体验、反思、规律，行动计划（新举措，继续做，停止做）
• 分清目的与目标的不同，正确的目的保证目标的方向；清晰而适配的目标能更好地分解和保障目的实现。 • 确定目的之外，最好能确定出可量化的目标或具有里程碑性质的标志。无量化或可考核的目标，很难保证目的实现，也难与结果对照评估！ • 事前所提目的、目标不清晰，复盘时追补清晰，便于本次对照，提高下次定目标的准确度。	• 首先要与原定的目标相比较，客观分析意料外的重要亮点或不足。亮点与不足同样重要，不能弱化亮点，"过分谦虚要不得，忽略真本事更遺憾"。 • 其次，多引入外部典型事实样本，让结果评估视野更广阔、结论更客观。	• 分析成功因素时，多列举客观因素，精选真正的自身优势去推广。 • 分析失败原因时，多从自身深挖原因，狠挑不足补短板。包括要谨慎检视当初目的、目标定立是否明显有误才导致失败，否则原因分析可能围绕着错误的目的、目标展开，事倍功半。 • 总结经验（规律）要尽可能退得远，寻求更广泛的指导性，尽量不局限于就事论事。	• 总结经验要谨慎，总结规律更要小心；不能刻舟求剑，把一时一地的认识当成规律。

图 4-3

在这四个步骤中，回顾目标和目的尤其重要。复盘首先就是让管理者们不断思考自己的目标是否正确，然后就是不断地去正确地做事，错了就及时校正。

严格意义上说，与其把复盘作为绩效考核的一种方法，不如说复盘应该是绩效管理的有效方法。其关注点是为了搞清楚在企业每次行动过程中，导致成功或失败的真正原因是什么，不断总结做好企业的根本规律，积累人的经验，不断提高能力，最终实现组织目标的达成。

最佳管理实践分享

（1）复盘不一定非要每天都做。根据业务类型和工作内容来确定复盘的频率和节奏。比如，有些产品的销售，如保险、快消、直销等，可以采取每日复盘的方法及时进行经验总结与分享。但是对于技术销售、大宗商品等类型的销售，按照淡季、旺季或者成单节奏来进行复盘是更为合理的选择。

（2）复盘要有面对失败和成功的勇气与定力。复盘绝对不是把那些犯错误的人领出来接受"集体审判"或者"案件重演"，也不是"动作展示"或者"成功者的激励"。复盘旨在寻找成功的要素与失败的原因，并加以总结，以便未来能够复制成功、规避失败。在复盘之前，要反复强调这一点，以鼓励大家真正的客观地看待问题。

（3）复盘是绩效管理的重要方法之一，但是复盘的结果一般不直接应用于奖金的发放和人员的评估。为了保证复盘的客观性，不建议把复盘的结果作为评估的依据。但是 HR 可以以观察者的身份参与其中，发掘讨论过程中人的因素，并在事后提供给管理者作为参考。

4.6 目标与关键结果（OKRs）

OKRs 这个方法随着谷歌的大名在全球迅速火爆起来，最近一两年在国内更是迷倒了不少困惑当中的人力资源管理者，奉为绩效神器。让我们沿着上文介绍的一系列方法，拨开传闻的迷雾，仔细了解一些 OKRs 与众不同的特点以及它的来龙去脉。

1. OKRs 是什么?

1976 年左右,英特尔为实现从存储器往处理器的转型,希望找到一个方法,同步工作重心、统御工作目标,实现"上下同欲"。当时,作为德鲁克忠诚信徒的安迪·格拉夫,打着"HOM(High Output Management 高绩效管理)"的大旗,发明、推行了"OKRs"。

所以,OKRs 的典型特征有如下两点:

一是关注有限的重点——通过优先级来判断明确工作重心(set one's priorities),这一点类似 KPI;

二是公开透明——同级(Peers)、直接上级(Direct Supervisor)、高管层(Executive)、大老板(CEO)的目标都互相共享,确保"上下同欲"。

1999 年,已经是知名风投 KPCB 合伙人的约翰·杜尔,作为谷歌的董事,把这套流程带给了谷歌的 Larry 和 Sergey。经过几个季度的尝试和纠结,OKRs 在谷歌终于得以实施。后来,谷歌在所有它所投资的企业,都要专门进行 OKRs 系统的培训和实施。

OKRs 是一套目标沟通、制定、展示和回顾的流程。以谷歌为例,它以季度为单位,对目标进行管理。我们以年度第一个季度为例,说明具体流程,如表 4-9 所示。

表 4-9　　　　　　　　　　OKRs 操作时间表

时 间 点	主要工作
每年 11 月	集思广益下一年 Q1 目标,分系统内部分享、沟通
每年 12 月	公司层面沟通下一年及 Q1 目标,员工结合组织目标,起草个人目标
下年 1 月初	公司、团队不同层级会议上,汇报团队 & 个人目标
1—3 月	目标实施监控
3 月底	为目标打分并且沟通 重复上述过程设定第二季度目标

与传统的以 KPI 为代表的绩效管理方式相比较:

OKRs 要可量化的这一点与 KPI 要求类似。在 OKRs 中，最多 5 个 Objective 即目标，每个目标后面最多包含 4 个 Key Results 即关键结果，其实这一点上与 KPI 类似。

公司、团队、个人都有自己的 OKRs，而且必须达成一致这一点与 KPI 类似。OKRs 每季度都打分，并且公示，这与传统 KPI 类似，不同点在于是否公示。

OKRs 是有野心的，有一些挑战的，有些让你不舒服的（按照谷歌的说法，Achieving 65% of the impossible is better than 100% of the ordinary，完成"不可能的" 65% 要比你完成 100% 的"正常"要好得多）。正常完成时，以 0 到 1 分值计分，分数 0.6 到 0.7 比较合适（这被称为"Sweet Spot"，正合适）；如果分数低于 0.4，就该分析那个项目究竟是不是应该继续进行下去。要注意，0.4 以下并不意味着失败，而是明确什么东西不重要及发现问题的方式，这与 KPI 要求"跳一跳够得着"看似类似，实则更鼓励设置挑战性目标。

每个人的 OKRs 在全公司都是公开透明的——这一点较传统的 KPI 操作走得更远，传统上，多数企业连考核结果都做不到公示。

60% 的目标最初来源于底层——这不同于传统 KPI 操作方式。传统上，我们用 KPI "解码"公司战略，更多的是一个自上而下的过程（虽然过程中也会强调自上而下、自下而上的双向沟通）。

OKRs 结果不用过于考核——这和传统的"绩效管理"理念是不同的。

2. OKRs 体系的优势和疑问

相对于传统的 KPI 方式，OKRs 将工作重心从"考核"回归到了"管理"。以前绩效管理整天围绕着"考核"转，离数字、公式很近，离目标、管理很远；OKRs 摇身一变，把大家的目光转移到真正重要的事情上来。

对于员工而言，OKRs 化被动为主动，让员工敢想、敢干。以前的操作方式，由于直接涉及利益，目标设定变成上下级斗智斗勇的谈判过程，员工有想法也不一定提。剥离了直接利益因素之后，员工只要认为有利于公司发展，就会"敢为人先"。

对于企业目标而言，OKRs 化单向发送为主动链接，加强了企业目标的牵引效果。通过目标公开、透明管理，让员工的思想和步伐跟得上公司、团队目标；此外，一旦目标公示，在众人的关注之下，消极怠工的情况就会及时避免，也为同级评估反馈提供了良好的基础。

但同时，这里需要注意两个问题：

第一，谷歌虽然不会根据OKRs的结果，对当季表现进行考核并且有配套的激励机制，这也是为什么很多人认为"谷歌没有考核"的原因。然而这并不是说谷歌不考核员工。谷歌每年都会做两次正式的关键考核（Focal Review）——这由自评和他评（Peer Reviews）两部分构成：自评要求填写个人自上次考核之后的主要成就与贡献、个人的强项及待提升项；他评要求选出（往往上级指派部分）3—8个与自己工作相关的人，内容与自评类似，只是要求他人对被评估人进行相对排序，以方便奖金发放。考核之后会有相应的薪资、奖金调整机制。很多企业都采取类似的方式，只不过维度上略有差异——有的公司会单独将直接上级单列出来，作为一个重要维度。谷歌之所以没有，相信与其"民主化"的管理理念有关。

当然，谷歌似乎也没有一个明确的项目奖金计算"公式"。奖金的额度，由项目的重要程度决定。也就是说，奖金不是根据工作量分配，而是依赖于项目的重要程度。即使你负责一个非常小并且在其他人看来是超乎目前应用水平或者毫无实际应用的软件产品，但是只要你能证明你的想法正确，那么你的奖金同样数目不菲。怎么判断项目重要程度呢？Peer-Review——其中有一条，要求同事评价被评估人的项目情况，由此作为判断依据。配合每个季度的目标回顾，每个季度末，公司会将每一个项目向所有员工公示。贴上每个人的名字、照片。在这种高强度"曝光"机制下，员工的投入程度显而易见。

第二，谷歌的季度考核，严格意义上以季度为单位，进行一轮公司层级的目标回顾与设定，与我们通常理解的年度目标回顾与设定基本类似，只是更快，也就是说这是一个更敏捷的目标管理流程。另外，对于员工来说，每个季度这个周期其实太长。谷歌的OKRs流程中，还包含了另外一个机制——邮件周报（Snippet）。每周末，每位员工都会以邮件的形式明确三个方面内容：本周工作回顾、下周计划和支持需求。工作回顾或者计划都会简单地把该周的工作事项、目标、计划及成果罗列出来，之后将其发送给固定的几个人，作为工作过程沟通。所以总体上，谷歌实际采取的是"周报邮件＋季度

OKRs+半年度关键考核"的目标管理及人员考评机制。

最佳管理实践分享

（1）没有利益纠结的目标管理，反而更能激发员工积极创见、参与、"敢想"，这一点在这个变化越来越快的时代，越发重要。

（2）缺了利益"护航"，需要补充采取合适的方式激励员工为目标奋斗。谷歌采取了公示的方式，其他的方法也可以考虑，如分享、模范等方法。

（3）不对人员评估工作耍花腔，一个人表现如何，直接上级、同事一定看得清清楚楚，把本来就应该属于他们做的事情还给他们，同级也好、上级也罢，只要评价要求说得明白、评估有依据，总能比较客观地反映实际。

（4）谨慎实践，不断调整，机制配合。谷歌的OKRs以季度为周期，因为他们有周报作为补充；很多其他公司则是以更短地周期运作OKRs——比如月度——可能是因为他们公司更小、更灵活，也可能是因为他们以OKRs流程一以贯之，没有周报之类的补充机制。其实每个公司的具体做法完全取决于公司的业务要求、机制设计以及传统习惯方面的权衡。

（5）不要试图找到可以解决所有问题的神奇钥匙——OKRs、周报的过程都是枯燥的，都需要周而复始地做下去，需要良好的习惯支持。可以学习、比对和借鉴，但不能轻易地相信这种因果关系。不是因为有了OKRs，谷歌才如此不同的。但是通过OKRs，可以大幅度地提升其管理的效率和能力。

回顾本章的内容，可以发现，其实多数主流的绩效考核方法，都还是围绕着目标管理的核心框架来做文章，随着时代和企业的变化，这种应用的多样性将会更加丰富多彩。需要再次明确的一点是，把握住绩效管理和考核的本质，即通过一系列的过程来实现人的工作表现的提升，从而实现组织的最终目标，是所有方法应用的基础。举个例子来说，目前很多美国的高科技企业正在尝试取消考核当中的评分机制，这个取消不意味着不再进行绩效的管理，而是把生硬的打分，变成更加灵活和有针对性的评估过程。当然要实现理想的成果，配套的机制、人员的能力建设和整体公司业务特点缺一不可，这些综合的考量不能单纯用一句大家都不做绩效考核评分了来简单描述，而且其核心，仍然离不开绩效管理和考核的本质。

第五章

分层分类绩效管理——有针对性才有效

【本章导读】

◆ 维度区分是绩效管理中的重要方法

◆ 不同层级有针对性地进行绩效管理

◆ 不同类型的岗位绩效管理重点不同

绩效考核最忌讳一刀切，绩效管理如果泛泛而谈，就难免落入走流程形式化的窠臼。我们主张在绩效管理中有效地进行区分管理，区分之后才能有针对性地进行管理。

5.1 考核维度划分

在具体的操作中，一个公司可以从业务、组织和人这三个维度来考虑区分。

在业务层面，针对企业产品的成熟度、收入规模、市场前景、发展阶段等方面，不同类别的产品和业务，针对不同的发展阶段，结合公司的战略要求需要设定不同的考核指标。

在组织层面需要从团队/部门的特性考虑，区分重点，但关系是相互依存的，需要拧麻花形成合力，实现在整个企业层面的利益联动。

在人的层面，则根据组织层级及岗位类别，如高层、中层、基层的基本职责要求不同，考核的关注点也不同。而在岗位类别上，营销类的岗位和研发类的岗位显然是需要有不同的考核关注点的。

表 5-1 给出了一些关于绩效管理中的区分维度。

表 5-1　　　　　　　　绩效管理区分维度示意表

区分维度	具体区分情形举例
业务/产品类型	成熟产品 发展产品 孵化产品

续表

区分维度	具体区分情形举例
组织类型	项目型 职能型 事业型
人	高层 中层 基层

同时，不同情形下，绩效管理关注的目标重点也不同，如图 5-1 所示。

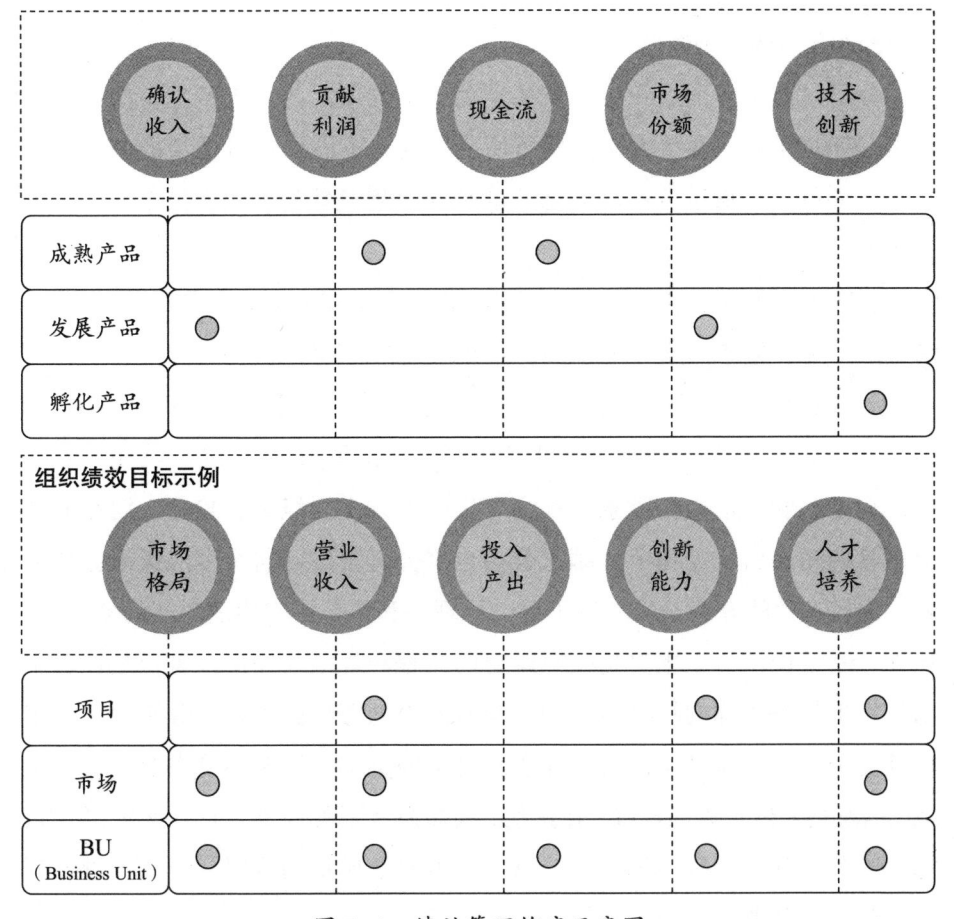

	确认收入	贡献利润	现金流	市场份额	技术创新
成熟产品		●	●		
发展产品	●		●		
孵化产品					●

组织绩效目标示例

	市场格局	营业收入	投入产出	创新能力	人才培养
项目		●		●	●
市场	●	●			●
BU（Business Unit）	●	●	●	●	●

图 5-1　绩效管理维度示意图

在企业的生命周期的相关内容中，笔者已对企业不同发展阶段的绩效管理重点做了描述，而组织目标设定也在其他章节有描述，因此，本章将重点区分人的维度，进行分层分类考核。

5.2 考核的分层管理

稍具规模的企业都需具备一定的管控机制，组织层级是管控机制的主要方式之一，我们通常所说的决策层、管理层、执行层或者高层、中层、基层就是组织层级的一种体现。

分层是由企业的组织架构所决定的，不同层次的员工所担负的职责和任务是不同的；分类是由岗位性质所决定的，不同岗位对员工的基本要求也是不同的。不做区分的一刀切式的绩效管理显然是不能满足企业经营管理需要的。

层次类别以多少为宜，企业可以根据实际情况来确定。分层分类太多，考核操作成本太高；分层分类太少，不能体现考核的针对性。

层级的划分，上限是岗位的等级数，各公司都不同，如 IBM 的 Band（层级）在中国大陆为 11 级，阿里巴巴为 14 级，华为为 25 级，而现在顺应组织扁平化和灵活性的需求，提高管理效率减少层级是个趋势。层级的划分多是应用在薪酬结构上，哪家公司也不会真正按照这么多层级来分层考核，比较有效的办法是区分决策层、管理层和执行层来确定考核的侧重点。比如，基层操作员工主要是按照既定的流程和规范来操作，重点是保证不出错，也就是俗称的把事做正确，判断能力的考核就不是十分重要了，纪律性更突出。而对高层而言，在纷乱复杂的竞争和经营环境中及时作出决策，也就是要做正确的抉择，在这里，判断力就至关重要。关于业绩、能力、态度的分层分类考核的思路，可以参考表 5-2 所示的分层分类的关键考核要素分布示意表。

表 5-2　　　　　　　不同层级的关键考核要素示意表

层次		高层			中层			基层	
类别 考核内容 考核要素		管理	专业	技术	管理	专业	技术	操作	辅助
工作业绩	—	●	●	●	●	●	●	●	●
工作态度	协作性				●	●	●		
	纪律性							●	●
	主动性	●	●	●					
	责任感	●	●	●				●	
工作能力	业务技能				●	●	●	●	●
	判断力	●							
	关系建立能力	●	●						
	应变能力	●			●	●			
	人际理解能力	●	●		●				
	战略思考能力	●	●	●					
	计划管理能力	●							
	协调能力	●			●				

在考核的分层上，华为的做法值得大家思考和借鉴。华为把绩效考核的对象分为三层，即高管层、管理层和骨干层、执行层，通过差异化的绩效管理机制提高不同群体的个人绩效管理的针对性，如图 5-2 所示。

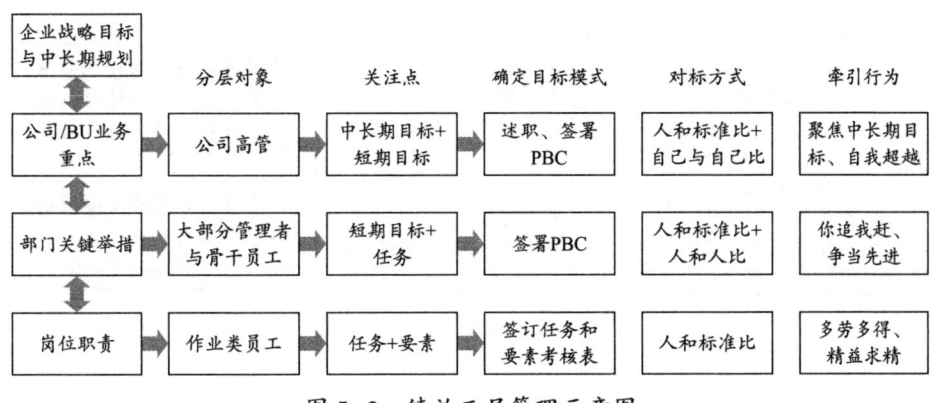

企业战略目标与中长期规划	分层对象	关注点	确定目标模式	对标方式	牵引行为
公司/BU业务重点	公司高管	中长期目标+短期目标	述职、签署PBC	人和标准比+自己与自己比	聚焦中长期目标、自我超越
部门关键举措	大部分管理者与骨干员工	短期目标+任务	签署PBC	人和标准比+人和人比	你追我赶、争当先进
岗位职责	作业类员工	任务+要素	签订任务和要素考核表	人和标准比	多劳多得、精益求精

图 5-2　绩效三层管理示意图

这里我们着重了解一下高管的绩效制定过程（见图5-3），高管的PBC（Performance Based Contracting）会提取部门KPI的关键指标并结合公司总体战略进行制定，而这一过程需要通过明确战略规划、部门规划，通过述职来明确。

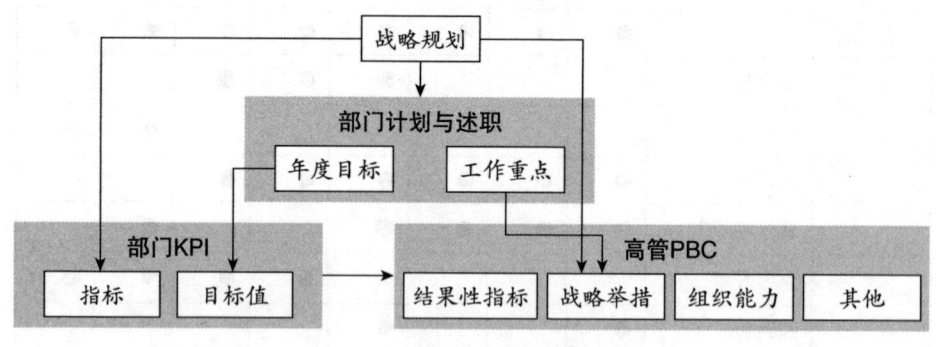

图5-3 高管绩效制定示意图

而中、基层主要是以PBC来承载岗位职责与业务目标。一般来讲，通过人与目标比，和人与人比的考评制度来激活组织：认可杰出贡献的员工（按照正态分布一般占10%—15%），激励大多数扎实贡献的员工（一般占75%—85%），并识别和管理贡献较低、绩效待跟进的员工（5%—10%）。个人绩效的制定步骤如图5-4所示。

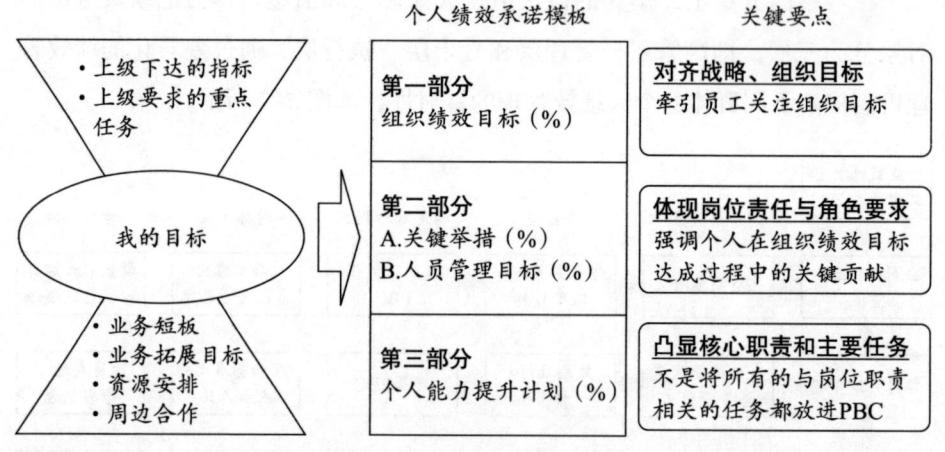

图5-4 个人绩效制定步骤

5.3 典型岗位考核

岗位类别的划分，主要会按照岗位的性质来判断，上限就是公司的岗位数。多数企业分为管理类、专业类、技术类、事务辅助类、操作类等。岗位分层分类示意图，如图 5-5 所示。

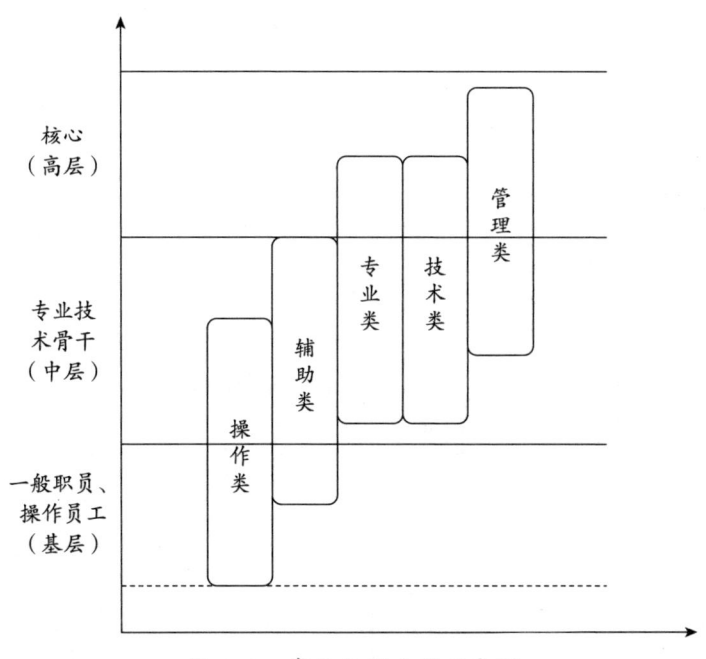

图 5-5　岗位分层分类示意图

上图是考核要素在不同层级和类别员工中的分布示例，在具体设计考核要素与岗位关联的时候，要从企业的客观实际出发，确定考核内容。笔者接下来会针对比较有代表性的岗位类别的考核侧重点进行分析。

（1）营销类人员考核分析

对营销人员任职资格考察重点是如何深入掌握竞争对手的产品知识以及捕捉商机和产品销售的能力。

营销人员的绩效考核，对于销售人员要建立清晰的营销战略规划、营销工作计划、销售额、毛利润、项目回款等考核指标，鼓励超额、高质量完成销售任务。对于市场人员要严格考核市场工作计划执行力、市场分析准确度、营销活动组织的目标实现结果以及对外宣传的实际效果调查等。主要考核指标包括营销战略规划、营销实施计划、部门销售额、销售毛利润、回款额、不同级别客户拓展数量等指标。具体实施可采用目标考核法、KPI 考核法等来落实。

KPI 考核参考框架设计可参考表 5–3。

表 5–3　　　　　　　　　　KPI 设计参考框架

职位名称	考核指标	权 重	考核指标描述	考核数据来源
销售工程师	销售额	30%	销售任务完成情况	财务部
	毛利润	20%	销售毛利润	财务部
	销售成本	20%	销售成本是否超预算	财务部
	营销计划落实	20%	营销计划落实力	销售部
	……	……	……	……
	综合素质	10%	抗压能力、公关能力、销售技能、客户意识等	销售部
高级销售工程师	销售额	40%	销售任务完成情况	财务部
	毛利润	20%	销售毛利润	财务部
	销售成本	20%	销售成本是否超预算	财务部
	营销计划落实	10%	营销计划执行力	销售部
	……	……	……	……
	综合素质	10%	抗压能力、公关能力、销售技能、客户意识等	销售部
销售部经理	营销计划	30%	营销计划实施效果	销售部
	销售任务	20%	销售任务完成情况：完成满分低于某个下限值为零分，中间值按比例计算具体得分	财务部
	毛利润	20%	销售毛利润	财务部
	销售成本	20%	销售成本是否超预算	财务部
	……	……	……	……
	综合素质	10%	公关能力、销售技能、销售策略、客户意识等	销售部

续表

职位名称	考核指标	权 重	考核指标描述	考核数据来源
营销总监（销售总监）	营销战略规划	30%	企业营销战略战术管理和实施有效性	企业主管领导
	销售额	30%	年度销售任务	财务部
	利润率	10%	销售毛利润	财务部
	销售成本	10%	销售成本是否预算之内	财务部
	销售管理	10%	对销售人员日常管理是否规范到位	企业主管领导
	……	……	……	……
	综合素质	10%	营销战略规划能力、公关能力、销售技能、销售策略、客户意识等	企业主管领导
定义KPI考核指标须知	除了业务之外，销售人员综合素质考评要素主要包括公关能力、销售技能、销售策略、客户意识以及创新精神等，这些综合素质的考评主要通过日常管理来体现，诸如考勤管理、劳动纪律管理等。			

销售涉及的管理制度有很多，其中最常见的参考制度就是《销售日常管理制度》和《销售人员绩效考核和激励实施细则》。

《销售日常管理制度》详细制定了销售人员日常费用报销、预算对应费用核算、日常行为规范的规定，该项制度可提炼销售人员日常基本素质评价的基础管理指标；

《销售人员绩效考核和激励实施细则》则是对销售人员特有的考核指标、销售提成、销售人员薪酬模式和薪酬结构、销售奖励等作出的明确规定。《销售人员绩效考核和激励实施细则》可作为销售人员业务考核KPI的关键依据。

（2）研发类人员绩效考核分析

研发人员属于典型的高智力投入知识型员工，具备专门的知识和技能，更注重工作自主性、个性化和多样化，更重视自我尊严和自我价值的实现。因此研发人员的考核思路、考核指标都比较独特。

由于研发人员拥有高技术、高教育的背景，其在工作方面表现出来的特征与传统类型的员工有着明显不同，这些特征主要表现在对专业领域的忠诚度、对工作环境的要求等。

研发人员的劳动过程大多依靠大脑的思维而进行，他们的工作产物属于智力成果，需要许多时间来思考、计划、搜寻信息及灵感，甚至和其他专家谈天，许多事情无法被观察，其工作绩效往往需要时间检验才能见分晓，有的时候阶段创造性的成果难以测量。研发人员从事的工作极大程度上依赖于自身智力的投入，产品无形，难以准确度量。

研发部门常见考核指标包括项目研发计划实施进度、质量和成本控制，对于高度重视创新的企业，还要将科研创新指标作为引导指标。

项目进度的考核要依据客观外部环境和内部人力资源条件作出相对公平的评价。

项目研发成本对于公司有历史基线（参考数据）的，可依据历史基线进行考核，这样的考核更有针对性和可量化性。

研发人员工作成果的考评标准，通常通过对研发任务进行层层的分配与目标确认，要求每个人根据其所承接的任务，给出自己的工作计划。考核工作是审核其工作计划的合理性，并且根据其工作计划来评估研发进度、研发规范和研发质量等关键指标，而对其工作业绩进行考核。此外如果公司研发产品实行战略领先的策略，需要考核研发创新指标。

绩效考核指标提炼思路如表5-4所示。

表5-4　　　　　　　　研发人员考核指标提炼思路

岗位职责	可量化项目名称	提炼KPI考核指标
项目研发进度要符合公司总体要求	项目研发进度	A产品研发进度 B产品研发进度 ……
项目研发成本要在预算范围之内	项目研发成本控制	A产品研发成本控制 ** 人/月 B产品研发成本控制 ** 人/月 ……
项目研发质量要有保证机制	项目研发质量	产品上线质量性能稳定性 质量事故发生次数
研发技术和市场的创新	研发产品创新	研发产品创新是否能快速满足市场需求

企业的研发不是独立的，需求来自市场，同时要和财务对成本控制相关联，对于研发人员的考核，要逐步引导被考核人保证按时高质量完成任务，不断提升企业产品质量，同时要控制研发成本投入，确保研发产品快速投入市场产生效益。

KPI 考核框架设计可参考表 5-5。

表 5-5　　　　　　　KPI 设计参考框架——研发

职位名称	考核指标	权重	考核指标描述	考核数据来源
初级研发工程师	研发进度	30%	任务完成进度要求，要有明确任务描述	直接主管
	研发质量	30%	研发完成质量	质量部
	研发规范	20%	执行项目管理规范，提升产品质量	质量部
	……	……	……	……
	综合素质	20%	包括执行力、敬业精神和团队合作精神等	直接主管
研发工程师	研发项目进度	30%	任务完成进度要求，要有明确任务描述	直接主管
	研发项目质量	30%	研发完成质量	质量部
	研发项目规范	20%	执行项目管理规范，提升产品质量	质量部
	……	……	……	……
	综合素质	20%	包括执行力、敬业精神和团队合作精神等	直接主管
高级研发工程师	研发项目进度	30%	任务完成进度要求，要有明确任务描述	直接主管
	研发项目质量	30%	研发完成质量	质量部
	研发项目规范	20%	执行项目管理规范，提升产品质量	质量部
	……	……	……	……
	综合素质	20%	包括执行力、敬业精神和团队合作精神等	直接主管

续表

职位名称	考核指标	权重	考核指标描述	考核数据来源
技术总监	研发总体进度	30%	是否满足企业总体研发任务完成进度要求	企业主管领导
	研发质量控制	30%	研发完成质量	质量部
	研发成本控制	20%	企业研发成本控制	财务部
	外部对接能力	10%	研发产品与企业市场和产品的对接能力	市场部产品部
	……	……	……	……
	综合素质	10%	包括执行力、敬业精神和团队合作精神等	企业主管领导
定义KPI考核指标须知			1."进度+质量+规范"体现一个研发员工的工作业绩和执行力； 2.高效的人才能创造更高的价值，企业要逐步优化掉效率低下的人员。	

（3）职能类人员绩效考核

通常我们提到的职能部门包括人力资源部、行政部、财务部、法务部等，在本节我们以大家熟知的人力资源部门为例，详细分析一下职能类人员绩效考核的特点、人资资格和指标。

普通人力资源管理人员除了熟悉公司业务、具有合理知识结构，先进的管理理念外，还必须具备能够胜任此工作的基本工作能力，主要包括写作能力、组织能力、沟通能力、洞察能力、应变能力以及人际交往能力等。

- 写作能力：人力资源部门的规章制度起草需要很好的文笔能力，写作是一门基本功；
- 组织能力：人力资源部门要组织企业很多活动，有效的计划能力和组织能力是做好人力资源管理的关键；
- 沟通能力：人力资源部门的很多工作需要和上下级沟通，需要倾听员工的意见甚至投诉，需要和员工细致耐心做好交流沟通；
- 洞察能力：对企业管理工作的预见性和洞察力，要对周围的人和事从人力资源主管角度予以审视、分析和判断；
- 应变能力：人力资源管理者在企业遇到一些突发性事件或问题时的协调

处理能力；
- 人际交往：人力资源部门的交际能力不是日常生活中的各种应酬，而是与交往对象（如各级经理和员工）迅速沟通获得他们支持的能力；
- 心理素质：人力资源管理者基本心理素质包括其性格、积极性、才智、管理和服务意识等；
- 沟通协作能力：良好的沟通能力，能与企业各级经理和普通员工打成一片，成为大家的业务合作伙伴。

本书以人力资源部考核为例来分析职能类的人员绩效考核。

人力资源部常见考核指标包括：人力资源规划有效控制率、招聘完成率、培训计划落实率、人力成本控制有效率、劳动合同签署率、绩效考核任务完成率、薪酬计算错误率、劳动纠纷解决比率等。

此外，人力资源部要针对不同岗位做出考核：

- 招聘岗位：常见考核指标有：招聘渠道开拓数量、招聘计划完成率、招聘空缺职位平均时间、人员适岗率、试用期合格率、招聘费用控制率等；
- 绩效管理岗位：常见考核指标有：绩效考核计划按时完成率、考核数据统计差错次数、考核申诉处理及时率、考核资料及时归档率以及员工投诉次数（限制）等；
- 培训管理岗位：常见考核指标有：培训需求调研报告提交及时率、培训计划完成率、培训覆盖率、培训效果评估报告提交及时率、员工培训档案按时归档率、员工投诉次数以及培训费用预算控制率等；
- 薪酬管理岗位：常见考核指标有：薪酬调查报告提交及时率、工资和奖金计算差错次数（限制）、薪酬分析报告提交及时率、报表数据准确率、薪酬异议处理及时率、薪酬资料及时归档率等；
- 劳动关系管理专员：常见考核指标有：入职和离职等手续办理差错次数（限制）、劳动合同按时签署率、劳动合同管理差错次数、劳动纠纷处理及时率、劳动纠纷解决率以及劳动合同资料及时归档率等。

除了按照工作性质不同来规定不同的绩效考核指标，绩效考核的思路还会按照是否鼓励员工高标准、高质量完成本职工作，追求工作零失误来考虑。

因此，在设计 KPI 考核指标时，要结合具体岗位职责来设计所负责模块的完成进度、质量以及岗位具体工作要求工作标准，此外要从相关人员对专业人员的满意度角度进行评价。

KPI 考核参考框架设计如下表 5-6 所示。

表 5-6　　　　　　　　　　KPI 考核参考框架设计表

职位名称	考核指标	权重	考核指标描述	考核数据来源
人事助理	协助管理	40%	辅助完成相关任务	人力资源部
	管理支持	30%	对人事人员工作支持	人力资源部
	日常服务	20%	对人事人员日常管理服务	人力资源部
	综合素质	10%	管理意识、服务意识等	人力资源部
人事主管	工作进度	40%	所负责模块按照部门计划要求的完成进度，按照实际完成进度得分	部门经理
	工作质量	30%	所负责模块按照部门计划要求的完成质量	部门经理
	满意度评价	20%	所负责模块完成的总体满意度，满意度最高 100 分，按照实际结果得分	部门经理
	……	……	……	部门经理
	素质考评	10%	敬业精神和服务意识等	部门经理
部门经理	部门计划	20%	部门计划制订是否合理，计划是否按时执行	人力资源总监
	人才招聘	15%	招聘计划落实比率，完成 70% 为达标	人力资源总监
	培训工作	15%	企业规划的计划内培训工作落实率	人力资源总监
	绩效考核	10%	是否能够按计划组织企业绩效考核	人力资源总监
	薪酬福利	10%	薪酬方面各项工作是否按时开展，薪酬工作中出错的次数	人力资源总监
	劳动关系处理	10%	没有员工投诉，投诉 1 人扣 2 分	人力资源总监
	……	……	……	……
	月度报告质量	10%	人力资源月度报告完成的质量	人力资源总监
	素质考评	10%	敬业精神和服务意识等	人力资源总监

续表

职位名称	考核指标	权重	考核指标描述	考核数据来源
人力资源总监	人力资源规划	20%	人力资源战略规划能力和执行力,具体实施计划推行落实情况	企业主管领导
	制度建设	20%	年度规划的管理制度完成比率和完成进度	企业主管领导
	制度执行	20%	人力资源管理制度推行和执行情况的考核	企业主管领导
	人才培养	20%	企业人才培养计划和培训计划的落实率	企业主管领导
	管理满意度	10%	企业对人力资源管理总体满意度评分（包括跨部门协作和沟通合作等）	企业主管领导
	……	……	……	……
	素质考评	10%	人力资源规划能力、执行力以及良好的沟通能力	企业主管领导
定义KPI考核指标须知	1. 考核权重要依据企业发展战略和年度经营管理指标来平衡确定; 2. 素质考评可参考各个职位的任职资格来完善; 3. 主管级所负责模块要根据具体岗位职责来确定确保管理无盲区; 4. 本表按照假设的汇报关系来设定考核负责人，请根据实际情况调整。			

第六章
从目标到考核指标——适合的就是最好的

【本章导读】

◆ 管理目标设定核心究竟是什么？

◆ 如何将企业总目标分解到个人？

◆ 如何避免目标设定的管理误区？

目标是所有绩效管理实施的根本和核心，目标设定是否合理就显得尤为重要。本章将在讨论目标来源的基础上逐步细化如何实现目标。

6.1 目标设定的挑战

目标设定作为绩效管理备受质疑和挑战的主要环节，主要在于：

第一，只关注"结果"的目标。 只关注结果，不关注达成过程和相关行为，会带来很多意想不到的问题，如给每个人定额目标，限期完工，每个人有压力之后，只关注时间和定额，质量就会被忘记，在这样的环境里就很难有改进和创新，创造力和生产效率也就随之消失了，人们努力去达到工作定额绩效目标，并不关心自己的工作对公司的效果。尤其是以利润为目标时，制定高额利润指标，利润等于收入减掉开支，人为地增加利润，增加收入，减少开支，成了很多管理者的首选方法。当销售收入下滑时，为了实现高利润的目标，管理者会减少或取消培训计划、研究开发、售后服务、裁减工程技术人员，改用便宜低质量的供应商等，如此一来，质量不可避免地会下降，随后利润也会下降。许多所谓的减少开支的方法事实上是收回投资、减少或取消基础设施建设，这种情况是用杀鸡取卵的方法获得短期的高效益。

第二，不合理或者错误的目标。 目标本身是否合理，也是值得商榷的。目标的制定需要对组织长期方向和短期重点有深入的了解，而不是在层层分解的过程中不断扭曲或者只关注短期效果。

笔者曾经在明道的博客上看到一个小例子，在此借用来说明选择目标时的真实挑战。

汽车仪表盘上的"时速"就像一个关键业绩目标，60迈也好，80迈也罢，它反映了某一种绩效，但如果你今天带着全家老小，安全到达目的地才是你的一切目标。如果你的租车公司司机背着时速的目标，你一定精神紧张到极点，而如果不幸司机的奖金直接和平均时速挂钩，你会当机立断赶紧选择下车。你要说，为什么不让司机换个"安全运营率"的目标，那他一定把车开得很慢很稳；

没错！终于为司机找到了一个还基本正确的指标，结果晚上孩子发烧，你想让司机加班帮忙送医院，司机两手一摊，"这会影响我的业绩指标啊！"

突然，你醒了，原来客户满意度才是最关键的，继续换！结果发现客户满意度想想容易，评测起来就难了，先上个客户满意度调查系统吧，要求每个顾客给司机打分。结果花了几十万，终于能够决定司机大哥的奖金了。

回到这家租车公司，老板居然在为越来越高的事故率、越来越低的客户满意度焦头烂额。不是都有目标了吗？怎么问题还是越来越严重呢？

这个例子真实地反映了很多企业在设定目标时的实际情形和他们的困惑：将目标设定等同于KPI，与此无关的一概不管。但是，首先就要问问这个目标真的就是合适和正确的吗？

通过上述的例子，你们能够猜到是什么原因吗？其实是什么原因不重要，重要的是这家企业要自己找到真正的成因，也许是因为车辆老旧，缺乏保养，也许是因为对司机培训不够，也许是因为司机加班时间过长，疲劳烦躁。找到真正可能的成因时，我们试着先来一个目标也许就够了。这样，才能真真正正地解决问题。

第三，刻舟求剑的目标。目标设定之时和目标完成中间是需要时间的，而在这段时间内外部环境都有可能变化，也许目标完成时已经是刻舟求剑了。

目标的达成需要很多前提条件，前提条件不具备，我怎么能达成呢？目标是定了，可是环境变了，这个目标已经不合时宜了，做了明知无用甚至是错的，那么还要做吗？如果不能预测地震，同样也就无法制定准确的目标，如用不能反映实际情况变化的目标往回压，实行反向强制管理，人们在应对不可能实现的目标时就会做假、撒谎，就会有"移山"的能力。如果实行目标绩效考核，那就是在用一把不可能准确的尺子严肃地测量人们的表现。

第四，衡量成本过高的目标。 在目标的衡量上，常常有企业在绩效管理的培训上告诉大家目标设定要满足 SMART 的原则：

- Specific 具体的，对应达成的目标清晰、精确的概括
- Measurable 可衡量的，可用具体的、可观察的标准来衡量目标成果
- Attainable 可实现，在成本、时间等方面该目标是可行的
- Relevant 相关的，与公司目标及部门目标有明确联系
- Time & Resource limited 有时间和资源限制

其中 M 就是 MEASURABLE——可衡量的，背后的假定是无法衡量就无法管理，没有量化目标，管理者怎么知道有提升呢？但是，所有的目标都需要被量化吗？试想，全员有目标，全员目标都需要量化支持，在评估的时候仅仅是量化指标的统计分析会是多大的工作量？

由此让人不由想起国家取消农业税，农业税之所以被取消，原因之一就是农业税征税成本过高，农业税税源分散、零星，征收难度大，税收成本过高。原国家税务总局副局长在接受记者访谈时透露：北京市在废除农业税前，每年征收约 8000 万元农业税，仅仅征收直接成本就达 6000 万元，更不用说包括了间接成本后的数据了。

当目标的衡量成本超出了收益时，目标设定的必要性就会受到质疑。此外，在这个大场景中还有至关重要的一个环节，即执行目标的人，执行目标的人也会对下达目标的人提出问题：这个责任不是我一个人能扛的，为什么要考核我？这个问题背后的声音是：这么做是不公平的，我不能对这个目标负责，如果强迫我负责，那我就勉强为之，至于结果如何，我是不能控制的。环境变化越来越快，定目标的环境都变了，还要什么目标？

诸如此类的挑战，在实际工作中比比皆是，设定目标花费了大量的时间和人力，而为衡量目标也花费了大量的人力和时间，结果却发现环境已经变了，这些目标已经是昨日黄花了。再加上管理者、员工的各种抱怨、敷衍，目标设定及管理起不到预期作用也就在所难免了。

我们不妨再回顾一下目标设定的核心和假设所在。

目标设定的核心在于：

第一，企业的总体战略必须转化为目标，每个企业的管理人员或成员的

分目标是企业总目标对其的要求，也是其对企业总目标的贡献。

第二，目标是一种管理思路和程序，使得一个组织中上、下各级的人员共同参与制定共同的目标、达成共同的成果、共同履行责任、基于共同的目标衡量各自的贡献。

第三，组织成员是通过目标进行管理的，以目标为控制依据进行自我管理、自我调整和激励。共同价值下的下放权力，达成结果，目标本身就应该是一种激励。

6.2 设定企业的总目标

目标是一个导航系统，为组织的工作指明前行的方向，能使组织看清楚组织的使命，凝聚力量，有聚焦地开展工作，帮助确定轻重缓急，排除盲目性。

飞机在飞行的过程中有99%的时间是偏离航道的，可是世界上的飞机却都能到达目的地，究其原因，无非是因为有明确的目的地，共同行动—起飞（没有争执），不断校正航向。

笔者曾经在组织中做过一次简单的调查，如果问一个员工他自己近期的目标是什么，60%以上的人还能说上来是什么，但是如果继续问他的目标和公司总体目标有什么关系，80%的人回答不上来。这种情况在很多企业中都不少见，究其原因，要么是没有明确的总目标，要么是个人目标与总目标本身的关系就微乎其微，或者说总目标到个人目标时被扭曲或者弱化了。

但是，没有企业总目标下的目标到底走向何方就无人知晓了，目标设定的初衷或者最重要的根基就是明确企业的总目标，让总目标成为个人的目标，达到"人人肩上有目标，千斤重担大家挑"的效果。

目标不仅仅是一个利润数字，也不仅仅是一个任务，有效的目标是能指明方向、有针对性，能促进企业前进，有凝聚力和激励性的，即使在遇到变化的时候也让人知道应对和调整方向的。所以，重点是如何选定有效的企业目标。

（1）立足未来看现在——愿景导向

对于企业而言，知道自己要去向何方，怎么达到希望的方向，才能明确现在做什么是有意义的。在这个意义上，企业的目标包括了企业之所以存在的意义，企业如何存活及更好的发展。从这个角度而言，企业的愿景、使命、核心价值观、长期发展目标和短期需要达成的任务都属于考虑范畴。

愿景是企业对终极目标的假设，有吸引力的共同的愿景可以产生强大的驱动力，驱动组织的全体成员产生追求目标愿景的巨大勇气，并把这种勇气转化为自己发自内心的行为动力。愿景是全体成员发自内心地对未来预期实现的愿望或景象，这种具有未来特性的愿望与景象实际上为组织未来的发展提供了机会。现代组织的愿景是要给组织定一个长远的、经得起推敲的未来，而这种未来应该是充满了挑战、机会和风险的，并不等同于一般的战略规划。

斯坦福的研究也表明，有愿景的公司的绩效结果比没有愿景的公司要高25%。对于组织及其成员而言，愿景的收益不仅仅在于指明长远的方向，更关键的是在长远方向下员工工作动力的释放以及团队协作。愿景为组织提供了使命感、最终目的或努力的目标。缺乏长期目标的组织通常只关注于短期目标和危机处理，而朝着共同愿景前进的组织比仅解决某个问题的组织更强大。

有的公司并没有打印出来贴在墙上的愿景，但是正如德鲁克所说的，每个企业都要思考三个问题：第一个问题，我们的企业是什么？第二个问题，我们的企业将是什么？第三个问题，我们的企业应该是什么？这三个问题集中起来体现了一个企业的愿景以及核心价值理念：我们为什么要做现在的事情？我们要到哪里去？我们未来是什么样的？我们重视什么？目标是什么？

作为一个企业，如果你问问自己的创始团队成员这几个问题，把他们的答案记录下来，答案中一定包含着创始人的价值理念和梦想。但是，愿景和核心价值理念是需要通过目标传递出来的，正如通用电气公司的前首席执行官杰克·韦尔奇在《赢》一书中所写的："如果不能时常传达你的目标，不能通过奖励巩固你的目标，那么，你的愿景还不如打印愿景的纸有价值。"

企业要基于愿景确定企业的战略目标，思考3—5年后的业务特征和希望达成的成果，如收入、份额，人均服务产值，销售收入等；然后基于战略目标确定主要发展路径（发展节奏）：不同阶段的战略重点和主要发展思路是什么，主要的阶段性里程碑是什么，进而得出短期目标。

立足于未来愿景的目标就像航海中的灯塔一样，无论市场情况怎么变化，它都不会迷失方向，我们始终能通过这座灯塔，找到初心，回归本质追求。

当然，并不是说只有企业级的愿景，每个团队也可以在企业的愿景下有自己的愿景，这里以人力资源部业务伙伴如何根据愿景确立目标举例。

◎ 典型案例

作为业务部门的人力资源伙伴，某公司的HR的愿景是"成为业务部门最可信赖的合作伙伴，助力业务的持久发展和走向成功"，那么具体到战略目标上就需要首先了解业务特点，清楚知道业务目标、阶段重点，准确定位业务面临的挑战。其次，结合业务特点、发展阶段、团队情况，因地制宜，在组织、人才和思想三个维度上确定阶段性重点，开展工作。具体而言：

组织：提升组织能力、组织效率、组织健康度等，包括分析组织能力是否有明显短缺，定位影响组织效率的主要因素是什么，组织的人才梯队是否能抵御突发的人员流失风险等。例如，对于成立初始的事业部，要看看组织是否具备了完成目标所需要的职能，当应具备但并没有相应的组织设置和分工时如何弥补，这样具体的目标就显而易见了。

人才：保证关键岗位人才充足，兼顾整体上人才的引进、发现、培养和保留，如组织下一步业务方向上缺少关键职能上的人才，那么在限定的时间内找到合适的人才就成为具体的目标。

思想：评估团队氛围，梳理、传播文化价值观。比如，发现团队成员对于什么是提倡的、什么是不能做的认知模糊时，应该让大家清晰地知道团队的文化价值观就是一个重要的工作和长期的目标。

（2）立足外部看内部——目标来自市场洞察

当今世界企业已经不可能封闭起来自成一体地做事了，不可能在封闭系统中设定一个目标，按照目标完成任务就万事大吉。没有外部市场洞察的目标设定就是闭门造车。

市场洞察是指了解客户需求、竞争者的动向、技术发展和市场经济状况等，明确市场上正在发生什么以及这些改变对公司来说意味着什么，以找到机遇和风险。

具体来说，一个细致的、全面的市场洞察要做到看趋势（宏观环境分析，行业环境分析）；看客户（市场地图，市场细分，客户需求分析）；看对手（主要竞争对手分析，主要竞争产品分析）：

①宏观分析，可以用PEST方法进行分析，即P是政治（Political System），E是经济（Economic），S是社会（Social），T是技术（Technological），从而对企业的整体经营环境有全面的感知。

②客户分析，包括选择客户的标准，如何确定优先级：谁是你的客户，谁不是；通过哪些细分标准将客户分类；客户的战略重点、对业务的需求偏好及痛点；他们面临的压力和挑战有哪些；他们的关键购买因素有哪些；等等。

③竞争分析，包括：主要竞争对手的战略、价值主张、主要竞争策略和手段是什么；目前竞争格局如何，与主要竞争对手相比，各自优劣势是什么；竞争对手有哪些值得借鉴的地方（标杆分析）；目前有哪些竞品，他们对客户的主要吸引力是什么；等等。

市场洞察的缺失会对业务目标的确定产生负面影响，因为所采用的支撑信息和假设可能是有瑕疵的或错误的。实际上，市场洞察要考虑的各个方面，也是企业在日常经营中需要留意和收集的信息，是经营必须关注到的信息，只是在确定目标的时候要把这些信息汇总考虑，不能孤立地仅依据当前的业务或者内部的情况来确定目标。

基于市场洞察，设计业务目标，可以参考表6-1。

表 6-1　　　　　　　　　基于市场洞察设计业务目标

市场洞察方向	思考问题参考
客户选择	主要产品是满足哪类客户群体的？ 哪类客户群体不在服务范围内？ 选择客户标准是什么？ 优先级是什么？
价值主张	客户价值主张的特殊性在哪？ 怎样能赢得竞争性差异？
价值获得	怎样赚钱？（是传统的产品销售，服务协议，许可证，使用费？还是知识产权销售？） 通过什么来获得利润？ 主要竞争对手有谁？ 是否开发了其他盈利模式？
活动范围	取得了多大的增值？ 对共同获利的合作伙伴依赖性有多大？比如，渠道合作伙伴和供应商。 还开发了多少其他盈利模式？对于其他盈利模式，合作伙伴有多大兴趣？满意度有多大，对风险的认识有多少？
持续价值增值	如何最好地确保为客户长期提供持续价值增值？ 是否很好地定位于引领开放标准的实施？ 价值捕捉的定位是否有效？ 能从干扰或先发制人的业务行动中如何获益以增强竞争优势？
风险管理	如何保证对造就成败的不确定因素的识别、理解与管理？ 背后的根本原因是否被理解？ 管理的风险是独立的还是系统的？ 如何通过更好的风险管理增加成功的可能性同时降低失败的可能性？ 如何利用公司的其他业务单元或职能部门更好地进行风险管理？

◎ **案例**

沃尔玛的愿景是"给普通百姓提供机会，使他们能与富人一样买到同样的东西"。我们来看看他们是如何基于市场洞察和公司愿景来确定业务目标的。

表 6-2　　　　　　　　　沃尔玛的业务目标设计

基于市场洞察的业务设计	业务目标
客户选择	寻找注重"成本"的购买者
价值主张	提供给客户"低价优质"的货物 在整个供应链中尽可能小的增加货物成本
活动范围 公司致力于哪些业务活动？（What） 如何连接公司的各业务活动？（How） 如何选择最合适的业务活动？	建立遍布世界的沃尔玛连锁卖场 发展中国市场——作为低成本生产中心和采购中心

（3）立足问题看方案——目标来自当前的挑战和问题

还有一种目标，是基于解决当前企业经营所面临的挑战或者存在的问题。这类目标由不满意激发，而不满意是对现状和期望业绩之间差距的一种感知。

①业绩差距：即对现有经营结果和期望值之间差距的一种量化陈述。

比如：过去五年业务急剧增长，在此期间，产品质量有所下降。我们引进六西格玛的尝试失败了，在过去 12 个月里我们失去了 5% 的市场份额。每一个百分点代表着约 5 亿美元收入损失。我们要在未来 24 个月收复损失掉的市场份额。

业绩差距常常可以通过高效的执行填补，并且不需要改变业务设计。

②机会差距：现有经营结果和新的业务设计所能带来的经营结果之间差距的一种量化的评估。

比如，研发小组开发出新的技术平台，这在国内业界是一个潜在的颠覆性技术。目前，预期第一先行者的机会在 12—18 个月内能推出此技术，但目前产品开发周期需要 18—24 个月，要取得成功，必须把这个周期缩短到 6 个月。填补一个机会差距需要有新的业务设计。

在立足于挑战或者问题的目标选择上，要考虑如下内容：

- 回顾战略目标，在一些关键绩效指标和财务性指标上是否存在差距？
- 与行业内主要竞争对手相比，在哪些方面存在差距？
- 存在哪些市场机会（机会差距）？
- 哪些是最关键的差距？为什么？
- 形成差距的主要原因是什么？

需要特别强调的是，识别出差距产生的根本原因非常重要，识别之后要治本，而不要只是治标。

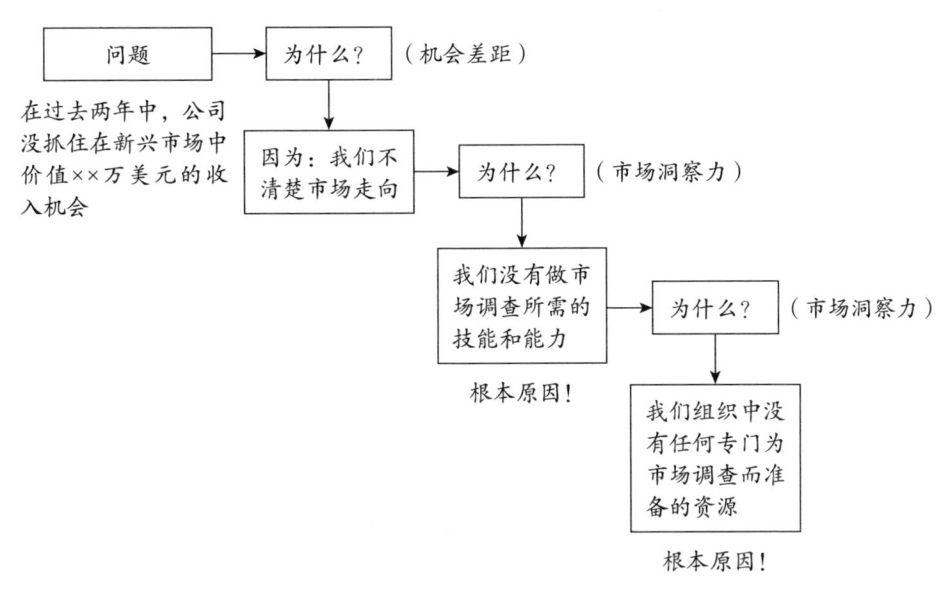

```
[问题]──→[为什么？] （机会差距）
在过去两年中，公司        │
没抓住在新兴市场中        ↓
价值××万美元的收     [因为：我们不
入机会              清楚市场走向]──→[为什么？] （市场洞察力）
                                      │
                                      ↓
                              [我们没有做市
                              场调查所需的]──→[为什么？] （市场洞察力）
                              [技能和能力]           │
                                                    ↓
                               根本原因！      [我们组织中没
                                              有任何专门为
                                              市场调查而准
                                              备的资源]

                                                根本原因！
```

图 6-1 差距识别示意图

在图 6-1 中，如果仅仅把目标定为提高收入，并不能真正解决存在的问题。经过一层层"为什么"，最终找到了引发问题的深层次原因，这样就很自然地得到了目标：即让组织具备市场调查所需的技能和能力，以及在组织中配备专门的市场调查资源。

此外，还有基于日常运营中的问题的目标，这类目标主要是保证日常运营的关键任务高效执行，提升日常运营的效率，考虑方面包括客户管理、产品营销、产品开发、交付、平台、服务、风险管理和能力建设等，并将重要运营流程的设计与落实包括在内。

（4）立足组织看成长——目标来自组织成长发展需要

企业的成长包括了企业每年可见的增长，比较明显的是财务指标的增长，如利润、收入等，但是支撑企业增长的还有组织能力的增长，而且只有组织能力的增长才能保证持续稳定的财务指标的增长。尤其是处于变化越来越快、竞争越来越激烈的市场环境中，"建立能够快速应对外在环境改变的团队战斗力"，也就是组织能力不断提升才是根本。组织能力指的不是个人能力，而是一个团队所发挥的整体战斗力，是一个团队（或组织）竞争力的DNA，是一个团队在某些方面能超越竞争对手、为客户创造价值的能力，"产生组织独特竞争力的人、内部结构和流程，使组织能够在市场上立于不败之地"，组织能力的特点在于"为客户创造价值，独特而稀有，难以复制"，一旦形成组织能力的壁垒，无疑会大大增加组织的竞争优势。但是组织能力建设周期长、难度大，也常常被企业忽视，组织能力不足也会成为遏制企业发展的主要瓶颈。

中欧的杨国安教授在他的《组织能力的"杨三角"》一书中，有两个著名的公式，一是：持续成功＝战略×组织能力；二是：组织能力＝员工能力×员工思维方式×员工治理方式。

"组织能力是战略实施的根本保障能力"，组织能力的确定与战略方向是分不开的。"企业必须先分析自身所处的经营环境，制定正确的战略方向，然后，依据选定的战略方向明确两三项与战略最直接相关的组织能力。"确定这样的组织能力，首先需要从外向内的审视、思考和决策过程，要看看外部哪些变化在发生，从而明确战略应该朝着什么方向，企业应该选择什么领域经营，提供什么产品和服务，有什么样的资源来支持这些动作；其次，搞清楚这些问题后，接着就要确定与之匹配的商业模式，如何实现差异化的竞争能力，如何靠这些能力实现价值，如何实现这些价值的变现；最后，根据这些问题的答案，再去确定与之匹配的组织能力。

组织能力被明确后，接下来就是如何打造的问题了，企业的目标也就由此可以得出了。打造组织能力需要三根支柱：员工能力、员工思维模式和员工治理方式，它们和所打造的组织能力一起，构成了"杨三角"框架。

第一必须是员工能力，即员工必须具备相关的能力或潜在技能。

如果组织能力被定为创新，那么，目标就包括：寻找到具备创新能力的员工；挖掘培养员工的创新能力，使得员工具有活跃的创意思路、挑战权威的自信、对市场需求的本能敏感度、持续学习的能力等。

如果组织能力被定义为追求低成本，目标就会完全不同，对于员工能力层面，找人的方向，培养的侧重点都会不同。这要求员工具有很强的执行力、能吃苦耐劳等。

第二是员工思维模式。员工对组织要求的能力并不一定会自觉自愿地去做，因此，需要用核心价值观、文化等及由此诞生的一些管理手段去引导员工，让大家每天在工作中所关心、追求和重视的事情与公司所需的能力匹配。这时的目标，就是如何能让员工的思维模式与公司所需能力匹配，具体的目标比如激励导向的调整。

员工有能力并且也愿意做了之后，就要考虑员工治理方式的问题了，即怎样搭平台让员工充分施展。在这个环节的目标就要考虑，如何设计支持战略的组织架构、如何平衡集权和分权以充分整合资源、如何建立管理这个平台的流程、如何建立支持这个流程的系统。

6.3 从方向指引到落地

选择了合适的总体目标之后，目标如何在整个企业层面清晰明确，这中间就涉及目标需要转换成指标，以及总目标转换成团队及个体的目标。

（1）目标转换为可衡量的指标

指标，是衡量目标的单位或方法，是说明总体数量特征的概念。目标的达成情况需要有相应的指标体系来衡量和评价，从而对组织的整体运营效果做出判断，为改善组织绩效指明方向。指标包括指标名称和指标数值两部分，指标名称体现的是衡量的标准，指标数值体现的是衡量标准的达成情况。指标作为衡量目标达成情况的方法，需要符合上文中所提到的SMART原则。

需要特别说明的是，在衡量标准上，要衡量最重要的几个关键性指标，粗略地衡量正确的东西。不要衡量容易衡量但无关痛痒的指标，不要精确地衡量错误的东西。

在目标转换为指标的时候，需要考虑：

①用什么指标，在具体的方法上，包括：公司总体目标分解，从影响工作/业务流程效果的关键环节中选择以及从角色定位中最能影响岗位产出的环节选择。在这个过程中，需要与公司总目标一致，突出关键性，并且有一定的弹性。

②指标值确定，在方法层面，有很多的方法可供参考。比如：根据加总的方法分解推算下级的指标值、与历史数据比照、与市场比照、考虑产品/地域

的差异等。而这个时候，需要自上而下一致，有增长，有外部比照，有挑战性。

③不同指标的权重确定，这个环节，可以采用的方法要根据对组织战略的重要程度，根据个人对结果的影响程度。这个环节，各指标权重之和为100%，每个绩效指标权重不宜太低。

表6-3所示是目标、衡量标准、指标值、行动计划的一个例子，在这里为了更好地说明问题把指标的两部分内容衡量标准和指标值分开体现，当然，在实际操作中，很多情况是把二者合二为一的。

表 6-3　　　　　　　　　从目标到行动计划的示例

目　标	衡量标准	指　标　值	行动计划
改善销售状况，提升销售业绩	- 市场占用率 - 销售费用控制	- 市场占有率40% - 销售费用在预算范围的正负5%之内	- 加强重点客户拜访，重点客户在季度内拜访一次 - 开展客户满意度调研 - 开展销售团队培训
备注：市场占有率依据ABC市场调研数据			

（2）总目标变为个人目标

这部分包括个人目标来源和将企业的总体目标转化为个人目标两部分内容。

①个人目标的主要来源

个人目标的来源主要由两部分组成：一是从公司总体目标承接下来的目标，这部分的目标是与公司的重点方向一致的。二是与角色/职责相关的目标。

随着组织面临内、外部环境的剧烈变化，组织结构、工作模式、工作性质和工作对员工的要求等都发生了巨大的变化，传统岗位工作分析越来越不能适应新形势的需要。一方面岗位说明书越来越厚，工作职责规定得越来越清晰，而另一方面随着工作环境的不断变化，新的职责不断出现，岗位说明书既无法穷尽所有职责，也往往不能分清将该职责落实到哪个岗位、哪个人，于是新的职责往往成为无人管理的真空地带。所以，抛弃传统的职位说明书，代之以角色说明书，将重点放在角色上，更强调带来的作用、价值及结果而非只是过程。

表6-4阐述了从角色出发的目标设定过程。

表 6-4　　　　　　　　　从角色出发的目标设定

角色		销售代表	销售经理
主要特征		在指导下工作，配合高级人员约见客户或通过电话与小型客户沟通，维护客户关系，达成销售目标	独立约见客户，拓展并维护客户关系，达成销售目标
职责	制定销售策略	整理、更新并分析客户与市场方面的信息，建立并维护数据库	- 收集、分析有关市场、产品、竞争对手及客户的活动信息并形成报告 - 拜访客户，并撰写客户分析报告（包括客户需求，客户分析等） - 建立所负责客户的合同档案并进行信息的整理与更新
	制订、执行销售计划，参与市场活动	- 执行销售计划 - 协助进行市场材料的制作、会议准备及支持等	- 基于团队计划制订并执行销售计划 - 参与市场活动组织、策划及相关领域内容的宣讲
	客户沟通与关系维护	- 协助广告上线并监控广告账户 - 与客户进行沟通，整理和归档信息	- 基于客户需求，针对性介绍公司产品并制订针对性解决方案 - 分析、解读数据，对客户进行深度开发
	合同谈判及流程跟进	- 协助准备合同审核客户资质，跟进合同签署流程	- 协调资源完成非标准性合同的谈判 - 客户催款
	辅导他人		为专业人员，尤其是销售代表工作提供反馈与辅导
	项目运作		参与项目
	渠道管理与支持		监督代理商对公司相关规定的执行
参考的绩效考核指标		- 销售收入 - 客户数 - 信息处理及时性、准确性 - 合同处理正确率 - 客户满意度	- 净收入 - 销售收入 - 客户数（新客户数、客户流失率） - 回款 - 广告展现量 - 行业覆盖率

之所以把与角色相关的目标单独提出来，是因为从公司总体目标分解下来的个体目标是聚焦的，关乎公司的重要战略意图和方向。而角色相关的目标多是日常的、例行的，角色相关的目标是构建一个企业日常正常高效运转的基石。这部分跟日常例行工作相关的目标，主要是设定规则、规范、流程，并不断提

升流程效率、改进规则和规范的适用性，发现问题并修正，以确保整个公司的日常运转高效而扎实。当然，角色相关的目标也有一部分需要承接公司重要目标的具体落地，如上例中，如果公司重要的目标是扩大市场份额，那销售经理的目标自然而然就成为客户数量的增加和行业覆盖率的增加了。

②总目标分解到个体目标

第一步是要考虑角色划分。我们可以把角色分为主导的角色、分担的角色和支持的角色，如表6-5所示。

表6-5　　　　　　　　目标设定中的角色划分

角色	定　义	目标分解意义	目标设定任务
主导 ☆	直接负责整体指标的落实和实现，对最终产出具有控制性影响	一般需要直接承接目标和所有目标值	一般不再进行目标分解
共担 □	直接负责整体指标下阶段目标或部分最终目标的落实和实现	需要承担分解后的直接相关指标和指标值或直接承接部分目标值	需要进行目标分解
支持 ○	从信息、职能、资源等各方面间接支持整体目标的落实和实现	基于角色的职责，承担支持目标实现而需要的支持性目标	需要结合职责，基于整体目标，确定支持性目标

角色划分可以参考如图6-2所示的路径思考。

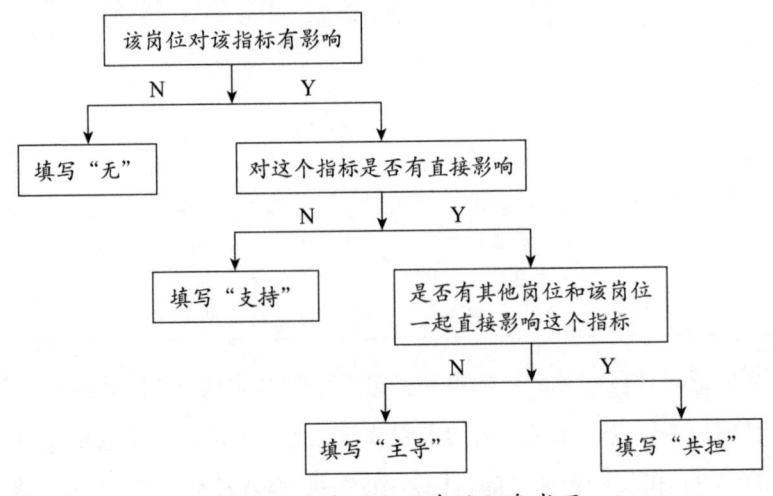

图6-2　角色划分思考路径参考图

在确定角色之后，需要看看各个团队分别承担的角色，如表6-6所示。

表6-6　　　　　　　　各团队角色划分示意表

考核指标	市场与产品部	项目部	技术部	销售部	运营部	电商部
销售收入	△	□	□	△	□	△
销售利润	△	△	□	△	□	△
成本费用控制	△	△	□	△	△	□
回款达成率	□	△	□	☆	□	□
客户总量及有效合作客户量	△	△	□	△	□	□
项目服务质量和合格率	□	☆	△	□	△	△
网站运营	△	□	△	□	☆	△
核心员工培养计划	△	△	△	△	△	△

经过前边的分析，各个团队对每个大的指标下的细分任务和目标就比较清楚了。

第二步是要分解目标。一般常用的方法包括目标树形图、剥洋葱法、网络法等。

目标树形图（见图6-3），可以考虑如下几个维度：部门、项目、区域、客户、时间；也可以用稍微复杂的分解方式：按照计算公式、关键影响因素来分解。

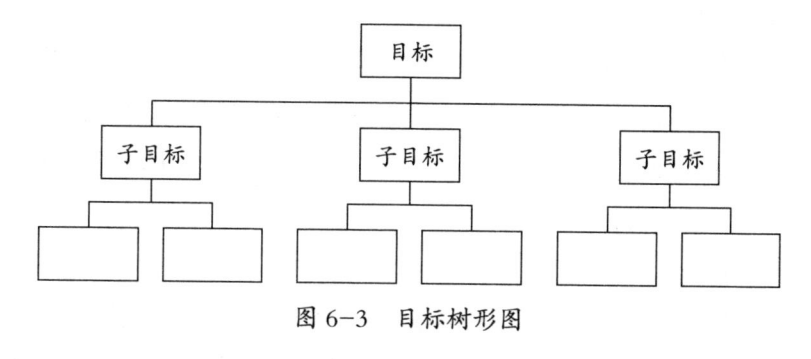

图6-3　目标树形图

以销售收入为例，可以按照产品维度来分解，如图6-4所示。

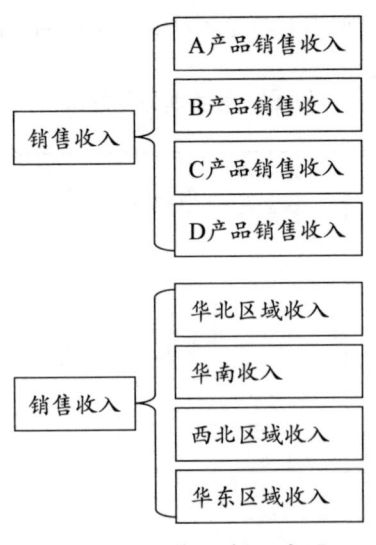

```
                ┌── A产品销售收入
                ├── B产品销售收入
   销售收入 ────┤
                ├── C产品销售收入
                └── D产品销售收入

                ┌── 华北区域收入
                ├── 华南收入
   销售收入 ────┤
                ├── 西北区域收入
                └── 华东区域收入
```

图 6-4　目标分解示意图

有的目标适合按照关键影响因素来分解，如人均销售收入和客户满意度的目标，如图 6-5 所示。

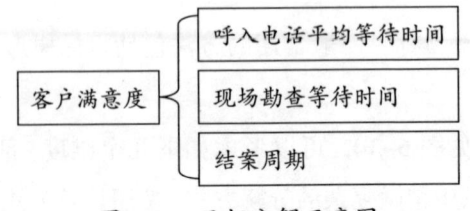

```
                ┌── 呼入电话平均等待时间
   客户满意度 ──┤── 现场勘查等待时间
                └── 结案周期
```

图 6-5　目标分解示意图

- 剥洋葱法

背后的假设是实现目标的过程由现在到将来，由小目标到大目标，一步步前进。但是设定目标的方法则与实现目标的过程正好相反，由将来到现在，由大目标到小目标层层分解。这种方法的优势在于分解目标的时候关注长远目标，而不仅仅是当前目标。

- 网络法

网络法像是一个中心，多个基本点，比较适用于环境变化快、很难快速明确具体目标的情况，需要大家在都比较清楚核心目标的情况下，根据核心要求制定各自的目标，这种方法在小团队和扁平化的组织中比较常用。

在实际的目标分解中，往往不是单纯地使用一种方法，而是需要多种方法结合起来使用。

此外，在目标分解中，对于支持性的指标可以考虑从目标落实的投入、过程、产出等环节，挖掘在资源协调、过程控制、信息提供、营销宣传、流程优化等方面的支持性贡献，支持性指标通常体现为对内部客户需求的满足。

6.4　目标设定常见误区

1. 关注低层次目标而忘了大方向

目标设定的初衷和目的是提升组织整体绩效，而不仅仅是考量个人的业绩。真正影响业务的是方向、体系和流程。目标本身就应该包括这些内容。不要只在体系和流程上设定目标，而忽略了大的方向。

不要仅仅在低层次做目标设定，在正确的方向上的目标设定才是有意义的。目标设定首先是为了做正确的事情，其次才是正确地做事情。

2. 为了考核而设定目标

目标的作用不仅仅是考核，更多时候是监测手段。如果只是考核，尤其是和报酬相挂钩的考核，会让大家仅着眼于自己的一亩三分地，而置公司整体目标于不顾。考核是保证目标达成的一种方式，如果为了考核而设定目标，则无疑是本末倒置。

同时，越来越多的企业开始关注绩效目标/指标的预警与监控，以确保最终目标的实现。监测指标像是体检，只是告诉企业肌体的各项指标是否属于健康范畴，如果不正常，需要及早发现、及早调整。

监控是对绩效状况的定期检讨，是对组织与员工层面业绩指标体系的回顾，定期回顾的依据来自初始设定的绩效指标目标值、阶段性工作计划对应的目标值以及阶段性的实际绩效结果，回顾的结果一种是正常，一种是不正常，不正常的时候就需要分析原因，也许是资源配置不够，也许是用人不当，甚至可能是目标本身有偏差，这个时候，针对异常所做的分析讨论就能有的放矢，这样经过不断的回顾、分析、调整，才能保证最终的目标实现。

3. 只有目标没有指标，或者只有指标没有目标

有了大目标，却不知道如何落地，不能落地的目标是没有意义的。对于目标，需要找到落地支撑即指标，需要特别强调的是，衡量标准并不等于量化，量化是衡量标准的一种方式，明确的效果描述也是衡量标准的一种。

例如，对于 HRBP，一个重要的目标是建立与业务部门的信任关系。那么如何衡量呢？我们可以把衡量标准设定为：业务部门主动邀请 HRBP 参与业务规划讨论；在人员编制、人员的选拔和淘汰等方面主动寻求 HRBP 的意见。在这种情况下的衡量标准就不是一个量化的表现方式，但是它依然明确的传递了要求达到的效果。

再举一个人力资源管理的例子来说明另一个误区：只有指标，没有目标会带来什么样的结果。很多企业把培训时长作为考量培训效果的一个指标，如给培训经理设定了一个指标，即公司员工的平均培训时长不得低于每月 4 个小时。笔者曾经在企业中就发现，为了这个指标，培训经理会想办法让业务部门把日常的分享会纳入培训时长的计算，为此还要求业务部门统计参加人数以及每次分享会的时长。这种做法不仅没有任何效果的提升，还给业务部门增加了很多负担。这种情况在很多只有指标没有目标的企业中并不罕见。

4. 不一致的目标

不一致的目标产生的原因可能在于目标太多，不聚焦，想做这个又想做那个；也可能在于目标分解过程中出现了理解不一致的地方。如果存在不一致的目标，对企业的危害非常大，大家的劲都没往一处使，结果可想而知。

解决这个问题，要进行纵向比较和横向比较。纵向比较是要向上看重要目标是否有承接，向下看是否有分解。横向比较要求横向的目标加起来是否承接了上一层的总目标。最后目标的情况应该是充分体现公司的战略导向，并与之保持高度的一致。

5. 在实施中，全员写目标

经常能看到，考核周期开始，企业全员开始制定目标并书面化，然后层层提交，签字确认。浩大的工程进行下来一个月已经过去了，之后书面化的目标束之高阁。这种情况下能坚持下来的企业少之又少，即使坚持下来了也会怨声载道。

是否要全员写目标，笔者认为一定要回到目标设定的初衷上来考虑，目标设定是为了指明方向，明确重点。这个时候，更应该做的是通过沟通让大家明白方向是什么，重点是什么。

笔者见过做得比较巧妙的目标设定方式，把目标分为三大类，第一类是日常例行与职责相关的目标，这类目标一般框架是不变的，有共同认知的和承诺的，这类目标的主要功夫在平时，不在于是否书面化。第二类是共同的要求和底线，这类目标整个团队强调就可以，以基本原则和底线的方式存在，也不在于是否书面化。第三类是重点项目或重点工作，这类并不涉及全体，只须涉及的人明确目标即可，这类目标需要书面化，但是书面化主要的目的是便于大家沟通并达成共识，便于对重点工作有分析、有监控。

6. 为了 SMART 而 SMART

在目标设定时，SMART 原则已经深入人心了，但是为了 SMART 而 SMART 显然是违背目标设定的初衷的。在 SMART 原则的应用上，笔者认为理解如下内容并实践才能真正达到效果：

- 怎么样才能明确？可以使用 5W2H 的办法，即：

  What—做什么？

  Why—为何做？和长远目标及价值观一致吗？

  When—何时完成？

  Who—除了自己，谁还需要参与？

  Where—在哪里做？

  How—如何做？分几个步骤和阶段？

  How much—程度如何？用多少资源？如何获得资源？

- 怎样可衡量？一是用数字表示；二是定义清晰，不可含糊其词；
- 怎样可达到？依据自身能力、内外部可用的资源、当前发展和未来可能的情势，区分阶段、逐步实施；
- 怎样保证相关性？个人目标与公司、部门目标相联系，长、中、短期目标相互联系。目标之间彼此不冲突；
- 怎样设定期限？在目标执行过程中，设定中间核查点，强调行动速度与反应时间，依不同期限设定阶段性目标（年度、月份、周别、每日目标）。

7. 严格按目标执行，难以随需而变

太重的流程会让变化变得困难。为了让目标能随需而变，在设定目标时有一些技巧：比如，考虑层级与目标的关系，越在高层设定目标的颗粒度越大，更看中的是方向和思路及解决问题的方式，而在具体任务和步骤上关注度相对低。再如，考虑环境稳定度与目标的关系，环境变化越快，设定目标的颗粒度要越大。另外，设定目标时一定要有场景概念，把目标设定这一工具放在具体的场景中，具备场景扫描分析能力，这样，当场景变化的时候，根据场景的调整适时调整目标就轻松自如了。

💡 最佳管理实践

- 组织目标是所有目标设定的起点和终点。
- 对目标达成共识的过程相比目标设定的结果更重要。
- 作为目标的具体执行者，人的因素至关重要。完成目标给个体带来的成就感、激励作用非同小可，如果只把目标完成情况作为监控检查手段，会适得其反。
- 以动态和场景化的眼光看待目标设定，目标不是一成不变的，目标也不是适用于所有的场景的，要根据外在环境或者面临挑战的不同，因地制宜地确定和调整目标。
- 目标不等于指标，目标更多的是方向，是指引，指标是目标达成过程中的监控手段，不能把指标完成等同于目标达成。

第七章

团队绩效考核实操——一荣俱荣一损俱损

【本章导读】

◆ 团队绩效与个人绩效是绩效管理的不同维度

◆ 不同类型团队在绩效管理中需要不同关注点

7.1 团队类型

曾经有调查表明，在财富排行榜1000强的公司中，运用着各种不同类型的团队，比率从47%到100%。在这些公司中将近100%的公司都运用项目团队，通常是将跨职能的团队结合在一起来完成一个项目，要持续几个月到几年。当项目完成后，团队就解散了。有将近200个公司都运用功能团队——为了提高质量，与现行的组织结构平行的工作团体。像质量圈和其他解决临时性问题的团队就是属于该类型。有100个公司现在还在采用固定的工作团队，作为完成工作的方法。

面对这样密集的团队工作现状，团队的绩效管理就显得额外重要。团队绩效评估是在团队绩效的基础上，对其进行量化的处理，以更加直接、有效的方式体现团队工作的有效程度。

任何成功的团队都需要建立明确的、以结果为导向的绩效目标。但在如何对团队进行绩效评价方面，却存在许多具体问题让企业管理者和团队领导大伤脑筋。比如，对不同类型的团队如何评价绩效，团队绩效与组织绩效以及组织整体战略究竟是什么关系，应该由谁来负责测评，面向流程的绩效如何评价等。

团队通常包括以下几种常见的类型：

一是项目团队，项目团队是指项目的核心管理团队，由一群人集合而成并被看作一个组，他们共同承担项目目标的责任，兼职或者全职地向项目经理进行汇报。

二是固定工作团队，按照职能或工作职责进行划分，类似于部门或者业务单元，包括管理团队、生产团队、服务团队、研发团队。

三是功能团队,针对具体问题,临时组合而成的工作团队,包括质量圈、临时解决问题团队。

四是网络化虚拟团队,以及通过电子辅助的远程沟通手段进行协作,从而达成目标的团队。

这些团队并不在组织结构之外,他们是组织结构的一部分。如果要考虑这个群体的绩效考核工作,就必须先把这些不同类型团队的概念,做一个基本的澄清。应用5P的概念模型,我们对这四种团队做出如表7-1所示的区分。

表7-1　　　　　　　　　　团队的5P模型

5P	项目团队	固定工作团队	功能团队	网络化虚拟团队
目标（Purpose）	为了完成特定的项目工作或者任务,通常是有着明确的专业或者职能领域的,有比较清楚和明确的工作任务	为了完成相对固定的职能工作任务	为了解决具体直接的、非管理类的工作问题而临时组成的快速工作小组	为了完成特定目标或任务,借助网络虚拟技术组成
人（People）	项目涉及领域内的专业人士,不一定属于组织中的同一个团队	在传统的组织架构中,团队成员比较固定。非传统的组织架构,也需要成员属于同一个职能领域	通常由少于10个,来自相同工作范围内的同事组成	跨组织,跨职能,跨地区,知识密集,动态,临时
定位（Place）	依据项目的目标来确定团队的定位	组织当中的关键组成部分之一	着眼于具体工作问题的针对性解决	调动跨地域的资源与能力,打破时间与空间的障碍
权限（Power）	项目经理具备直接或间接的调动项目范围内人财物的权利	团队负责人通常具有调动团队内人财物的权利	团队负责人通常扮演的是协调人的角色,负责推进计划进度的实施	需要远程管理,更多关注的是信任、文化以及团队目标
计划（Plan）	明确的项目进度及时间安排	明确的工作任务计划	务求简单实用的工作计划,以问题解决为目的	明确的任务计划及目标

基于上述特点,我们从绩效考核的各个模块来分析与思考,在不同类型

的团队模式下，绩效管理将如何进行。

7.2 团队绩效目标设定

从前文的表格当中，我们可以看到，不论哪一种团队，都需要明确的目标和工作任务，换句话说，只有通过统一目标的指引，团队才有可能产生协同效应，并最终带来团队绩效大于个人绩效之和的效果。在目标审定的过程中，最为关键的是要明确团队的使命，即必须明确"团队为什么存在"，描述团队使命，以清晰阐述团队存在的意义。通常情况下，团队使命来源于组织的要求，因此可以通过理顺组织对新建团队的要求或明晰上级领导对新建团队的要求，来确定团队使命。

（1）项目团队：通常来说，企业对项目团队的项目要求十分清晰明确，但是却忽略了项目本身对于企业组织的作用与价值的沟通与明确。这样的做法，往往会使得项目团队的目标设定过于纠结在细节的项目管理上，却忽略了项目本身对公司价值的体现。换言之，对于团队整体绩效的考量，在战略上的价值需要加强。

（2）固定工作团队：通常来说，固定工作团队的目标设定比较容易，因为公司组织内部的部门/团队设定是比较固化的。但是随着企业的发展变化，固定工作团队的具体工作职责其实也在不断的调整当中。团队目标的设定就需要更加战略性的考量。

（3）功能性团队：功能性团队的组织以及运作方式更为灵活具体，团队目标的设定需要强调计划、数据和行动成果。

（4）网络虚拟团队：考虑到网络虚拟团队的非现场的特点，团队目标的设定，不仅仅需要涉及具体的工作内容，更需要关注团队本身沟通信任和建立目的。换句话来说，必须将团队目标内化为成员的日常行动，以确保在虚拟环境中仍然能够实现有效的管理。

通常来说，团队的目标必须服从组织的目标，是组织目标中一个特殊项的细化，团队的指标可以分为主要指标、辅助指标、整体指标、否决指标等四大类：

- 主要指标：完成团队职责比较重要的指标设置不同的百分比权重；
- 辅助指标：指重要性相对较小或者各团队都具有的公共指标为扣分项；
- 整体指标：指团队当中需要协同共同承担的指标，通常这一类指标是行为类指标，不以岗位和角色来区分，只要是团队成员，就应该同等标准的指标
- 否决指标：对于团队某些严重失误或者客户重大投诉采用"一票否决"指标，该指标不占权重，但该项指标如果未达到标准，团队的整体业绩和奖励要大打折扣乃至为零。

综上所述，不论哪一种团队组织形式，有效的团队目标是团队绩效管理的重要起点。这其中不仅包括具体的工作任务指标，还有涉及公司战略的方向性指标。此外，基于笔者的观察与经验，我们认为团队内部的信任与沟通指标也十分重要。以最强调沟通的网络虚拟团队为例，研究表明，虚拟团队的工作效能80%来自沟通，持续、丰富的沟通接触，能够帮助团队成员建立信任感，构建必要的社会关系。沟通的方式、时间、频次、内容等都可以作为此类目标的选择之一。

7.3 团队考核模式

本书中所探讨的团队考核模式主要有以下四种。他们的选择要结合企业文化、企业经营管理理念以及具体团队业务特征来确定，每种模式考核和员工考核关系分析如下：

1. **团队模式**：这种模式基于团队成员业务关联度，如果业务关联在一起，需要互相支撑互相帮助，那么采用团队模式是最佳的，在这种考核模式下，团队考核结果和团队的奖励（处罚）挂钩，当然优秀的个人绩效会受到奖励，表现差的也会受到处罚，奖惩由负责人内部处理，原则上团队奖惩总数抵消后不能超过公司给的奖惩底线；

2. **团员模式**：业务没有关联需要单打独斗，每个成员各自单独考核，业绩

超标完成个人享受超额鼓励奖励，团队负责人业绩单独考核和团队个人考核无关，同样享受奖惩分明的考核方式；

3. 双团模式：团队负责人按照团队总体业绩考核，但是每个成员各自单独考核不"互相株连"，业绩超标完成个人享受超额鼓励奖励和团队总体业绩不挂钩，团队做得好坏和团队负责人考核奖惩挂钩。

4. 虚拟模式：团队内部临时成立或者业务管理是松耦合关系，这种在实践中成立的团队或者部门都是虚拟的，团队或部门负责人和部门成员没有必然的业务关系相互都是独立的，在这种管理模式下，团队或部门是虚拟的或临时组建的，需要上级领导直接管辖。企业成立的"虚拟管理小组"或者其他"虚拟小组"也可以看成虚拟团。绩效考核小组、薪酬小组等，这种团队由相关负责人组建，受总经理的领导和指挥，小组长本职上凭借总经理的"授权"发挥管理职能。

表7-2　　　　　　　　　　　不同团队的考核模式

模式	考核操作要点	和团队负责人利益挂钩	和团员利益挂钩关系
团队模式	这种考核模式的核心是企业鼓励团队作战精神，团队的考核成绩就是团队负责的人的考核成绩，一荣俱荣一损俱损，公司评价团队整体绩效，给总的奖金包（或者下浮薪酬要求），部门内部自行分配，是否处罚业绩差的团队由集体研究决定	挂钩	挂钩（也有独立考核）
团员模式	每个成员各自单独考核，业绩超标完成个人享受超额鼓励奖励，团队负责人业绩单独考核，和团队个人考核无关	不挂钩	挂钩（单独考核）
双团模式	负责人按照团队总体业绩考核，但是每个成员各自单独考核不"互相株连"，业绩超标完成个人享受超额鼓励奖励，和团队总体业绩不挂钩	挂钩	不挂钩
虚拟模式	"虚拟团"：员工绩效和团队负责人绩效都是独立的，团队负责人只负责日常行政管理不涉及业务管理，互相没有任何业务管理关系	不挂钩	不挂钩

针对不同的团队类型，可以对具体的考核模式进行必要的排列组合。

项目团队：取决于项目本身的特点，可以采取团队模式或者团员模式。通常来说，项目类型决定了模式选择的标准，一般而言，有明确可以界定清晰定量指标的项目类型，易于采取团队模式，否则更适于采取团员模式。这样选择的基本逻辑，是希望能够在考核当中适当平衡团队管理者的客观公平性。不易清晰定量考核的项目类型，往往需要控制团队管理者在考核当中可能产生的随意性。

固定工作团队：通常来说，固定工作团队可以选择团队或者双团模式进行考核，首先团队负责人必须要和团队整体成果之间进行挂钩，但是否给予团队负责人对奖金进行分配的完整权限，还需要根据职责分配的情况而定。

功能性团队：考虑到功能性团队的灵活性和团队负责人的协调模式，团员模式更为合适。

网络虚拟团队：如果虚拟团队的组合方式也是完全虚拟的，那么虚拟模式就更为合适；如果虚拟团队的工作方式是虚拟的，组合方式更为传统，那么其他的考核模式也是可以选择的。

7.4 团队考核实施策略

尽管不同类型的团队在绩效评价方面存在不同的关注点，但研究者们始终试图寻求一些共性的东西。目前，国际最新的研究成果表明，对团队绩效的评价同样可以遵循一个固定的流程，即首先要确定对团队层面的绩效评价维度和对个体层面的绩效评价维度，其次是划分团队和个体绩效所占的权重比例，再次是在评价维度的基础上，分解评价的关键要素，最后再考虑如何用具体的评价指标来衡量这些要素。可以说在上述环节中，如何确定团队层面的绩效评价维度是关键点同时也是难点。对团队绩效的评价维度的确定通常可以采用以下四种方法。

1. 利用客户关系图的方法确定团队绩效的评价维度

要描述团队的客户以及说明团队能为他们做什么的最好方法就是画一张客户关系图。这张图能够显示出团队、提供服务的内外客户的类型、以及客户需要从团队获得的产品和服务。该图完成以后，它就可以显示出团队及其客户之间的"连接"。那么在什么情况下，最容易采用客户关系图法呢？

当团队的存在主要是为了满足客户的需求时，最理想的方法是采用客户关系图法。团队必须要考虑客户对团队的需求，客户的需求是团队绩效评价维度的一个主要来源。客户就是那些需要团队为其提供产品和服务并帮助他们工作的人，可以是组织内部的同事，也可能是组织外部的顾客。

2. 利用组织绩效目标确定团队绩效评价维度

此种方法最适用于为帮助组织改进绩效目标而组建的团队。组织的绩效目标体现在压缩运转周期、降低生产成本、增加销售额、提高客户的忠诚度等方面。通过以下步骤可以确定能够支持组织目标实现的团队业绩：

（1）首先要界定几项团队可以影响的组织绩效目标。

（2）如果团队能够影响这些组织绩效目标，接下来就要回答这样一个问题："团队要做出什么样的业绩才能有助于组织达到其目标？"

（3）把这些成果作为考核维度并把它们添加到业绩考核表内。

3. 利用业绩金字塔确定团队绩效评价维度

业绩金字塔的出发点首先是要明确业绩的层次。组织必须创建这些绩效维度并选择那些能够把团队和组织目标紧密联系起来的绩效维度。因此，把团队业绩和组织绩效紧密联系起来就能保证团队的成功将有利于整个组织。那么，该怎样建立一个工作业绩金字塔呢？可以通过回答以下有关工作成果的问题来构筑业绩金字塔：

（1）什么是整个组织的宗旨或功能？组织要创建什么样的业绩？

（2）要什么业绩来产生组织绩效？

（3）在这些业绩中的哪几项是团队负责创建的？

如果创建的业绩金字塔是为整个组织而建立的，那么，只有金字塔内的某些部分才是一个团队需要对此负责的，通过对金字塔的观察，团队可以确定它应当对此负责的几项成果。

4. 利用工作流程图确定团队绩效评价维度

工作流程图是描述工作流程的示意图。工作流程贯穿于各部门之间，向客户提供产品或服务的一系列步骤。客户既包括组织内部的顾客也包括组织外部的顾客。用工作流程图来计划工作流程，并把它作为确定团队业绩评价维度的工具有如下可取之处：一是把质量与流程改良计划和绩效管理联系起来；二是那些有清晰工作流程的团队能够对它们在工作流程方面的有效性进行评估；三是对工作流程进行计划可以确定简化和重新设计流程的机会，从而形成更好的工作流程。那么怎样使用工作流程图来确定团队绩效评价维度呢？

工作流程图包含三个测评维度：

（1）向客户提供的最终产品；

（2）整个团队应负责的重要的工作移交；

（3）整个团队应负责的重要的工作步骤。

总之，当客户满意度是团队的主要驱动力时，最常采用的方法是客户关系图方法；当重要的组织绩效目标必须得到团队的支持时，最常采用的方法是支持组织绩效的业绩方法；当团队和组织之间的联系很重要，但团队和组织之间的关系却不甚明了时，最常采用的方法是团队业绩金字塔方法；当团队的工作具有清楚明确的工作流程时，最常采用的方法是工作流程图方法。

此外，在实施团队绩效评价时还应当注意以下几个方面：必须赢得团队成员的关注与认可，团队成员需要充分理解评价系统；确保团队的战略与组织战略相一致；确保团队绩效评价的目的是确保问题的解决，从而提高团队的工作业绩；选取最重要的几个方面来测量；在开发绩效评价系统时，应充分考虑顾客的意见；评价系统应详细描述每一位团队成员的工作。

◎附录：团队考核奖惩兑现——项目奖励

笔者在前文已经介绍了不同的团队考核模式中个人与团队的关系，而在公司建立统一的项目奖励制度中，要重点考虑以下考核要素：

- 项目进度：项目明确的里程碑要求，验收要求进度等
- 项目质量：是否符合公司的质量标准

- 项目成本：包括人力成本、差旅费等
- 项目实施规范性：是否遵循公司要求的实施规范
- 客户满意度：通过客户满意度调查来确定

（1）项目目标奖励

对于比较实施周期和实施特别规范的项目，特别是项目目标特别清晰的项目，可设置项目目标奖励，通过《项目奖励政策审批表》来实现。

项目奖励政策审批表

申 请 人		所属部门	
奖励类型	□项目目标奖　□特殊项目贡献奖励　□其他：			
申请日期	年　　　　月　　　　日		
申请项目奖励原因				
考核依据制度				
项目获得奖励条件				
项目目标奖金				
项目参与人员奖金分配规则				
奖励政策审批栏	部门经理初审意见： 　　□同意　　□不同意，原因是： 　　　　　　　　　　　　　　　　20　　年　　月　　日			
	人力资源审核意见： 　　□同意　　□不同意，原因是： 　　　　　　　　　　　　　　　　20　　年　　月　　日			
	财务部审核意见： 　　□同意　　□不同意，原因是： 　　　　　　　　　　　　　　　　20　　年　　月　　日			
	总经理意见： 　　□同意　　□不同意，原因是： 　　　　　　　　　　　　　　　　20　　年　　月　　日			

（2）项目考核奖励

对于实施周期比较长，项目实施难度和风险大的项目，可通过有效的项目奖激励落实项目奖励。

对于上述类型的项目，企业必须制定科学有效的《项目考核管理制度》来规范项目奖。

参考制度范例如下。

【范例】项目绩效考核管理制度

1. 考核目的

规范公司项目考核管理流程，切实提高项目管理水平和实施效率，不断降低项目实施成本提高公司经济效益。

2. 适用范围和方式

本项管理制度适用于公司所有项目。

3. 项目考核总体原则

- 鼓励团队作战和发扬团队精神的原则
- 坚持公平、公正和公开的原则，考核过程全程透明
- 坚持以事实为客观依据，定量与定性相结合的考核标准
- 多劳多得的原则：参与多个项目则参与多个项目奖分配

4. 项目考核管理组织

（1）项目考核小组

为了确保考核公正性，项目考核小组由公司总经理、副总经理、技术总监、部门经理、人力资源总监、财务总监以及相关项目经理代表组成。

项目考核小组主要职责如下：

- 负责项目考核申请的审批
- 确定项目目标奖金：根据各种不同类型项目特征在启动考核时集体确定

- 负责对考核变更的评审
- 负责审批项目奖励政策
- 负责项目计划评审
- 负责项目预算评审
- 负责监控项目进度执行情况
- 负责项目结项报告评审
- 项目管理过程中的其他事项

（2）项目管理部

- 负责监督项目计划进度
- 负责监督项目质量评审
- 负责项目人员投入工时的审核
- 项目验收后负责客户满意度调查
- 负责项目成果及时配置入库
- 负责项目实施存在问题/风险的推动解决
- 负责文档规范及文档管理
- 负责项目相关考核数据（证据）收集

（3）财务部

- 负责项目预算的备案
- 审核项目考核成本的及时核算，每月定期向项目公示
- 负责编制项目阶段考核及验收后项目的成本核算

（4）人力资源部

- 负责项目考核结果中对应人力资源部奖惩的备案
- 负责执行考核结果具体奖励发放、惩罚缴扣等

（5）项目经理（即项目负责人）

- 负责编制《项目计划》
- 负责编制《项目预算》
- 负责项目成员的业务培训
- 负责项目人力投入成本的控制

- 负责组织项目实施和过程监控
- 负责向项目管理部提出项目评审申请
- 负责提交《项目周报》并统计项目组成员项目工时
- 负责《项目周报》成员业绩评价
- 负责项目奖金的分配

5. 项目考核实施流程

（1）项目启动考核

项目立项任命项目经理后，凡是符合考核要求的项目，必须提交《项目计划》和《项目预算》，并作为考核的基础。在通过评审的基础上，项目经理签署《项目绩效考核任务书》(含目标奖金金额的确认)，之后项目正式启动考核。

（2）项目考核过程

①项目经理每周必须向公司项目管理部按时提交《项目周报》，详细统计项目工时，同时对项目组成员做好完成任务绩效评价；

②项目暂停和恢复：项目如果遇到特殊情况长期无法开展可以申请暂停。一旦再到实施时机可申请恢复。项目暂停期间进度不计，人力投入不计入成本，但是必须释放人力资源。

（3）项目结项

项目结束前必须向项目管理部提交《项目结项申请表》，之后开始启动项目奖核算工作。

6. 项目绩效考核标准

项目考核参考标准如下：

指标名称	考核标准	权重	考核指标计算方式
项目进度	项目进度是否延期	20%	延期 A 天以上为零分；延期 A—B 天为 25 分；延期 B—C 天为 20 分；延期 C—D 天为 15 分；延期 D—E 天为 10 分；进度超前为满分
项目质量	项目评审（测试）	10%	《项目计划》中规定的评审或测试没有完成的评审扣 3 分，最低 0 分
	项目文档编写	10%	项目提交客户文档不规范，发现 1 个扣 1 分

续表

指标名称	考核标准	权重	考核指标计算方式
项目实施成本	项目预算来考核，包括人力成本在内	20%	不超过计划成本为满分；超过预算成本30%项目奖金为零分；节约则有成本节约奖
客户满意度	项目管理部在项目终验后负责调查，《客户满意度调查表》	20%	客户评分最高100分。本项实际得分=20*客户满意度调查成绩/100*100%
项目监控	《项目周报》质量	10%	按时提交《项目周报》并符合质量，没有提交1次扣1分
项目监控	项目问题和风险报告	10%	项目遇到重大问题和风险要及时报告公司解决，凡是没有及时汇报的严重者每次扣5分，一般情况扣3分
总分加减分	项目突出贡献奖	10分	突出贡献主要包括：(1)项目有延期但是项目经理很快把项目进度款都收回加5分；(2)项目经理在原来的项目中帮助公司拓展了新项目加5分；(3)项目成果可推广和复用加2分；(4)重大技术创新加3分；(5)客户满意度极高加3分；(6)综合考虑项目考核公平性给予适度加分
总分加减分	项目重大管理失误	-10分	项目重大失误给公司造成经济损失，酌情扣分，严重者扣8—10分，一般扣2—5分
项目奖励资格一票否决制	项目获得奖励的前提是： (1)《项目计划》和《项目预算》最终通过评审 (2)项目经理按时提交《项目周报》，提交提出低于40%周次则失去资格 (3)项目不能发生客户严重质量事故或者客户重大投诉 凡是不符合上述条件的项目自动失去奖励资格		

项目考核分数与奖金关系：

项目评分	奖励评级	项目目标奖发放参数	备注
100分以上	S	目标奖金上浮=（实际得分-100）%	200%封顶
90—99分	A	目标奖金给100%兑现	90分以上兑现全部
80—89分	B	目标奖金兑现：80%—89%	
70—79分	C	目标奖金兑现：70%—79%	
69分以下	D	没有目标奖金	

项目奖金最终计算标准

项目获得奖金＝项目实施成本节约奖*30%+项目目标奖金*考核分数/100*100%

其中：
- 项目实施成本节约奖＝预算成本－实际成本
- 项目目标奖金：根据各种不同类型项目特征，在启动考核时由项目考核小组确定

7. 考核结项考核流程

项目通过客户验收（以客户书面签字的报告为依据）项目正式结项：

（1）项目正式启动结项评审会之前需要提交以下文件：
- 项目经理需提交并讲解《项目结项总结报告》
- 财务部需要提交《项目成本数据汇总表》
- 项目管理部提交《项目绩效数据汇总表》

（2）项目结项评审会评审后，要形成以下文件：
- 《项目奖金总额确定表》

（3）结项评审会之后

项目经理根据《项目奖金总额确定表》，按照制度规定的原则完成《项目奖金分配方案审批表》，反复征求项目考核小组负责人意见后确定项目组内部成员奖金分配。

项目团队内部奖金分配原则：

按照多劳多得、依据个人日常绩效考核、项目实施重要度系数以及客户满意度等因素来确定，项目奖金分配要确保内部相对公平性。

8. 项目奖励和奖金分配

《项目奖金总额确定表》和《项目奖金分配方案审批表》经过总经理审批后，提交人力资源部备案。项目奖最终由财务部发放。

9. 项目考核变更

项目经理要提前预测风险给项目实施预留足够的调整时间，项目计划

变更必须前 2 个月提出变更，必须通过项目考核小组评审同意后方可提出变更，否则变更无效。

10. 项目考核相关记录

类　别	记录名称	使用时机	使 用 人	制度要求
项目管理记录	《项目计划》	项目启动后	项目经理	必须评审
	《项目预算》	项目启动后	项目经理	必须评审
	《项目周报》	项目启动后	项目经理	定期提交
	《项目计划变更审批表》	项目变更	项目经理	必须评审
	《项目结项总结报告》	结项	项目经理	必须评审
	……	……	……	……
项目考核记录	《项目成本数据汇总表》	考核启动后	财务部	根据项目周报
	《项目绩效数据汇总表》	考核启动后	项目管理部	根据项目周报
	《项目奖金总额确定表》	正式启动考核	考核小组	
	《项目奖金分配方案审批表》	考核启动后	考核小组	

11. 制度批准及生效

本制度经公司总经理批准后生效，最终解释权归人力资源部。

对于《项目绩效考核管理制度》典型配套表单《项目绩效数据汇总表》如下表所示：

项目名称			
项目经理			
数据记录		所在部门	
考核数据提供日期	年　　月　　日		
考核结果记录跟踪			
类　别	评价关键点	关键点日常记录	考核结果
项目进度			
项目质量			

续表

客户满意度			
项目质量			
项目成本控制			
项目突出贡献			
项目重大失误			
项目计划和预算变更纪录	变更日期	变更内容	备 注
项目绩效特别说明			

关于项目奖金审批，参见下表。

项目奖金审批表

项目名称		项目经理	
项目计划启动日期		项目终验日期	
考核负责人			
考核启动日期			
项目奖励资格确认	序号	获得奖励资格描述	是否符合奖励资格
	1	《项目计划》和《项目预算》最终通过评审	□符合 □不符合 □N/A
	2	项目经理提交《项目周报》不低于计划提交次数的60%	□符合 □不符合 □N/A
	3	项目不能发生客户严重质量事故投诉或者客户重大投诉	□符合 □不符合 □N/A
	总体结论：□项目有获得项目奖的资格　□项目没有获得项目奖的资格 □无法确定　□N/A		

续表

		参数	权重	业绩评价	评审小组评分	备注
项目考核参数确认	KPI指标	项目进度	20%			
		项目质量	20%			
		项目成本	20%			
		客户满意度	20%			
		项目日常监控	20%			
		……	……	……	……	……
	加分	—	0—10分			
	减分	—	0—10分			
	项目评分		项目考核小组综合所有评委意见给出项目评分			
	项目实施费用节约奖		根据财务计算结果项目有效节约费用估算为（　）元，按照制度项目应获得奖金为（　）元			
	项目目标奖		（　）元			
	实际获得目标奖金		（　）元			
	项目最终累计奖金		根据《项目绩效考核管理制度》计算后的项目奖金参考基数为（　）元			
项目考核小组审核	评审小组成员（签字）： 评审小组评审意见：建议项目奖金为（　）元 考核小组负责人（签字/日期）：					
总经理审批	• 最终批准确定项目奖金为（　）元 • 其他意见或建议： 总经理（签字/日期）：					

项目奖金审批后，通过规范的《项目奖金分配表》来实现奖金分配。

项目奖金在项目组内部分配要依据个人日常绩效考核、项目重要度系数来确定，项目奖金分配要确保内部相对公平性。

第八章

公司高管考核——让考核成为发动机

【本章导读】

- 企业高管人群的基本定义
- 企业高管人群基本考核指标
- 企业面临挑战与高管考核变化
- 合伙人制与高管考核

8.1 哪些人纳入高管？

之所以要对这个问题进行澄清，是因为我们需要把高管的绩效管理和非高管的绩效管理区分开来。而这些年由于抬头泛滥，总监、副总裁满天飞，人们对高管的概念也日渐模糊起来。从企业的实际操作情况来看，一般在大型跨国公司，能够被列入高管范畴的人员比例，在3‰—5‰之间。在一般规模的成熟企业，5%是已知的上限，对于快速发展期的初创企业，这个比例可能更高。但是对于高管的职责界限，我们必须加以明确的表述。根据我国《公司法》第217条的规定，企业高级管理人员是指公司的总经理、副经理、财务负责人，上市公司董事会秘书和公司章程规定的其他高级管理人员。

换句话说，除了公司的第一和第二决策者、财务负责人和上市公司的董秘之外，其他的岗位，不论抬头有多么高大上，最终能否被定义为高管，取决于他们是否符合公司章程的规定，或者说符合公司管理的需要。一般定义当中，在企业里具有经营决策、对企业经营管理总目标负责的人一般称之为高管；负责中心或部门级工作计划、控制和组织实施管理的人称之为中层；负责日常工作指挥和监督的人则属于基层主管。

高层管理人员是指对整个企业的管理负有全面责任的人，他们的主要职责是制定企业的总目标、总体发展战略，掌握企业发展大政方针并评价整个企业的整体绩效。企业高层管理人员的作用主要是参与重大决策和单独负责企业某几个部门，兼有参谋和主管双重身份。换句话来说，高管除了向董事会（股东）和投资人负责之外，无须向任何人负责，他们对企业的经营战略、方向和具体的运作具有直接的关键性的影响。从绩效管理的角度上看，既是目标的制定者，也是目标的执行者之一。

企业高管作为管理者，必须有胸怀和眼界，具有领导能力、战略规划能力、大局观以及客户服务意识，必须充分考虑财务、客户、内部经营管理和学习（成长）等多个维度，既要考虑现实的盈利又要考虑人才培养和企业发展后劲问题。换句话来说，高管的职责内容不会仅仅是专业领域内的某个范围，高管的职责范围必然会涉及跨专业领域的内容，这其中，企业管理、人才管理和财务管理都是必选项。

另一个将企业高管的绩效管理单独分析的原因在于，企业高管的绩效管理，绝对不是简单的达成目标。举例来说，摩托罗拉在2003年选择了让高尔文家族的第三代继承者从CEO的岗位上退休，并聘请了詹德担任新一任的CEO。要求小高尔文离开的原因是华尔街认为摩托罗拉衰败的主要原因在于小高尔文作为家族产业的第三代传人，对摩托罗拉的个人感情使他不可能对公司做出真正触及根本的变革，如他在剥离芯片业务和铱星项目上就公然违逆董事会的功利性意志。因此，董事会在华尔街的压力下决定彻底结束高尔文家族对摩托罗拉达75年的统治，效法IBM引入郭士纳，从外部空降一名CEO。曾在Sun公司任总裁兼COO的私人股权基金合伙人詹德于2003年12月接受了年薪650万美元的摩托罗拉CEO一职，当天摩托罗拉股价即上涨了4%。但今天大多数人都同意，这样一位夸夸其谈、善于讨好华尔街的"营销型"明星CEO，并不适合这家公司。尽管这个案例的发生已经过去了十年，摩托罗拉已经从手机市场彻底消失，但是我们仍然可以去思考和回味，作为企业高管，我们究竟应该如何设定其绩效管理的目标。套用目前的例子来看，乔布斯从苹果第一次被董事会赶出公司的时候，也许他的绩效就是不合格的，当他第二次入主苹果，带来一系列变革的时候，也不能就认为他是一位100%合格的公司高管。因为尽管苹果的产品在过去十年里为整个科技行业带来了跨越性的变化，但是苹果公司内部管理的随意性和上市公司过高水平的现金储备，也是为很多投资人所诟病的。

8.2　企业高管常见的考核指标

基于前文的描述，对于企业高管的考核指标，就必须重点围绕公司经营管理的大局来展开，如财务指标、客户指标、内部管理指标、企业学习和成长指标等。但是除此之外，我们还需要明确一个更为根本的问题，企业组织，对高管的核心期望值到底是什么。同时，这个期望值来自何方，是否合理也值得探讨。

笔者近来在和几位投资人、高管、CEO 沟通的过程中，听到一个很有趣的说法，他们不约而同地表示，所谓的基业长青，是一个伪命题。与其纠结在如何让具体的企业如何基业长青，留住人才，不如将资本和资源投入最能够带来收益的活动中去。暂且不论这种说法本身的正确合理与否，至少我们能够看到，对于一个组织的核心目标，一千个人心目中就有一千个哈姆雷特。对于有的企业组织而言，对高管的要求就是快速达到投资者的要求，不论采取何种方法，是否符合所谓的长期利益，并不在考察之列。因为对于组织当中的人来说，大刀阔斧的业务拆分、资产重组、人员裁撤等，意味着混乱、失业、资产流失等，对有些人而言，却意味着效率提升、资源优化和淘汰冗员。孰是孰非，简单归纳一下，其实关键还是需要明确企业的整体战略与核心方向。

通常来说，企业高管的绩效目标有两个不同的方向，一种是倾向于平衡计分卡（BSC）的考核模式，同时结合高管重点负责的领域进行考核指标逐级细化。目标当中需要覆盖财务指标、客户指标、内部管理等几乎所有的必要的管理领域，根据具体的战略来进行权重上的调整。另一种则是彻底简化，干脆将高管的绩效目标和整个企业的经营状态直接挂钩。

不论目标个数的多少和覆盖范围的宽窄，通常来说，会包括但不限于以下一些典型指标：

- 税息折旧及摊销前利润（EBITDA, Earnings Before Interest, Taxes, Depreciation and Amortization）
- 现金流量（Cash Flow）
- 运营成本或管理支出
- 客户满意度
- 员工敬业度
- 继任者培养

- 干部队伍建设

在这些指标确定好之后，另外一项重要的内容是考核的时间段。

2001年安然事件是高管集体追求短期利益的极端案例。在2001年10月16日安然公布第二季度财务报表以前，安然公司的财务报告是所有投资者都乐于见到的。看看安然过去的财务报告：2000年第四季度，"公司天然气业务成长翻升3倍，公司能源服务公司零售业务翻升5倍"；2001年第一季度，"季营收成长4倍，是连续21个盈余成长的财季"……在安然，衡量业务成长的单位不是百分比，而是倍数，这让所有投资者都笑逐颜开。到了2001年第二季度，公司突然亏损了，而且亏损额还高达6.18亿美元！然后，一直隐藏在安然背后的合伙公司开始露出水面。经过调查，这些合伙公司大多被安然高管所控制，安然对外的巨额贷款经常被列入这些公司，而不出现在安然的资产负债表上。这样，安然高达130亿美元的巨额债务就不会为投资人所知。

更让投资者气愤的是，安然的高层对于公司运营中出现的问题非常了解，但长期以来熟视无睹甚至有意隐瞒。包括首席执行官斯基林在内的许多董事会成员一方面鼓吹股价还将继续上升，一方面却在秘密抛售公司股票。而公司的14名监事会成员有7名与安然关系特殊，要么正在与安然进行交易，要么供职于安然支持的非营利机构，对安然的种种劣迹睁一只眼闭一只眼。安然的崩溃并不仅是因为做假账，也不全是高层的腐败，更深层次的原因是急功近利，使安然在走向成功的同时也预埋了失败之墓。安然的核心文化就是盈利，在安然，经营者追求的目标就是"高获利、高股价、高成长"。《财富》杂志撰文指出：正是由于安然公司的主管们建立了以赢利增长为核心的文化，经理们才有了很大的动力去涉险，安然追求的目标最后也只剩下一个，那就是赢利。安然的公司精神就是冒险。安然鼓励的是不惜一切代价追求利润的冒险精神，用高赢利换取高报酬、高奖金、高回扣、高期权。安然甚至把坚持传统做法的人视为保守，很快将其"清理"出去。同时安然内部不断地进行着"大换血"，新人一进门就会立即获得五百万元的炒作能源期货大权。2001年10月16日，安然发表2001年第二季度财报（是第三季财务报表），宣布公司亏损总计达到6.18亿美元，即每股亏损1.11美元。同时首次透露因首席财务官安德鲁·法斯托与合伙公司经营不当，公司股东资产缩水12亿美元。

2001年10月22日，美国证券交易委员会瞄上安然，要求公司自动提交某些交易的细节内容，并最终于10月31日开始对安然及其合伙公司进行正式调查。

2001年11月1日，安然抵押了公司部分资产，获得J.P.摩根和所罗门史密斯巴尼的10亿美元信贷额度担保，但美林和标普公司仍然再次调低了对安然的评级。

2001年11月8日，安然被迫承认做了假账，虚报数字让人瞠目结舌：自1997年以来，安然虚报盈利共计近6亿美元。2001年11月9日，迪诺基公司宣布准备用80亿美元收购安然，并承担130亿美元的债务。当天午盘安然股价下挫0.16美元。

2001年11月28日，标准普尔将安然债务评级调低至"垃圾债券"级。2001年11月30日，安然股价跌至0.26美元，市值由峰值时的800亿美元跌至2亿美元。

自此之后，有关于高管绩效的时间问题就显得尤为重要了。单纯的年度利润的单一维度考核已经为大多数公司所摒弃，即使考核周期仍然以一年为单位的，也会在奖励授予的环节，增加必要的年限，以避免可能的涸泽而渔、杀鸡取卵的情况出现。

一般来说，对于高管的考核需要由董事会或者由董事会委托的公司内部团队来完成。2008年金融危机后的一段时间里，甚至美国政府也参与到高管绩效考核的流程当中去，以确保政府为了救市所提供的贷款以及资金支持得到有效的利用。

8.3　企业面临的适应性挑战及高管考核重点的变化

随着社会、市场、客户、竞争以及技术在全球范围的变化，所有的企业都面临"适应性挑战"。所谓适应性挑战，是指很难找到答案的系统性问题。这种情况下，迫使组织明晰价值观、开发新战略，并学习新的运营方法。与

"适应性挑战"相关的工作，对于每个人来说都很艰难。在这种情况下，公司高层最艰难的任务也是最具挑战性的工作就是动员组织上下完成适应性工作。作为高管，也许需要摒弃原来的直接给予指令的模式，甚至很多时候，过往的经验已经不足以让他们给出指导了，高管更要考虑的是，在行动时不是要提供答案，而是要提出尖锐的问题并利用集体智慧；他们不是要维持公司的规则，而是必须质疑"我们做事的方式"；不是要压制争论，而是要让问题暴露出来，让员工感觉到现实的痛苦。对于员工来说，适应性工作也是痛苦的。因为他们要在工作中面对不熟悉的角色与职责，还有新的价值观和工作方式。

在这种情形下，毋庸置疑，公司的高管层关注的重点应该是领导员工拥抱"适应性挑战"。相应地，在考核体系中也要有明确的导向。需要明确把变革管理尤其是文化和价值观的与时俱进加到高管的职责中并加以考核导向。

◎ 案例

20世纪80年代航空业进行革命性变化后，英国航空公司被旅客们斥为"糟糕透顶"的航空公司。当时的CEO科林·马歇尔（Colin Marshall）认识到，不变就意味着死亡，必须把这家被旅客们称为"糟糕透顶"的航空公司改造成为客户服务的典范。同时，他也认识到，要实现这个伟大目标，最重要的就是在全公司内进行价值观、工作方式以及人员关系上的改变。如果员工固守本部门地盘，而且把取悦上司看得比取悦客户更重要，那么公司永远也无法成为"全球最受欢迎的航空公司"。

马歇尔将"适应性挑战"的本质确定为：在全公司建立起相互信任的氛围。他也因此成为最早将"建立信任"作为公司首要事项的高管之一。

马歇尔及其团队对公司面临的挑战进行了深入的诊断。

首先，他们听取了公司内外人士的想法和忧虑。他们提出的主要问题是：为了让公司进步，哪些人必须改变自己的价值观、理念、态度和行为；在优先事项、资源及权力方面，哪些改变是必要的，必须做出哪些牺牲，应当由谁做出。

其次，马歇尔及其团队将冲突视为一种线索，即"适应性挑战"表现出的症状。部门之间的冲突只是一种表面现象，必须诊断出潜在的根本性冲突。

一些看似细节问题的争执，如工作流程、日程安排以及职权层级等，实际上代表了价值观和准则上的冲突。

最后，马歇尔及其团队进行了反省，认识到团队本身就存在"适应性挑战"的问题。在公司变革初期，相互冲突的价值观和准则给高管团队造成了职能上的失灵，从而削弱了其他各部门和各业务单元之间的合作能力，以及进行必要妥协的能力。

从英国航空公司的案例我们可以看到，确定自身的适应性挑战是什么，对于英国航空力求成为"全球最受欢迎的航空公司"至关重要。要想让公司的战略获得成功，公司的领导者就需要了解自己、员工以及潜在冲突的根源并加以切实的行动。

高管必须让员工在"感受到变革的必要性"与"不被变革的痛苦压垮"之间保持微妙的平衡。帮助员工保持一种有效的紧迫感。

下表列举出了高管在面临适应性挑战时的一些关键职责。

表 8-1　　　　　　　　　高管适应性挑战关键职责

适应性工作呼唤领导力			
在调整员工的痛苦情绪时，领导者面临一些关键职责，可能不需要基于不同情形以不同方式运用自己的权威。			
领导的职责	不同的情形		
	技术性工作或日常工作	适应性工作	
指导	定义问题并提供解决方案	确定适应性挑战，描述关键问题和事项	
保护	保护组织不受外界威胁	让组织在可承受的范围内感受到外界的压力	
岗位培训	阐明内部岗位的角色和职责	对现有岗位角色提出质疑，避免在压力下过快界定新的职责	
管理冲突	恢复秩序	暴露冲突或让其自然显露	
制定规则	维护组织的规则	挑战不适应的规则	

毫无疑问，这些适应性工作应该越来越多地体现在高管的考核导向和内容中。那么，这些看起来不好衡量的内容又如何体现在高管的考核中呢？

在这个方面，华为在高层的绩效管理上采用的是述职加签署PBC（Personal Business Commitment），值得大家借鉴。

华为的述职是逐级向上的，如公司总裁向董事会述职，各委员会主要负责人、部门正职向总裁述职，由此形成一个层层负责的述职机制。述职的依据则是综合平衡记分卡，华为将公司战略分解到财务、客户、内部流程、学习与成长四个方面，以实现长期目标与短期目标之间、财务指标与非财务指标之间、结果与过程之间的平衡，如图8-1所示。

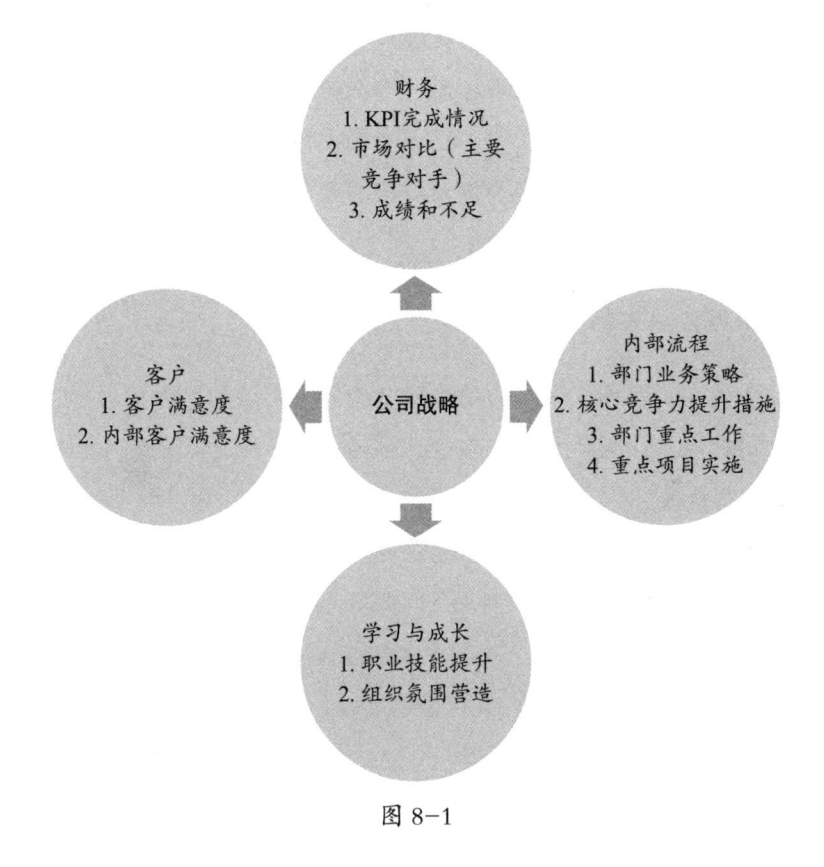

财务
1. KPI完成情况
2. 市场对比（主要竞争对手）
3. 成绩和不足

客户
1. 客户满意度
2. 内部客户满意度

公司战略

内部流程
1. 部门业务策略
2. 核心竞争力提升措施
3. 部门重点工作
4. 重点项目实施

学习与成长
1. 职业技能提升
2. 组织氛围营造

图 8-1

在述职中，对于公司变革，在部门重点工作的落实上、需要推动的项目上以及组织氛围营造上均会有所体现。

华为是从20世纪90年代末引入咨询公司开始的组织变革，而且比较成功地支持到组织能力的提升以及华为的持续快速增长，与其在绩效管理中把与变革有关的内容充分体现出来不无关系。

8.4 合伙人制兴起与高管考核

近几年，几乎所有的行业、企业都在谈合伙人。在互联网时代，随着共享经济的发展，职场的要求也随之而变，以往的职业经理人制度未必可行，未来，将是合伙人制度大行其道的时候。合伙人制需要考虑如何和公司的高管层匹配起来，否则，这个组织的管理就会进入一种拧巴状态，如果一个组织高层管理人员不在合伙人之列，而下边的员工在合伙人之列，员工看起来就像是个"地下党"，企业期望的以公司长远和全局为重也就无从谈起了。而合伙人制使用得当，则会使得企业发展得到充分的动力和能量。所以，很多企业率先在高管层面推行合伙人制。

1. 什么是合伙人制度

提到合伙人制度，有人讲的是法律结构，有人讲的是股权激励，还有人讲的是公司控制权。为什么会出现这么多的概念？因为**"合伙人"一词最早出现于合伙制企业。**

合伙制企业是一种**法律**意义上的企业形态，最早出现的是**"普通合伙企业"。这种企业的特点是只有"身股"，没有"银股"**。合伙制企业往往都身处轻资产、重人力资本的行业——公司的成功，只靠员工的智慧和经验，其他都不重要。合伙人必须是企业的管理层，并经过严格筛选才能担当，他们既是公司的雇员，又是公司的所有者。合伙人离开时股份被强制回购，意外死亡继承人不能继承股份，除非在公司担任管理职务。

后来又出现了**有限合伙企业**，主要流行于股权投资（PE）行业。有限合伙企业有普通合伙人（GP）和有限合伙人（LP）两类。通常情况下，GP出资1%，LP出资99%。基金的运作交由GP管理，LP不能参与具体运营事务。同时，在利益分配时，在所有人都收回投资成本后，在GP和LP之间按照20%与80%的比例来分配投资收益。有限合伙企业的最大好处是让GP用很少的资金撬动上百倍资金的同时，可以牢牢掌握公司控制权，还能获得远超过自己出资比例的超额收益。这些特权都体现了 GP 对人力资本价值的认可。

演变到今天，大家也开始认为合伙人制度也适用于**公司制企业**。类似晋商，在那些倡导"合伙人制度"的公司制企业中，**一部分股东是"银股"，通过出钱成为股东；一部分是"身股"，通过人力资本成为股东**。不同的是，在移动互联网时代，对"身股"价值的认可达到前所未有的高度，并赋予合伙人三种重要权力：股权激励，公司控制权，身份象征。

无论合伙人制有什么方式，从根本上讲，属于两种范畴，一个是法律范畴的合伙人制，一个是管理范畴的合伙人制。前者指的是两个或两个以上自然人以共同出资的形式成立公司，共享经营所得，共同承担亏损，承担责任，所有合伙人共同参与经营，也可以由部分合伙人经营，遵循的是合伙制企业法的相关规定。

管理范畴的合伙人制有三个要点，第一个要点是公司出于激励人才的目的让特定的人才持有一定比例的公司股份，第二个要点是合伙人所持股份既可以是实股又可以是虚股，第三个要点是公司与合伙人之间的责任权利和义务，由公司内部制度或政策约定。

笔者在此更多讨论的是后者。

2. 管理范畴的合伙人制的要素

表 8-2　　　　　　　　　　合伙人和职业经理人的区别

内　容	合伙人制	职业经理人
本质区别	企业家精神（为自己干活）	职业化精神（为别人干活）
做人	强调敬业度	重视专业化
做事	打破规则，寻求突破，追求创新	在规则内行事
风格状态	不同的人之间个性互补，强调包容与尊重	标准趋于一致
工作强调	结果导向，过程自由	重过程控制
关于原则	不断成长，潜力无限	等价交换
关注重点	靠愿景与使命让这些人走在一起的，没有了共同的价值观是走不长久的	强调制度建设与流程设计，制度是刚性的，流程也是必须遵守的
工作方式	强调共同创造，每个人都要自我设定目标，自我驱动，自我闭环	主要要求的是高效执行，目标是自上而下贯彻执行
决策方式	共同分担责任，共同承担决策的风险	要求更多的是服务与执行，决策和责任是高层的事

续表

内容	合伙人制	职业经理人
回报方式	优势是给予股权,从而达到可以共享成长的价值	给予可预期的薪酬,采用市场对标的方式给予不同分位标准的薪酬

从上述的区别中不难看出,为什么越来越多的企业开始尝试推行合伙人制,因为企业家需要高管都成为企业的合伙人,期望高管能成为共同进退的人,从而以更长远和更根本的方式来保证企业的整体业绩。这也是弥补很多时候高管层面绩效管理失灵的有益尝试。

管理范畴的合伙人制设计是建立在共同价值观和事业追求的基础上,倡导充分的自治和自我驱动,通过互相约束、互相促进、互相激发,以内部的确定性应对外部的不确定性。在设计时需要包括如下要素(见图8-1):

(1)管控机制:即内部的授权体系和责任体系,合伙人是企业信任的个体,这种信任不仅体现在利益分配上,更体现在合伙人的权利义务(带领团队、迎接变化、创造价值、取得公司商业上的成功)。

(2)激励机制:即风险共担、收益共享的机制,通常通过股权的形式实现。

(3)人的素质:合伙人自身的素质要符合企业的要求,不仅仅是专业领域的专家,更包含领导力(专业影响力、洞察力、决策力、执行力和影响力)。

(4)企业文化:合伙人是文化的倡导者和践行者。

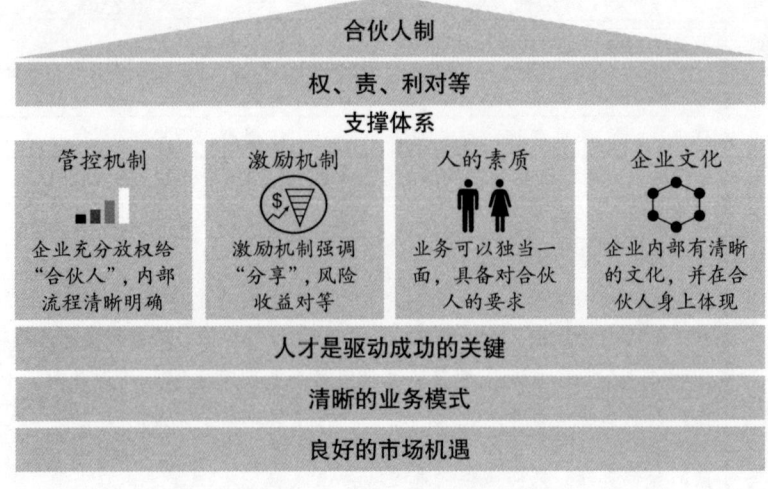

图8-2 合伙人制设计图

3. 推行合伙人制的重点考虑内容

（1）合伙人的进入及退出：谁能进入合伙人体系中，什么情况要退出

关于在谁进入合伙人的问题上，不同的企业有不同的尝试，但是毋庸置疑，最核心的管理层需要在合伙人制中。例如，阿里成为合伙人需要的条件：包括为人正直且人品优秀；为阿里或阿里体系内重要的企业（如蚂蚁金服）服务至少 5 年；曾为阿里巴巴集团做出贡献；公司价值观的"践行者"。阿里巴巴年度选举合伙人时，要求候选人由现任合伙人推举并由管委会审议，每名候选人需有 75% 的合伙人同意方可当选。而龙湖地产则将合伙人分为四层：永久合伙人（在任 CEO）、长期合伙人、高级合伙人和正式合伙人，除了司龄满 2 年没有其他硬性的门槛要求，但是以高级别合伙人来选举低级别合伙人的方式来层层投票。

对于合伙人制而言，合伙人的退出机制也很重要，合伙人制中不仅仅要有进，还要有退出，如果合伙人制只进不出，假以时日，一定会形同虚设。所以，考核评估的应用之一就是评估合伙人是否还适合在合伙人体系中。只有能进能出的合伙人制才能保证其活力和目的。

阿里除了马云和蔡崇信为永久合伙人之外，其他合伙人的资格与其任职有关，一旦离职则退出合伙人体系。如果过半数的合伙人同意，任何合伙人都将被免除合伙人资格。而龙湖则对合伙人的任期作了规定，每届合伙人任期三年，合伙人一旦不能履行战略性意义的工作——举荐人才、传承文化、开拓业务，就会失去合伙人的连任资格。

（2）合伙人的贡献评估（绩效评估）

德鲁克曾经说过，对企业而言，不能评估就不能管理。从正反两方向来思考，不能有效评估贡献就不能检验成果，不能奖罚分明，不能吸引人才，不能培养人才，不能保留人才。所以，对于管理范畴的合伙人制也涉及绩效考核，而对合伙人更多的是贡献评估，**这里的贡献评估（或者说绩效评估），涉及两个核心的问题**，一是企业的人岗匹配和机会分配，如果人岗匹配没有做好，对于人才的机会分配就不公平，可能会导致贡献/绩效评估一系列的问题。二是具体的评估方法以及评估以后的结果是不是能得到有效的应用，人

岗匹配和机会分配存在问题，必然影响具体的评估方法以及评估以后的结果应用，而后者是否有效必然会影响企业在前者的作为。

对于合伙人，贡献/绩效评估的作用与意义在于保证报酬的公平合理，推动管理的精细化发展，促进员工的学习与成长。所以企业对于合伙人的贡献评估要搞定对合伙人在文化、过程和结果三方面贡献的评估，需要各自给出指标，而给出的指标需要包括核心指标和修正指标，修正指标根据核心指标表达的管理意志程度进行确定。由此可见，合伙人制将更多战略性和长远的工作放在合伙人的贡献/绩效评估中。

（3）合伙人的激励

与对合伙人在企业长期和文化上的作为相匹配，长期激励是合伙人回报的主要体现。

给予长期激励的基本宗旨是：鼓励合伙人在企业长期奋斗，践行公司文化，创造价值。

给予长期激励的基本原则是：以终为始、动态调整、以能力和职责为基础、谨慎与灵活相结合。所谓以终为始，是在一个比较长的时间内（如从创业开始到 IPO 的时间）看贡献，同时来看这个时间结束时整个期间的激励力度是否匹配；所谓动态调整，是指过程中根据业绩情况和承担职责的变化而有调整，或增加或减少。

（4）文化和合伙人能力培养

首先，打造合伙人文化。尊重人性，强调长远来应对短视，强调共同利益来应对自私，达成共同创造，共享利益共担责的三共文化。在此文化的支撑下，**打造合伙人文化的核心是围绕梦想展开**，具体设计时，首先要编制合伙人章程，把思想、制度、规范整合进合伙人章程里面，进一步通过宣传贯彻合伙人章程，让这些内容能够广而告之，继而通过维护合伙人章程，使之深入人心。

其次，做好合伙人能力的培养。职业价值观、岗位胜任能力和适应变化能力是人才管理标准里面的三项职业能力。其中，职业价值观是个体人才秉持在职场上跟组织进行利益交换的原则与组织的要求相匹配的程度，岗位胜任能力是个人能力所具备的工作能力与岗位所要求的能力相匹配的程度，适应变化能力是个人所具有的适应内外部环境变化的能力与组织不断提升的要求相匹配的程度。

总而言之，很多企业在探索合伙人制在新的商业环境和商业挑战下的更好应用，一方面是为了让公司的核心人员能与公司的长远发展息息相关，避免常规绩效管理所不能达成的效果，另一方面也是着眼于未来探讨如何协同，如何激发个体，能积极、主动、有创造性地帮助企业解决成长中的问题。合伙人制的目的也万变不离其宗——以公司文化和事业追求为核心，激发合伙人的个体能力，并强调合伙人之间的协同效应和团队意识，从而使公司整体价值最大化，并以股权等长期激励的方式分享公司长期价值增长所带来的收益。

第九章
绩效反馈——绩效改进从"心"启动

【本章导读】

◆ 员工对绩效反馈有着真实期望

◆ 绩效反馈真正发挥价值的方法

◆ 如何及时处理员工的绩效申诉

在有效的绩效管理体系中，绩效反馈不仅仅是在绩效评估后以固定的周期进行的沟通，而应该是伴随日常工作过程的沟通，不管绩效评估的周期是多长，管理者对员工的反馈应该每天都在进行，时时都在进行，这种反馈必须是长期不间断的行为。

9.1 绩效反馈面临各种困境

很多时候，员工觉得绩效反馈没有用，管理者也觉得没必要进行绩效反馈。一个不好的绩效反馈，会让员工觉得沮丧（因为上级不愿意听自己的想法，而且认为员工做得不够好）、迷茫（不知道下一步该从哪儿去加强努力）、不公平（很努力，但是得不到好的回报）。

1. 管理者畏难

很多时候，管理者是应公司要求来做绩效反馈，一方面是缺乏做反馈的意识，许多管理人员习惯了"纸上"考核，给员工有个评价就好了，不就是为了发奖金吗？反正我反馈与否，奖金都会按照评价结果发放。这种情况下管理者就会草草地按照公司的要求给员工做反馈。在反馈过程中，管理者会告诉员工"你的报告内容不够完整"或者"这个报表做得太糟糕"等，这种无针对性的沟通无法起到应有的作用，员工仍然不知道应该做出怎样的改进。而且这种沟通比较草率，往往是一种形式，蜻蜓点水，不切正题，应付了事。

另一方面，管理者也缺乏应对绩效反馈中出现问题的技巧或者能力，有畏难情绪。主管在平时不注重沟通，对员工的工作缺乏辅导和帮助，只是在绩效反馈时把所有问题都累积到一起与员工秋后算总账。沟通时，管理者不提前准备，在沟通过程中也不注意沟通技巧的把握，这样很容易形成对峙和僵局。对峙和僵局最终也使得管理者不愿意做绩效反馈。

绩效反馈不仅仅是一次沟通就结束了，要有持续性，不仅要关注对结果的反馈，也要关注对过程的反馈，以及对后续跟进或者改进计划的反馈。管理者无感或者畏难就会使绩效反馈流于形式，既增加管理成本，同时也很难达到绩效改善的目的，这样就会形成恶性循环。

2. 员工存在沟通恐惧或者不愿意坦诚沟通

对于员工来说，很多人认为绩效评估是为了评好坏分奖金的，绩效反馈沟通就是为了让员工接受评估结果而找出员工的弱点或不足。在这种情况下，员工很容易存在不安、恐惧甚至抗拒，或者员工认为绩效沟通的目的就是下达任务、监督工作而已。

员工在这种假设和感受下，不愿意积极主动地参与到绩效反馈中来也就属于正常反应了。在绩效反馈中，员工要么保持沉默，老板说啥就是啥；要么就违心地点头，反正都已经确定了，说什么也没用。如果绩效反馈过程中缺乏双向沟通，仅仅是将评估结果告知员工，那么日常工作中的许多问题将不能及时得到解决和达成共识。而且在评估完成时，员工会感到缺乏改进和解释的机会，无形中导致员工对管理者存在心理隔阂，不愿意坦诚地说出心中的想法，进而对以后的工作产生不利影响。

员工自始至终都是绩效管理中的一个重要组成部分，那么我们来看看员工内心对绩效反馈的真实期望：

（1）关于方向和目标

员工希望知道努力的方向在哪里，自己的努力与公司发展的大方向有什么关系，而不只是被动执行。方向和目标能够激发员工完成目标的动力，对于自我成就动机比较强的员工更是如此，他们会自动自发地寻找各种可能性来完成目标。而且让员工参与到方向和目标的讨论中，他们会更有自主性，认同感也会更强。

（2）关注肯定

员工在工作过程中以及达到绩效目标之后，他们希望在绩效反馈中得到及时、明确的肯定与鼓励。中国员工向来"谦逊"而"内敛",不轻易表露其对于赞美与表扬的渴望。然而,从人之本性进行分析,被人欣赏、得到赞扬确实是大多数人内心深层次的需求与期望。"我其实就是想听他那一句话,可惜他到最后都没有说。"不难想象,当一颗心满怀期待却又备遭冷落与忽略后该是何等的失落和沮丧!

（3）关注绩效改善

对于大多数员工而言,尤其是那些绩效水平有待提升且有意愿提升的员工,他们迫切需要从上级那里获得如何改善绩效的相关建议。现实中我们不乏听到这样的埋怨:"劈头盖脸地批了我一大通,我也认了,搞砸了还能不挨批吗？但我做不好你也没提供任何的指导,一句有用的话也没有,说不出个所以然,就会骂人!"诸如此类的反馈不过是将员工当成了情绪的发泄对象,只能徒增员工的不满,除此之外,没有任何意义。

（4）关注下一步的发展

对于绩效优秀的员工,他们更期待绩效反馈能帮助他们进一步提升个人能力,实现职业发展。没有实质内容的反馈对于此类员工而言堪比鸡肋,味同嚼蜡。

显然,员工是带着需求和期待来接受反馈的。作为直接上级如果能够有针对性地满足员工这些需求,那么反馈基本上是成功的,从某种意义上说,这或许才是最大的技巧。

9.2 让绩效反馈真正有价值

绩效管理说到底就是上下级间就如何达成企业希望的业绩效果,从目标设定到达成业绩效果而进行的持续不断的双向沟通的过程,在这一过程中,管理者与被管理者从绩效目标的设定开始,一直到最后的绩效评估,都必须持续不断地沟通和反馈,任何单方面的决定都将影响绩效管理的有效开展,降低绩效管理体系效用的发挥。不懂绩效反馈的管理者不可能拥有一个高绩效的团队,再完美的绩效管理制度都无法弥补管理者和员工之间缺乏沟通带来的消极影响。

对于管理者而言，持续的绩效反馈一方面可以帮助员工在正确的方向上做事情，提升完成绩效的能力，以更好地支撑企业当前和长远的发展，另一方面管理者可以通过反馈沟通全面了解员工的工作情况，掌握工作进展信息，并有针对性地提供相应的辅导、资源，使员工能够掌握评价的依据，有助于管理者客观公正地评价员工的工作绩效，也有助于提高绩效管理的有效性，提高员工的满意度。

对于员工而言，绩效反馈与沟通的意义主要体现在：第一，通过沟通，员工可以在工作过程中不断得到关于自己工作绩效的反馈信息，如客户抱怨、工作不足之处或产品质量等信息，以便不断改进绩效、提高技能；第二，可以帮助员工及时了解组织的目标调整、工作内容和工作重要性发生的变化，便于适时变更个人目标和工作任务等；第三，能够使员工及时得到上司相应的资源支持和帮助，以便更好地达成目标，当环境、任务或者面临的困难发生变化时，员工也不至于处于孤立无援的境地。

表 9-1　　　　　　　　　　绩效反馈的四个层级

反馈层次	内　　容
层次一：反馈的知觉	让反馈的信息清晰，重点明确；对反馈得到的信息进行某种组合和解释，检索出重要信息
层次二：接受反馈	接受信息者认为反馈信息正确地描述了自己的工作情况和成绩，或公正客观地指出了自己工作的不足
层次三：行为意向	"有则改之，无则加勉"。员工根据反馈信息决定是否保持或增强那些被评估为有效的行为，以及是否改变或消除那些被评估为无效或者不良的行为
层次四：意向反思	举一反三，依据对企业理念的理解，遇到未知的事情知道如何判断和行动。如遇到外界情况变化时，能有意识地重新审视和订立自己的新目标，校准工作的努力方向使之与企业的大目标一致

表 9-1 给出了绩效反馈的四个层次。一般而言，做到前三个层次的反馈是管理者容易关注到的，而第四个层次的反馈是最难的，但一旦做到这个层次的反馈，管理者和员工之间，员工和企业之间会形成一种配合的默契，达到事半功倍的效果。要做到这个层次的反馈，关键是不仅要跟员工讨论"是

什么",还要分析"为什么",站在企业和行业的角度、当前和未来的角度,和员工一起分析和讨论。

(1)建立绩效反馈的"常规"

对于管理人员而言,真正的挑战在于如何面对完成任务或者达成目标的日常压力,如何把这些压力传递给团队并变成团队的动力。盖洛普的研究发现,虽然每个优秀的管理人员在做绩效反馈的时候因为风格的不同而各不相同,但是透过纷繁复杂的表面,我们能找到一些共性的"常规"。

第一,简单有效。为了确保沟通的效果,企业一般都会提供表格或者工具以帮助或检查管理者和员工的沟通。对于优秀的管理者,他们更多地掌握的是这些工具的内涵,而不是机械地填写表格。他们会回归到最本质但又最难的问题上来,即"对员工说什么,什么时候说以及怎么说"。

第二,频繁的和经常的沟通反馈。每年一次,每个季度一次与员工讨论绩效和目标是远远不够的。帮助员工成长的秘诀在于细节:他的需求细节、目标细节、个性特长以及明显短板等,这些细节是不可能通过一年一次或者一个季度一次的反馈体现出来的。如果做不到频繁的、面对面的沟通反馈,也可以通过其他不同的形式反馈给员工。这样,员工会对自己成功或者进步、失望或者失败的细节记忆犹新。同时,频繁的反馈可以让大家更实际地来讨论问题,否则等到半年后再讨论就只剩下对感受的讨论了。而且,频繁的反馈使得管理者和员工都有充分的动力来专心、及时地处理各种问题,因为双方都明白,很快就有机会来讨论。

频繁的反馈非常有利于管理者处理业绩欠佳的员工。如果每年一两次的反馈,管理者跟员工反馈业绩不佳就像是丢了一个炸弹,对员工一通批评,员工不接受的时候,你还得到处搜集证据来支持自己的结论,员工也会受到"启发",也找相应的证据来证明不是自己的问题,于是双方开始走向"斗智斗勇"的模式。而如果有频繁的反馈,管理者就能循序渐进地指出员工的薄弱环节,对最近发生的生动例子进行讨论,这种情形下,批评就易于被接受,而且员工也有机会澄清一些事实,便于管理者更加了解实际的情形,这种反馈就会更有成效。

第三,着眼于未来和发展。优秀的管理者通过评估过去的业绩来熟悉员工的风格或者需求，但是不会让反馈沦为秋后算账或者事后诸葛亮的责备。他们更关注的是如何改进，未来还有什么可能做得不一样或者做得更好，他们会花更多的时间来和员工讨论怎么样能把工作做得更好，或者说，为了把工作做得更好，员工需要什么样的提升和进一步的努力。这样的反馈会更有力度，也更有效率，并且会让员工感觉充满了动力。

第四，双向的而非单向的。很多企业忽视员工在反馈中的作用，员工在反馈中是一个被动接受者，等待管理人员宣判自己的绩效结果。有的企业会说我们有员工自我评估，但是员工感受到的是自我评估是为了与经理的评估相对照，这种情况下的自我评估就成了一种谈判工具："自评高分，然后在中间地带妥协"，而不是对自身绩效的真实评价。而对于优秀的管理者，他们会从一开始就让员工参与其中，让员工能跟踪监测自身的绩效和学习以及成长过程。让员工自己制定目标、在完成目标的过程中不断发现和挑战并找到解决问题的办法，用这种方式帮助每个员工对自身的绩效负责。然后，管理者针对目标制定、遇到的挑战及成功经验、完成情况等各个环节与员工一起讨论，鼓励他们自我发现、自我反思，让员工感知到他的行动是如何影响周围的。优秀的管理者相信，在这种情况下，员工会为自己的选择负责，有利于建立员工自己与自己比的氛围，使员工个人能力得到持续成长，而不是仅仅将眼光局限于和别人比，和既定标准比。员工能力的持续增长和团队的成长形成了良好的互动，才能给企业长远的持续发展提供能量。

（2）"立体式"的绩效反馈

上文讲述了有效绩效反馈的"常规"，这部分我们更细致地来分析如何做的问题。笔者期望用"立体式"的绩效反馈来开展这部分的讨论，"立体式"绩效反馈主要体现在内容、形式、时间三个方面。

第一，从内容上讲，"立体式"绩效反馈主要考虑如下几个方面：员工的工作进展情况；员工工作过程中遇到的障碍与问题；如何帮助员工清除工作的障碍；提供员工所需要的专业知识和技能培训；提供必要的资源支持和智力帮助；定期将员工的工作表现反馈给员工，包括正面的和负面的；下一步的工作方向和重点；分析员工的强项和弱项，帮助成长；团队中好的经验的分享；团队中基本的规则细化及强化等。

第二，从形式上讲，"立体式"绩效反馈可以分为正式或非正式形式、书面或会议形式、一对一或团队会议形式。比如，每月或每周同员工进行简短的工作交谈；定期召开工作例会，让每位员工汇报他完成的任务和工作的情况；留意日常的关键事件或数据，书面反馈给员工发现的问题或好的地方；设计各类工作模板，定期按照模板进行简短的书面报告；非正式的沟通；当出现问题，进行专门沟通。

第三，从时机上讲，"立体式"绩效反馈可以是定期的，也可以是以事件引发的。定期的沟通可以根据绩效管理的不同阶段确定沟通的重点，如表 9-2 所示。

表 9-2　　　　　　　　绩效反馈四阶段沟通要点

沟通阶段	沟通要点	沟通方式
目标设定阶段	目标本身、绩效实施措施、目标所需支持	面谈交流
绩效实施阶段	关键节点沟通，员工问题和目标实现手段沟通	多种沟通形式
绩效评估阶段	本次评估结果说明；员工完成/未完成目标分析；下一阶段目标；员工成长提升	三明治沟通法 面谈交流
绩效改进阶段	员工的绩效改进情况以及所需资源	多种沟通形式

除了常规的沟通反馈外，基于事件的沟通反馈应该越来越引起管理者的重视，绩效反馈最关键的作用就是及时发现问题、及时讨论、及时总结和改进。事件可以是员工做得好的事情，也可以是员工做错的事情。在员工表现优秀的时候应给予及时的表扬和鼓励，以扩大正面行为所带来的积极影响，强化员工的积极表现。在员工表现不佳，没有完成好工作的时候，也应及时真诚地指出，提醒员工如何进行调整和改进。

9.3　如何用好绩效面谈工具

之所以把绩效面谈单独作为一个章节来谈，主要原因在于绩效面谈是一种正式地针对评估结果的沟通，在面谈准备和反馈技巧方面的要求更高、更细致全面。可以说，做好绩效面谈所要求的能力比较全面，做好了绩效面谈，能大大提高日常绩效反馈的技巧，使得日常的绩效反馈更得心应手。那么，有哪些绩效面谈的技巧呢？

1. 提前准备

绩效面谈一定要避免本章一开始案例中出现的"临时通知，随便聊聊"的情况，如果是临时通知、随便聊聊，那还不如不谈。毕竟，绩效面谈是一次正式地针对过去一段时间工作效果和成果的回顾，管理者需要在和员工绩效面谈前做好充分的准备。"凡事预则立，不预则废"，如果在面谈前能做好如下充分的准备，就可以很好地驾驭整个反馈面谈过程。

（1）提前约好时间

建议不少于半个小时。要选择大家能静下心来，充分地进行交流，不会受到其他事情的干扰的时间，应当避免以下时间：刚下班、快上班或明显不够的时间段内，星期五、节假日的前一天等。

（2）提前准备好地点

最好是独立的安静的区域。单独的办公室是最理想的地方，办公室的门要能关上，不宜让别人看到里面进行的面谈过程。要布置好面谈的场所，最起码应当保持室内的干净、整齐。

（3）提前准备好沟通的内容和议程

建议把沟通议程也发给员工，让员工提前有准备。沟通内容是准备的重点，管理者要对员工工作做出全面回顾并对下一步发展做出思考。面谈中会谈到的问题需准备相关的资料，尤其是关于员工不足或需要改进部分的讨论内容，需要管理者更认真地准备。

此外，提前了解员工基本情况也很重要，对于不熟悉的员工尤其应该了解员工的基本情况，如之前的工作职责、工作内容、业绩情况等。甚至对于员工的个人情况也应该有基本了解，如员工开始上在职的 MBA 等，了解员工的情况更有利于面谈中的讨论。

2. 面谈中的 BEST 法则

所谓 BEST 法则，是指在进行绩效面谈的时候按照以下步骤进行：Behavior Description（描述行为）；Express Consequence（表达后果）；Solicit Input（征求意见）；Talk About Positive Outcomes（着眼未来）。

BEST 法则又叫"刹车"原理，是指在管理者指出问题所在并描述了问题所带来的后果之后，在征询员工的想法的时候就不要打断员工了，适时地"刹车"，然后以聆听者的姿态听取员工的想法，让员工充分发表自己的见解，发挥员工的积极性，鼓励员工自己寻求解决办法。最后，管理者再做点评总结即可。

3. 面谈中的三明治原理

所谓三明治原理，是指在进行绩效面谈的时候按照以下步骤进行：先表扬特定的成就，给予真心的鼓励；然后提出需要改进的"特定"的行为表现；最后以肯定和支持结束。

三明治原理的作用在于提醒管理者，绩效面谈的作用是帮员工改善绩效，而不是抓住员工的错误和不足不放，因此，表扬优点，指出不足，然后肯定和鼓励才是最佳的面谈路线。

> 最佳实践分享——如何进行一次有效的绩效面谈

A：经典的面谈流程

- 营造一个和谐的气氛：营造和谐的气氛有多种方法，如简短的话外题、递个茶水等都可以化解员工的紧张情绪，拉近距离；
- 说明讨论的内容、希望达成的目的：在说明之后，如果能征求员工是否还有其他希望讨论的内容，会让员工增强参与感；
- 回顾工作完成情况：在回顾时，多听员工说比管理者说的效果要更好；
- 分析成功和失败的原因：以提问的方式进行能启发员工有更多的思考；
- 讨论员工在工作能力上的强项和有待改进的方面：在此可以使用前文介绍的 BEST 法则和三明治原理的沟通办法；
- 讨论下一阶段的工作目标设定：此时应该把员工的发展也一并考虑

进去；

- 讨论需要的支持和资源。

B：不同类型员工的面谈策略和重点

不同类型员工面谈策略和重点应有所区别，按照工作业绩和工作投入度/态度两个维度，我们可以把员工分为如下几种类型：

- 工作业绩好，投入度高，工作态度好

我们称这类员工为业绩优异者，他们是企业的中流砥柱，在面谈的时候应该肯定成绩、给予奖励，而且跟他们一起设定更有挑战性的目标，并为完成目标提供相应的支持和资源，让他们感受到被肯定和被支持，但要避免急于许愿或给予过多承诺。

- 工作业绩不错，投入度和工作态度尚可

我们称这类员工为可靠贡献者，要在肯定他们贡献的同时找到不能让其更投入的原因，激励他们付出更多努力、得到更好业绩。要施加适当压力，让其有动力追求更高的业绩。

- 业绩不好，投入度和态度一般

我们称这类员工为业绩欠佳者，对于这种类型的员工，我们要重申目标的要求并制订绩效改进计划，而且要明确让其感知到问题的严重性，如果再不改进将不适合留在公司。

- 业绩不好，投入度高、态度好

这类员工称为安分守己者，对于这种类型的员工，我们要分析业绩不好的原因是什么，是方法不对还是能力不够？如果方法不对，要帮他们一起找到合适的方法；如果是能力不够，要帮助他们提升能力。但是，坦白说，能力问题并不是一朝一夕就能提升的，在这种情况下，考虑把员工调整到更合适的工作岗位上去更为现实。当然，确实能力提升有难度而且没有合适岗位时，还是要考虑淘汰的。

现实情况中，员工在面谈后的实际感受和管理者希望他们得到的感受会有差异，如表9-3所示。分析会出现这种情况的原因，无外乎是肯定得不够真诚，批评得不够直接。

表 9-3　　　　　　　　　不同类型员工的面谈要点

员工类型	员工实际感受到的	管理者希望员工感受到的
业绩优异者	- 我们很高兴能有你这样的员工 - 我们假定你每年的业绩都很好 - 我们会在系统允许范围内给予你尽可能多的奖励 - 我们依赖你的业绩来弥补其余员工	- 我们希望你乐意在这里工作 - 我们非常感谢所有你做的一切 - 你的薪酬与你的卓越表现相匹配 - 在这家公司，业绩优异会受到嘉奖，而业绩欠佳则会受到处理
可靠贡献者	- 你不是一个有着很高潜质的员工，但是我们依然很重视你，虽然重视程度稍微低一点 - 做好你的本职工作，你并不需要改进或发展	- 绩效表现与发展潜力同样的重要，这两点都是每一名重要成员所应具备的条件 - 我们都须努力，从而领先于我们的竞争对手——"不兴则亡" - 你的贡献对我们至关重要
业绩欠佳者	- "这又是走走过场"（如推出新的绩效管理政策） - 上有政策，下有对策（针对新的流程等）	- 我们可以提供帮助，但是改善你的表现必须由你自己负责 - 如果仍没有实质性改进，这里就不是你应该留下的地方了
安分守己者	- 态度好很重要 - 我只要尽量提高业绩就可以的	- 态度好固然好，但是业绩不好是不行的 - 如果再没有业绩，就会很危险了（要么调岗，要么离开）

真诚的认可不仅表现在言语的认可上，更重要的是让员工知道为什么能做的好，表扬到他真正付出的点上，而且要为其下一步的发展提供切实的支持和资源。有的时候，管理者担心表扬多了员工会飘飘然，后续就不好管了，但是实际上，如果一个员工取得了成就，他更希望得到具体的称赞，比如"在完成这个工作中你放弃了节假日，不放过各种可能性做尝试，这让我和团队特别受触动，而且特别敬佩你的这种执着和投入"，而不是一句泛泛的"你做得不错！"就完事了。

在批评的不够直接方面，很多管理者在和员工面谈时常会出现这样的情况：对员工的缺点不敢谈或不好谈，总觉得谈缺点时放不下面子，所以谈出来的主要是优点，对于缺点则一带而过。这样的面谈看起来气氛不错，双方都觉得愉快，但是结果常常不好。这种面谈的主要问题有：员工受到误导，以为自己表现还可以，今后还可以这样表现下去；当时双方都很愉快，但是，当反映下属真实绩效结果的书面报告出来时，问题就出来了，员工会有委屈和被戏弄的感觉。这样的谈话是不能帮助员工解决问题和改善绩效的。正确的做法应该是：不回避员工的缺点或者问题，要抓住问题的要害，谈清楚产生问题的原因，指出改进的方法，在此应特别注意，当员工对所提出的批评表示不满意时，应允许他们解释。绩效面谈其实也是管理者对有关问题进行深入了解的机会，如果员工的解释是合理可信的，管理者应灵活地对有关评价做出修正；如果员工的解释是不能令人信服的，则应进一步向员工做出说明，通过沟通达成共识。

4. 对棘手面谈情形的建议

面谈过程中会有很多棘手的情形出现，这也是为什么很多管理者不愿意和员工面谈的原因，但是即使不做面谈，这些棘手的情形也不会自然而然地消失，通过面对面的沟通了解到背后的原因才有可能找到解决办法。表 9-4 列举了一些面谈中可能出现的棘手情形并提供了建议。

表 9-4　　　　　　　　　面谈中不同情形处理建议

情　形	建　议
对自己低水平的绩效不愿承担责任，并责怪公司政策和其他员工	（1）耐心地倾听 （2）不要打断员工的谈话，也不要与他们争吵，要找出他们会责怪别人的原因然后争取员工的合作，把话题转向纠正问题的方向，每当员工向承担责任的方向迈进一步时都要表示肯定 （3）密切地跟进员工的表现，并且在不久后安排一次回顾，看看员工的观点是否有些改变
不同意你的评估，而且提供了确切的材料来反驳你	仔细地倾听员工的反馈，然后表明你会重新检查手头的资料。如果发现员工的信息比你手上的信息更可靠，这时你就需要相应调整自己的立场。如果你确信员工的信息是无效或不相关的，你就需要坚持自己的立场并解释你的观点
一言不发地接受了评估结果，心里想着回去就找新的机会	通过提问来鼓励他们参与谈话，让员工建议一些对他们有利的活动，并根据实际情况有选择地对活动提供支持
对新设定的目标不认同，觉得挑战太大	要听听员工担心的原因，在听的过程中，通过提问把目标设定的逻辑沟通清楚，在逻辑和方法层面达成共识后再推演目标设定得是否合理

面谈中的棘手情形只是一个表象，作为管理者要学会透过现象看本质，关于这方面更多的技巧将在绩效教练一章中详细讨论。

9.4　及时有效处理绩效申诉

按一般看法，绩效申诉是为员工服务的，用于解决员工认为评估不公正的问题。但是，从某种程度上讲，绩效申诉是整个企业绩效管理体系的校正机制。

一个组织在实施绩效管理时应当同时建立一套正式的员工申诉程序，从而使员工在对绩效评估结果感到不满时可以向相关人员或部门提出申诉。建立正式的绩效申诉程序，一方面，可以在考核误差出现后提供一种纠偏的渠道，从而预防绩效考核误差被带入后续的其他人力资源决策，如加薪、晋升等，从而造成更大的不公正；另一方面，这种纠错政策、申诉程序的存在本身也提示考核者，组织是非常重视绩效考核的公平性和准确性的，因此应当严谨、公平、公正地对待考核工作。通过员工对绩效评估和考核的反馈来审视绩效管理体系中存在的问题，这是保持绩效管理体系活力的有效方法。

对于员工而言，绩效申诉使员工知道自己可以通过平和的、正常的方法就绩效问题进行沟通和处理，而无须担心被卷入任何报复性或者政治性的事件当中。这种氛围无形中促使管理者尽可能以公正的方式做出评价，并与员工进行积极的沟通。

当然，也有的管理者会质疑绩效申诉给管理工作带来了麻烦，挑战了公司管理的权威，是对员工的一种纵容。但是，如果没有申诉就代表没有问题了吗？申诉是给员工提供正常表达绩效问题的途径，没有申诉不代表就没有问题，而有可能是员工不敢说或者不愿多说，这对公司的长远发展是一种隐患。而且，在目前的法律环境下，如果公司内部没有通道可以让员工来申诉，员工会通过法律途径提起诉讼，届时，对于企业来说就不仅仅是人力和精力投入的问题，更有可能影响企业的形象和声誉。

企业开通申诉渠道防范绩效管理过程中的"暗箱操作"，从整个绩效管理的角度来看，有效启动员工的申诉机制是绩效考核不可或缺的环节。它对考评者给予了必要的约束和压力，有利于规避个别管理者不公正对待员工的风险，大大减少内部矛盾和冲突，促进绩效考评健康推进。

绩效申诉，也是对绩效实施过程中产生的不足做出有效补充和完善，利用好这一工具会彰显绩效管理的力量。所以，有申诉的通道、恰当处理员工的申诉不仅能帮助管理者反思管理中存在的问题，而且可以增进企业与员工之间的沟通互动，促进管理者能力的提升，推动公司的管理体系不断改进和完善。

（1）处理绩效申诉的组织保证

到底谁来处理来自员工的绩效申诉？面对绩效申诉，有些公司会出现人力资源部不接招的情况，因为他们觉得绩效主体是各部门，绩效评估的负责人也是各部门主管，绩效沟通出现的问题也该是他们自己解决。但是处理申诉需要一个客观、中立的第三方，如果把申诉的处理权交给部门自己，员工会因为怕被领导穿小鞋而不敢申诉。这种情况下，虽然没有公开的申诉，但私下的牢骚、怪话并不少。也许用不了多久，员工就会选择离开或者诉诸法律渠道解决，这不该是绩效管理的目的所在。所以，在面对申诉时，人力资源部门作为客观中立的第三方需要首先接招。

（2）处理申诉的一般程序

第一，接招。在面对申诉时人力资源部首先要接招，如"你把你的想法好好跟我说下吧"，"可能你们主管的想法没有及时跟你沟通或者让你理解，我帮你先仔细了解了解，然后回复你"，这样既安抚了员工，又给自己争取了做事的空间，缓解了该员工与主管之间的紧张气氛。

第二，了解情况调查事实。这个环节要掌握技巧，一般情况下建议先侧面了解信息。比如，和员工上级沟通的时候不要就此次申诉论事，而是学会假借事情进行了解，可以先从部门绩效谈起，再挑重点员工咨询情况，了解该员工最近的工作状态和主管对此人本考核周期的评定等。除了员工的上级，还要通过其他相关人员了解信息。处于保护员工的立场，先不把员工暴露出来，以避免不必要的误解。当然，如果不暴露员工不能了解真相的情况下，就需要坦诚地把事实说出来。

第三，确定真相并给出建议的解决方案。如果确实属于员工的上级评估有误，要尽快调整，而且要针对调整后的结果与员工沟通清楚；如果属于员工的理解偏差也要跟员工沟通清楚。

以笔者对很多申诉的处理经验来看，相当一部分绩效申诉是由于沟通不当、信息不对称所致。比如，对绩效指标统计结果有异议，自己统计的要比公司公布的要高；对定性评估不满，觉得不应该这么低分，怀疑是上级故意报复；内部对比后觉得不公平，为什么自己做得比别人好，评估成绩却不如别人。这往往也是信息不对称所致，人们往往只看到自己做得好的方面，而看到别人的不足之处，只要把别人做得好的方面拿出来，看数据、摆事实、讲道理，经过客观公正的对比后，员工全面并详细地了解到与别人的真实差距后一般就无话可说了。这其实从一个侧面反映出在实际的工作中，很多的管理者在绩效反馈上投入的时间不够，并没有和员工进行深入透彻的沟通。

从员工角度看，申诉结果并非一定同意他的诉求才满意。如果经调查申诉证明员工理由不充分，但给了个交代、说明了情况，绝大多数员工还是可以理解的。只要他表达了意见，得到了尊重，问题就解决了一半。对于经过调查证明申诉的诉求不合理但是员工依然坚持的情况，企业也要坚持原则，不能因为怕麻烦或者为了省心就满足了员工的诉求，这样做的危害更大，不仅打击了管理者，更可怕的是传递了一种信号："只要坚持要求，公司怕麻烦会满足你的。"无论是当前还是长远来看，这对于企业都是有百害而无一利的。

💡 最佳管理实践分享

- 员工作为积极参与者和被动旁观者的效果有着天壤之别；
- 基于实施简单、互动频繁、立足未来和发展、自我监测和反省的绩效反馈更有价值；
- 非正式的、基于细节的及时反馈和沟通，更能帮助员工发现问题、调整方向、提升自我；
- 正式的反馈和面谈，需要发挥的是与员工一起总结、复盘、展望、规划的作用。正式与非正式反馈的结合应该是绩效管理的一种"常规"；
- 处理棘手的问题，坚持最基本的理念比一味的妥协更能带来长远的收益。

第十章

绩效评估结果——对应奖惩的艺术

【本章导读】

- 绩效评估结果与薪酬管理
- 绩效评估结果与培训开发
- 绩效评估结果与招聘关系
- 绩效评估结果与人才发展
- 绩效评估结果与绩效改进

如果我们把整个绩效管理按照目标管理、行为管理和动力管理来区分的话，目标管理指的是如何使得组织中的每个人知晓理解组织目标，明确方向；行为管理也可以叫作过程管理，指的是如何通过流程、体系来使得组织中的行为保证目标的达成；而动力管理是整个绩效管理体系最容易被忽视，也最难做好的部分，所谓动力管理，指的是要确保组织目标赖以达成的，个人有意愿有能力去达成目标。而绩效评估结果如何应用，是绩效管理中动力管理的主要内容。

绩效评估结果的应用，最主要的目的是通过对阶段性结果的评估、检视，发现需要绩效改进的地方，能让组织中的个人具备更好的完成绩效的意愿和能力。

绩效评估结果的应用是最显性的能被组织中的每个员工感受到，所以，绩效评估结果是否能得到合理有效的应用，对于一个组织是否能形成绩效精神至关重要。

在日常的管理中，绩效评估的结果应用可以通过如下几个方面来进行检视：

• 是否整体提高了组织的业绩表现

不同企业对业绩定义不同，这里我们可以以平衡计分卡的四个维度去分析，即财务、客户、运营、学习与成长四个方面。企业的业务增长了吗？市场占有率提高了吗？利润增加了吗？客户满意度提高了吗？运营的更加顺畅了吗？工作效率更高了吗？员工能力更强了吗？内部满意度更高了吗？

• 是否提高了绩优员工的积极性

绩效管理的核心目的之一就是激励人，那么那些在企业中能够创造佳绩的人员是否得到了更多的认可，企业的士气是否高涨。

• 是否促进组织资源最优化配置，是否提升了组织运行效率管理模式没有天生就是完美无缺的，如企业管理系统最高效的是垂直管理系统，一个员工只有一个上级。但其固有的问题是横向协调非常困难，部门之间各自为政现象严重，建立了绩效管理体系，也要考虑是否通过共同承担目标责任，使部门之间的协作更加富有成效。

- 是否实现了员工能力的提升，是否促进了组织的绩效文化

绩效管理最重要在于建立绩效文化，多劳多得，业绩结果导向，对绩效提出高标准而不是既定标准。是否组织更加尊重优秀人才，真正实现良币驱除劣币而不是劣币驱除良币。

10.1 绩效考核与薪酬管理

1. 绩效评估结果在薪酬管理中的应用

绩效评估结果在薪酬管理中的作用是很多企业的常见应用，而薪酬管理又是一个专门的大课题，很难通过一个章节给出全貌，所以，在绩效管理主题下，笔者主要论述薪酬调整和奖金等实务操作技术方面的内容。

薪酬管理是指企业在经营战略和发展规划的指导下，综合考虑外部各种因素的影响，对员工薪酬支付原则、薪酬策略、薪酬水平、薪酬结构、薪酬构成进行确定、分配和调整的动态管理过程。因为本书并不是专门讲薪酬管理的，而且绩效管理离不开薪酬管理，所以，在此简要讲解薪酬管理的基本要点。

在此，我们需要提到一个概念，即总体回报（Total Rewards），总体回报中包括直接或间接的货币形式，如工资、奖金，也包括非货币形式的报酬，如培训、工作环境等，是企业给他的东西之一，也是对他的回报之一。所以从价值的角度来讲，钱是价值的一种形式，培训、工作环境、职业发展等也是员工认同的有价值的另外一种东西，把这些放在一起，就叫作总体回报。这些也都是企业为员工付出的费用，是企业给员工提供价值的所有形式的总和，如图10-1所示。

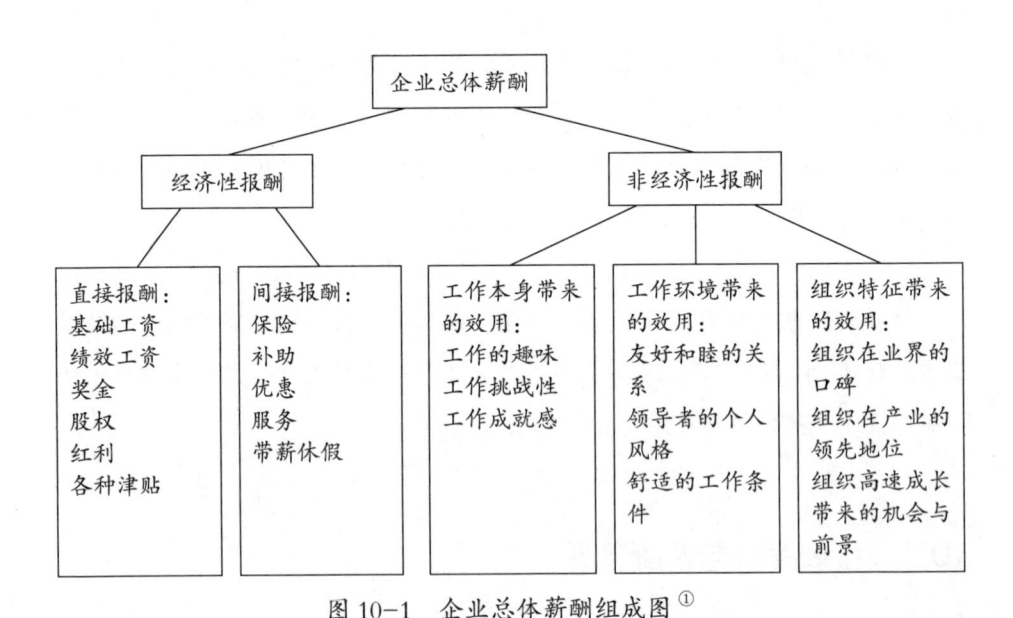

```
                      企业总体薪酬
                     /            \
              经济性报酬           非经济性报酬
              /      \            /    |     \
```

直接报酬：	间接报酬：	工作本身带来	工作环境带来	组织特征带来
基础工资	保险	的效用：	的效用：	的效用：
绩效工资	补助	工作的趣味	友好和睦的关	组织在业界的
奖金	优惠	工作挑战性	系	口碑
股权	服务	工作成就感	领导者的个人	组织在产业的
红利	带薪休假		风格	领先地位
各种津贴			舒适的工作条	组织高速成长
			件	带来的机会与
				前景

图 10-1　企业总体薪酬组成图[①]

所以，在薪酬管理的时候，不仅仅要看货币形式的报酬，也要看非货币形式的报酬。薪资福利某种程度上可以作为绩效导向的风向标，如果企业把提供的东西跟绩效联系起来，就能起到积极作用。企业给员工提供职业发展的机会，工作业绩突出的、表现好的人得到的发展机会和培训就多。企业不仅把业务成本花在业务上，而且还把业务成本花在员工的激励上。要给员工开一个清单，提供的一揽子待遇都包括哪些东西，如职业发展，可以很明确地跟员工讲，在企业里工作两年至三年以后就会得到什么样的发展机会，员工会很受激励。

在绩效评估结果应用到薪酬机制的过程中，要注意以下的一些问题：

- 员工必须认为报酬是有价值的，符合所期望的；
- 报酬必须与工作的所有重要方面联系起来；
- 员工必须看到绩效评估结果是和报酬联系在一起的，也就是有关薪酬激励计划应当公开而且容易理解；
- 员工必须知道报酬量与他们的努力付出是相称的；
- 在期望的绩效目标实现时，必须立刻把钱付给员工，不要失约。

---

① 彭剑峰：《人力资源管理概论》，复旦大学出版社 2005 年版。

2. 绩效评估结果在薪酬调整中的应用

绩效评估结果是很多企业在做薪酬调整的时候一个重点的参考因素，这部分笔者会结合企业在实际操作中的做法来谈。

图 10-2 是企业在做年度调薪时的一个通用基本框架，与其说是年度调薪，不如说是基于绩效的薪酬回顾更合适。

- **年度薪酬回顾的类别和参与资格**
（确定包括薪酬的哪些部分，是现金薪酬，还是包括长期激励部分；有资格参与调薪的员工的界定）
- **薪酬回顾的预算**（总体预算，以及细分到各个部门的预算）
- **调薪原则**（体现要求和导向，如不能超预算，向绩效好的员工倾斜等）
- **调薪参考二维表**
（决定员工具体调薪幅度时参考的因素是什么，与绩效相关性高）
- **特殊情况处理**
（对实际操作中可能存在同时有晋升、跨部门调动等情况时的处理办法）
- **流程**
- **时间表**
- **HR 角色**
- **附：薪酬调整沟通指导**
（主要是给管理者的提醒，在与员工进行薪酬调整沟通时的参考）

薪酬回顾基本原则：
（1）预算内调整；
（2）重点关注高绩效、骨干员工，以及薪酬现状偏低的员工，绩效不符合的员工不调整或小幅度调整（有淘汰计划的不要调整）；
（3）调薪幅度不超过 30%；
（4）新晋升员工参照薪酬范围的中低端付薪（CR 不超出 1）；
（5）试用期员工建议不调整，入职不满一年的员工应酌情降低调整比例。
注：Compa Ratio（CR）：员工薪酬水平和该职位薪酬结构中值的比率，CR<1 则员工薪酬水平低于结构中值，CR>1 则员工薪酬水平高于结构中值。

图 10-2　年度调薪通用框架图

在对上述框架有了整体认知后，我们主要来谈其中和绩效评估结果有关的内容：

- 关于参与资格的确定

在这部分企业一般都会界定，一定绩效以上才享有参与调薪的资格。对于五档制评分的公司，假定从高到低分为1、2、3、4、5，而3为满足绩效要求，则大部分的企业在操作时会以满足绩效要求为界限，以上的参与调薪，以下的不参与调薪。当预算紧张时，可能取的线也会相应提升，如只有1和2享有参与调薪的资格。在这个方面绩效评估结果发挥的是筛子的作用。

- 关于原则

该部分主要涉及年度薪酬回顾的基本原则，包括关于预算使用的原则、使用对象的原则、调整幅度的原则等。

3. 关于调薪参考的二维表

所谓二维表，指的是在调薪的时候参考的两个维度，通常而言，常见的参考维度：一是薪酬现状（以CR值来体现），二是绩效。一般情况下，会给出每种组合下的参考调整范围。我们以表10-1为例来做个说明。

表10-1　　　　　　　　　　　　调薪二维表

TTC[①] CR	1	2	3	4
≥1.4	2%—4%	0%—3%	0.0%	0.0%
(1.2, 1.4)	6%—8%	5%—7%	3%—5%	0.0%
(1, 1.2)	12%—15%	10%—12%	8%—10%	0.0%
(0.8, 1)	15%—18%	12%—15%	10%—12%	0%—2%
(0.6, 0.8)	18%—22%	15%—18%	12%—15%	2%—4%
<0.6	22%—27%	18%—22%	15%—18%	4%—6%

绩效等级

---

① TTC（Total Target Cash）：目标现金总收入，是基薪与目标奖金之和。基薪（Base Salary），每一固定付薪期间所获得的固定报酬；目标奖金（Target Bonus），即公司和个人100%完成任务时可获得的奖金。而实际奖金将基于目标奖金，根据公司、部门和个人业绩等因素进行浮动和计算。举个例子，一个员工月薪10000元，全年有相当于两个月月薪的目标奖金，则该员工的全年TTC为10000*12+10000*2=140000元。

如上表所示，绩效等级 3 为绩效符合要求，绩效 1 为最好，4 为不完全符合要求。当一个绩效符合要求的人的薪酬在同级别中居于 1 的点为参考调整比例，8% 则可以根据该点来确定其他组合下的调薪参考比例，如绩效为 1，但是 CR 值只是 0.8 的情况下，调薪的幅度可达 18%—22%；而绩效为 4，同样 CR 为 0.8 的情况下，调薪幅度可能只是 2%—4%。当同样为绩效 1，如果 CR 已经在 1.4 了，那么调薪的建议也就是 2%—4%。

当然，确定各个组合的比例，是要参考市场情况，在总体预算的情况下调整出来的。

- 调薪沟通

做完调薪并不意味着就结束了，很多时候因为忽视了沟通，使得调薪的效果大打折扣。对于不同绩效的员工，沟通的重点也应该有所不同，具体如表 10-2 所示。

表 10-2　　　　　　　　　　　调薪沟通要点

情　形	沟通要点
1. 高绩效高调薪幅度的员工	充分认可员工的绩效和贡献，向员工确认他们获得了高比例的薪酬调整，并告知明确的调整幅度，以及充分说明该幅度的意义； 倾听员工的发展诉求，探讨业务未来发展，结合未来工作需要激发优秀员工超越自我继续提升
2. 一般绩效一般调薪幅度的员工	告知员工薪酬调整幅度及调整理由； 认可员工做得好的方面； 同时给予有待提升方面的反馈，结合绩效和员工共同探讨如何把工作做得更好，结合业务发展的需要，向员工明确未来职位的期待和要求； 倾听员工的想法和需求，为员工提供持续提升绩效所需的资源
3. 低绩效低调薪幅度的员工	告知员工的调整结果； 结合员工的绩效客观阐述薪酬未增长/低增长的原因； 倾听员工的需求，和员工共同制订可行的提升计划，并向员工传递愿意提供辅导和帮助的意愿

在调薪沟通时，要有准备，有针对性，联系业绩，避免情绪化、辩论、攀比、打击，坦诚面对和解答员工问题，不找公司或 HR 等其他托词应付，如不是我不想给你调，是公司不给我预算或 HR 定的政策不允许给你涨薪等。

4. 绩效评估结果与资金

很多公司根据绩效评估结果发放奖金，但是在最后发奖金的时候才发现依据评估结果发奖金并没有起到激励员工的效果，甚至会出现负激励的情况。究其原因并不是奖金发放本身的问题，而是考核方案的问题。在绩效评估结果应用与奖金发放时经常遇到的挑战会是：

- 依据制订的考核方案算出来的奖金并不能激励到应该激励的人，这就说明了不知道到底要奖励的是什么，也许是没想清楚，也许是环境不明确根本就说不清楚。

比如在公司重点看利润达成情况，而实际上制订的考核方案是奖金依据收入完成情况计算。到底是看利润还是收入？在这种情况下依据考核结果分配的奖金，也就不知道奖励的是不是自己想要的了。

- 奖金在不同团队或者不同人之间的分配原则不清晰，知道什么该奖励，但是奖励多少合适呢？不少企业是把奖金分配给各个部门，由各个部门的负责人再在团队中进行分配，分配原则不清晰，依赖少数人的评议决定分给每个人多少。这种情况下，不同团队的分配原则可能不同，每个团队的分配导向也不清晰，到员工处的理解就成为老板看着谁顺眼谁就分得多，所以，大家开始争相刷存在感。

总结而言，就是发给谁、发多少的问题。考虑到本章节是基于绩效评估结果应用而做的讨论，奖金分配绝不是一个独立的环节，为了分奖金而奖金的效果往往不尽人意，奖金分配属于整个价值创造、价值评价和价值分配链条中的一个环节，必须与前两个环节紧密结合才可能有好的奖金分配。

如果我们用做馅饼来比喻的话，那么价值创造解决的是做馅饼的原料和如何将馅饼做大的问题，价值评价解决的是馅饼的切法问题，那么价值分配解决的就是切好的馅饼如何分配出去的问题。我们从如下几个方面来加以讨论。

（1）奖金前置因素

从宏观的角度看，员工必须有能力创造更高的业绩水平，工作绩效在员工的努力下能产生差异，而且产生的差异是易见和明显的。也就是说对于不能产生明显差异的工作设计，奖金就很难起到作用。奖金计划必须与产出性质匹配，是以个人产出为主还是集体产出为主，如果以团队奖金计划来激励个人产出为主的工作显然是事倍功半的，相反亦是。

从微观上讲，资金数量主要指与绩效结果挂钩的奖金的数量：即现金报酬的多少比例与绩效结果挂钩。现金薪酬的 Pay Mix（薪酬组合），我们可以简化理解为 Base Pay（基本薪酬）与 Variable Pay（可变薪酬，即与业绩挂钩的报酬，在此可理解为奖金）的比例关系，如果一个人的全部现金报酬为 100%，Base Pay 占 60%，Variable Pay 占 40%，则 Pay Mix 为 6：4。

Pay Mix 与岗位密切相关，一般而言，岗位对业绩影响越直接，可变薪酬占比越高，如销售类的岗位可变薪酬占比要比研发类岗位高，市场上销售类岗位的 Pay Mix 从 2：8 到 7：3 不等，也就是可变薪酬占比相对都会高一些，而研发类岗位一般都是 8：2 或者 9：1，可变薪酬占比比较低。职位级别越高，可变薪酬占比越高，如公司高管的可变薪酬占比要比普通员工的占比高，一个高管可能大部分的报酬是根据公司的整体业绩达成情况而定的，而一个普通员工则相反。

（2）奖金来源与奖金的预算

一般而言，奖金有几种来源，一种是按照各类岗位的 Pay Mix 中的可变报酬额计算奖金池子，如研发类岗位的 Pay Mix 为 8：2，即 12 个月的基本工资加上相当于 3 个月基本工资的目标奖金，则研发类员工的奖金池子为所有人的 3 个月基本工资之和。另一种是与企业经营完成情况结合，按照企业利润相关指标完成情况提取一定比例作为奖金，如企业利润完成超过 1000 万元，则超出部分提取 20% 作为奖金；还有一种是针对特定目的专门拿出一部分预算用于奖励，如鼓励节约成本、鼓励重大创新等。

（3）奖金分配

奖金如何在个人或团队中进行分配，常见的有如下两种方式：

第一种，奖金直接与个人绩效评估结果对应进行分配，即依据不同的绩效评估结果对应不同的奖金系数，如表 10-3 所示。

表 10-3　　　　　　　　　　　绩效与奖金分配

绩效等级	人员占比	奖金系数
极其优秀	0%—5%	1.5—2

续表

绩效等级	人员占比	奖金系数
超出期望	0%—10%	1—1.5
满足期望	80%	0.8—1
部分满足期望	5%—10%	0.5
不满意	0%—8%	0

假如,员工A的绩效为极其优秀,奖金系数为2,目标奖金相当于3个月的月基本工资,则该员工可以拿到2*3=6个月工资的奖金。

当然,有的公司还会考虑公司的业绩,会在此基础上考虑公司的业绩系数。这又有两种方法,一种方法是直接乘以公司系数,即个人奖金 = 个人目标奖金 * 个人绩效对应的奖金系数 * 公司整体业绩系数;另一种方法是分不同的权重,如个人奖金 = 个人目标奖金 * 个人绩效对应的奖金系数 * 个人权重 + 个人目标奖金 * 公司业绩奖金系数 * 公司权重,个人权重和公司权重之和为100%。

第二种,奖金先在团队间进行分配,然后再依据个人绩效进行分配。这中间又包含两种形式——完全分配和不完全分配,完全分配是将企业计提的奖金总额在团队与员工中进行彻底划分,一分不剩;而不完全分配是在控制奖金总量的情况下,在团队与员工之间依考核等级进行层次分配,奖金存在一定剩余。

10.2 绩效考核与培训开发

松下幸之助曾说,培训很贵,但不培训更贵。表面上看培训是花了很多钱,但是如果你不培训,所支付的成本可能会更大。企业重视培训,是一个大的趋势,而且这对企业竞争优势的提高具有非常好的战略意义。当然培训也不一定是越多越好,因为它是一把双刃剑,盲目地做很多培训,很可能对员工的能力没有什么效率,对于企业的发展也没什么效率。钱花了,但是并没有效果。

实际在培训和发展的工作中,为了培训而培训,为了学习而学习的情况并不少见。为什么而学习?学什么东西?培训是基于什么?希望达到什么样的效果?而且如何评价培训是否达到效果了?如果对这些问题思考不够,做的事情对于改善工作业绩就没有什么作用，对于提高企业的竞争优势也没有任何效果，既浪费了钱财，又浪费了时间，可能还会影响工作。

企业建立绩效管理体系，除了要区分出员工绩效的优劣之外，还有一个很重要的功能就是通过分析绩效评估的结果来提升员工的技能和能力。培训的一个主要出发点就是员工绩效不良或者绩效低于标准要求，也就是说当员工的现有绩效评估结果和企业对他们的期望绩效之间存在差距时，管理者就要考虑是否可以通过培训来改善员工的绩效水平。这时就需要对绩效较差的员工进行分析，如果员工仅仅是缺乏完成工作所必需的技能和知识，那么就需要对他们进行培训。除了可以通过绩效评估衡量员工的绩效业绩外，也可以利用绩效评估的信息来对员工能力进行开发。绩效评价系统必须能够向员工提供关于他们所存在的绩效问题，以及可以被用来改善这些绩效问题的方法等方面的一些信息，其中包括使员工清楚地理解他们当前的绩效与期望绩效之间所存在的差异，帮助他们找到造成差异的原因以及制订改善绩效的行动计划。

清楚了绩效管理体系与员工培训和发展之间的关系之后，管理者以及培训工作负责人，在进行培训需求分析时，应把绩效评估的结果以及相关记录，作为一个重要材料进行深入研究，从中发现员工表现和能力与所在职位要求的差距，进而判断是否需要培训，需要什么方面的培训。

员工培训是企业根据组织或个人的实际工作需要，为提高员工专业技能、知识素养、管理能力，并最终提高员工现在或将来的工作绩效而进行的有计划、有组织的培养和训练活动。绩效评估结果主要应用于员工培训中的培训需求分析和培训规划。

培训需求分析主要包括以下内容：

- 分析组织整体和各部门、各岗位的培训需求及各类员工的个人学习需求；
- 分析组织战略目标与组织绩效状况之间的差距，以及员工绩效目标与员工现有绩效状况之间的差距；
- 根据组织和个人之间的绩效差距，分析哪些员工需要培训及培训内容。

绩效差距分析法是一种被广泛采用、非常有效的培训需求分析方法。绩效差距分析法，也称为问题分析法，就是把绩效考评的结果与绩效的标准和目标进行对比，分析绩效结果与绩效标准之间存在差距的原因：是不能做还是不想做？然后进一步分析知识、能力和行为改善方面存在的差距程度，最后确定培训的具体选择——培训的内容、类型和方法。传统上，绩效差距分析侧重于考查实际绩效与绩效指标之间的差距，现代培训需求分析的重点是考查未来组织战略目标和绩效需求与现实绩效考评结果之间的差距。因此，绩效差距分析应将组织战略目标、绩效考评结果、员工培训三者紧密结合起来。

绩效差距分析主要集中在个体绩效问题而不是组织系统问题，其推动力在于解决绩效问题而不是系统分析；重点分析员工绩效差距产生的原因而不是问题的后果，因为这直接关系到培训能否解决实际绩效问题。原因分析实际上就是搞清"不能做"和"不想做"的问题，当然，更进一步的原因可能来自组织，也可能来自个人，培训需求分析中主要是了解来自个体方面的原因，了解员工的知识技能、工作能力、工作方法、工作态度以及工作认识方面的不足或薄弱环节，了解员工是否有通过培训提高其能力和绩效的潜力。如果差距是来自组织或个人其他方面的原因，如工作设计不合理、薪酬设计不合理、绩效标准定得太高、工作过程中组织没有提供必需的条件和支持、激励手段运用不当、人际关系矛盾等，那么这种难题就不是仅靠培训可以解决的。

根据绩效差距分析，培训经理和直线经理通过充分协商，结合企业最需要的能力提升领域，制定出一份详细的员工培训规划，针对不同的需求采取不同的培训方法和培训内容，才有可能是有效的培训。

一般情况下，培训效果评估常用的方法就是柯氏四级评估（见表10-4），即感觉评估、学习评估、行为评估、绩效评估。

表10-4　　　　　　　　　　柯氏司机评估

柯氏四级评估	衡量要点	操作模式
感觉评估 （一级评估）	学员对培训的直观感受	课程后问卷调查
学习评估 （二级评估）	对课程知识的掌握情况	针对课程内容的试题

续表

柯氏四级评估	衡量要点	操作模式
行为评估 （三级评估）	和培训之前相比，相应的行为改善程度	操作模式多样，如设计专业的行为评测工具，让学员上级、同事进行填写，针对销售人员采取神秘顾客的形式等
绩效评估 （四级评估）	培训对学员最终业绩的影响程度	很难设计一种方式，精确评估员工绩效变动和培训之间的关系。一般采用设置参照组法

以上四种方式是从评估的内容角度说的，这种方法也是公认的成熟体系。事实上，对评估体系的探讨一直都在进行。四级评估出现后，就有人提出通过课前与课后学员的自我认知来考评、课前与课后讲师对学员能力的把握来评价等，但这些方法事实上也都没有超出四级评估的范畴。

培训是否有效果，终极目标是能够改善员工的行为，进而影响员工的绩效。如果一个培训有较好的课程满意度，而对学员的行为影响不大，那么我们仍然认为培训是缺乏效果的。培训核心价值的产生遵循一定的流程：获得知识→行为改变→养成习惯→绩效改善。企业投入之后需要看到利润，培训工作的评判也要从这个角度出发。然而，从员工行为变化的体系来看，通过培训来改善绩效几乎是不可能实现的目标。所以，这里所指的培训应该是更广义的培训，从机制和体系上，使得一个员工从想做（培训需求提出）→会做（培训中）→实做（培训之后的运用）→乐做（养成习惯）成为一个环环相扣的过程。在这个过程中，从"实际去做"到"乐于去做"的环节最重要，在培训结束后的实际工作中，就需要培训负责人能有效让员工的上级参与，不仅知道自己的下属在学什么，而且知道如何进行后续的辅导与管理，从而化解员工培训所学与实际工作中面临情况之间的落差，让员工能享受成长突破的满足与成就感。

10.3 绩效考核与招聘

很多时候，经过一段时间之后的绩效评估，企业能看到胜任一个岗位的人需要具备什么样的条件，无论是从外部招聘还是从内部选拔，都会有比较清晰和真实的参考。在招聘中的主要应用，可以重点关注两个方面：

（1）在招聘面试环节的应用

在招聘面试环节，要关注候选人在上一家公司的绩效表现，该候选人在上一家公司的绩效评估结果即是一个很好的参考。但是这并不意味着只知道简单的绩效评估结果就可以了，因为每家公司的绩效管理体系不同，绩效评价的标准也不同。面试官不仅需要了解具体的绩效评估结果，而且要知道是在什么评价体系以及什么样的评价标准下的评估结果，从而判断该绩效评估结果在评判一个人的时候的应用程度和可参考程度。

（2）在试用期管理中的应用

试用期在企业的用工管理过程中起着举足轻重的作用，"试用"是使某人受到一段时期的检验或试工以便能确定这人是否适合于做某事，"试用期"指在正式使用之前的应用期间，看是否合适。试用期虽然包括在劳动合同期限内，但劳动关系还处于非正式状态，用人单位对劳动者是否合格进行考核，劳动者对用人单位是否符合自己要求也进行考核的期限，这是一种双方双向选择的表现。无论是《劳动法》还是《劳动合同法》都规定，对"试用期内被证明不符合录用条件的"员工，企业可以单方解除劳动合同。这是法律赋予用人单位的，专属于试用期内的劳动合同单方解除权。企业在试用期内的单方解除权具备如下优势：

- **可随时行使解除权，无提前通知义务**。试用期内，企业行使上述单方解除权，不需要提前三十天书面通知劳动者，在行使解除权的条件成就时，可随时单方解除劳动合同。
- **无须支付任何经济成本**。《劳动合同法》第40条、第46条规定了企业单方解除劳动合同时的"代通知金"及经济补偿义务，但是该两条规定均排除了上述企业试用期内的单方解除权的行使。
- **可排除禁止解除条款的适用**。职业病、工伤、女性"三期"（孕期、产期、哺乳期）等情形下的劳动者，是法律保护的重点，对存在类似情形的劳动者，法律一般都禁止企业行使劳动合同的单方解除权。对此，《劳动合同法》第42条也有明确规定。即便如此，这种禁止性条款，也仍然把试用期内企业行使上述单方解除权的情形排除在外了。因此，即便是劳动者存在《劳动合同法》第42条规定的情形，但只要企业证明其在试用期内不符合录用条件的话，仍然可以单方解除劳动合同，且无须支付任何经济补偿。

所以，有效设定试用期的绩效考核内容以及评估标准，并依据最后的评估标准确定是否形成正式长期的雇佣关系就显得非常必要和重要了。

10.4 绩效考核与人才发展

人员调配不仅包括纵向的升迁或者降职，还包括横向的工作轮换。在这里，我们借助九宫格来看绩效评估结果在人员调配中的应用。九宫格作为人才管理的常用工具，绩效是其中不可或缺的一个维度，九宫格将绩效与能力（也有的企业根据自己的需求用价值观或者潜力替代能力维度）作为两个维度来看人才的管理，如图10-3所示。

能力或潜力	低 绩效	中	高
高	有欠缺者（7） 暂停加薪及晋升 明确绩效要求 转换岗位给予二次机会	中坚力量（4） 奖励：调薪及奖金 鼓励：争取更好的绩效 机会：具备晋升条件	最佳者（1） 优先考虑各种晋升和挑战性的工作机会和奖励 规划多重快速发展步骤 确保有竞争力的薪酬
中	有问题者（8） 停止一切机会与奖励 在绩效方面严格要求并要求改进 进入观察期，考虑下一步如何处理	表现尚可（5） 提出绩效要求 培训提高能力/技能	中坚力量（2） 进入下一个发展机会
低	失败者（9） 淘汰出局	待提升者（6） 保留原位	待提升者（3） 要求提高能力和技能 参加培训及学习

图10-3 九宫格

处于九宫格不同的位置，相应的管理措施也不一样，如图10-3所示。如果晋升，优先考虑的是处于九宫格中位置（1）的员工，其次是（4）和（2）的员工，处于（1）、（2）、（4）位置的员工，还要考虑横向的轮岗，以给他们更多的发展机会。而对于处于位置（9）的员工则要考虑淘汰，对于位置（8）的员工进入观察期。

首先，把绩效评估结果和能力判断作为人员调配的两个维度，企业保留的员工都是效率高、能力强的员工，从而有力地保证企业战略目标的实现。其次，把评估的结果和员工的晋升通道紧密地联系起来，使优秀的员工有发展的空间，以便企业留住核心人才。最后，从九宫格中也可以帮助企业找到理想的人才，在人才招聘方面做出正确决策，管好和发展企业的员工。

10.5 绩效考核与绩效改进

这一节我们首先要明确绩效改进不等同于待淘汰，很多公司为了满足不胜任解除劳动合同的法律程序，会将PIP（Performance Improvement Plan）作为员工不胜任的一个证明文件，所以，一提PIP，有些人会将其等同于待淘汰。而实际上，绩效改进是绩效考核的后续工作，所以绩效改进的出发点是对员工现实工作的考核，不能将这两个环节的工作割裂开来考虑。绩效改进必须自然地融入部门日常管理工作之中，这样才有其存在价值。帮助下属改进绩效、提升能力，与完成管理任务一样都是管理者义不容辞的责任。

那么，如何进行企业绩效改进呢？

（1）绩效诊断与分析

绩效诊断和分析是绩效改进过程的第一步，也是绩效改进最基本的环节，目的在于找出绩效差距，分析绩效不好的原因，可以根据绩效考评标准和员工实际绩效表现之间的比较来确定绩效差距。一般而言，绩效有差距并不能简单地归咎于员工工作不努力，而应从员工、上级主管及环境三个方面分析原因。

①员工自身的原因：主要有主观和客观两个方面，具体因素包括：

- 知识。是否因为员工相关知识的不足影响到绩效的产出？是哪些知识上的不足？如何弥补？
- 技能。是否因为员工技能的不足影响到绩效的产出？如何弥补？
- 态度。是否因为员工态度的问题影响到绩效的产出？员工为什么会存在态度问题，深层次的原因是什么？可以改善吗？如何改善？
- 外部障碍。是否因为外部条件的不足影响到绩效的产出？我们能改善吗？怎么改善？

②上级自查

工作上缺乏沟通，对员工没有提供足够的帮助和支持，没有给员工适当的鼓励和激励，这些都是上级的责任，不能一味地把责任推给员工。

③外部环境因素

企业外部环境如宏观经济的变动、国家新政策的出台、全行业的萎缩等，以员工个人的力量是无法抗拒的，甚至连企业也无能为力。在这种情况下，企业要做的就不是绩效改进而是绩效目标的调整。所以，我们在行动之前，要先查明原因，看清方向，避免徒劳无功。

确定具体绩效差距，找到绩效不佳的原因之后，还需要考虑是否有必要采取改进措施来消除差距。因为绩效差距有大有小，有轻有重，我们应该把时间和精力花费在纠正重大的绩效差距上。判断员工是否需要改进某项工作时，可以考虑以下问题：

- 员工是否有潜力或能力来改进此项工作？组织是否有时间允许员工改进此项工作？
- 绩效差距对员工本人的工作、对部门或整个企业的工作、对客户以及供应商等相关利益者有多大的影响程度？
- 绩效差距是否会导致安全问题、危险的工作情景或违反组织纪律或法律？

（2）制订改进策略与改进计划

产生绩效问题的原因各不相同，那么，解决问题的方法或策略也应该因事而异，对症下药。上级应与下属一起讨论并制订绩效改进策略与计划。

绩效改进计划应该符合下列基本原则：

- 计划内容切合实际。拟订的计划内容必须与待改进的绩效相关，拟订具体的行动方案。
- 计划要有时间限制。计划的拟订必须有截止日期，而且应该有分阶段的时间进度表。
- 计划要获得认同。主管人员和员工都应该接受这个计划并致力于实行，都应该保证计划的实现，而不是仅做表面文章。
- 制订绩效改进计划要确定改进目标，包括工作绩效改进目标和个人能力提升目标，目标要求明确、具体、难度适当。
- 明确资源方面的保障。明确绩效改进所需要的外部资源和内部资源，这些资源包括：组织与上级、同事、客户、培训教师、企业培训制度等。
- 计划中要明确改进计划的效果评价方法。

（3）实施改进方案及改进效果评估

改进方案实施的主体包括：需要改进的员工、主管、人力资源专员以及其他支持资源，员工是改进的主体，主管和人力资源专员既是支持者又是监督者。

对绩效改进计划实施之后的效果评估可以从表10-5所示的以下方面进行。

表10-5　　　　　　　　绩效改进考察参考表

考察方面	考察内容
周边反应	企业内与之接触的各类成员（员工、管理者）对改进活动及其对他们的影响的反应如何？ 客户和供应商的反应如何？
学习或能力	在实施改进计划之后，该员工所了解或掌握的知识和技能与改进之前有多大的变化？
转变	改进活动对该员工的工作方式是否产生了预期的影响？ 他在工作中是否开始运用新的技能、工具、程序等？
结果	改进活动对该员工绩效的影响如何？ 绩效差距的缩小与改进活动是否有很大关联？

（4）绩效改进方案设计

①绩效改进方案设计的管理前提

员工有能力，并且有意愿提高自身的能力，意识和觉悟能够让人们做出不同的选择，一旦意识到了以前那些处于无意识状态的态度、信念、动机和行为，人们就能够使用他们的意志和清醒的头脑去改变自己的行为。

上级能意识到：给予下属关爱和帮助时自己也能获得收益。

员工加入一个有建设性的互动行为的团队中，他们的能力提高更快、学到的东西更多、获得的满足感更强。

②设定绩效改进目标

为了改进绩效、提高能力，理想的情况是既设定绩效改进目标，又设定能力发展目标。

设定绩效改进目标，要解决好以下几个问题：

- 改进目标由谁设定

如果员工参加了改进目标的设定，那么，他们将会投入更多的时间、精力和情感来完成这些目标。无论谁设定改进目标，有一点必须确定，组织的管理层应该成为目标的最终决定者，管理层必须知道员工正努力提高工作业绩来帮助组织完成它的总体目标。

- 改进目标应该和岗位规范中规定的工作目标相互关联，也应符合 SMART 原则，即具体、可衡量、可达到、相关联和时限性。
- 确定改进目标的评估方式，评估改进目标的完成情况。

而对于设定能力发展目标，首先要预估员工一个阶段可以提高多少能力，其次是能力发展目标应该能够帮助绩效改进目标的完成。能力的提高不是一件容易的事，一般建议一次提高 1—2 项能力；每项能力可以设置 1—3 个发展目标；

③确定改进项目的优先次序的原则

确定绩效改进目标之后，通常要对改进办法进行筛选，选出最有效、最经济的一种或几种办法综合考虑，以确保计划切实可行。

重审绩效不足的方面。主管的评价是否都合乎事实？也许主管没有真正察觉员工引起绩效差距的缺点，也许主管认为的缺点事实上却是员工的优点。

从员工愿意改进之处着手。这有可能激发员工改进工作的动机，因为员工通常不会在他根本不想改进的方面真正下功夫。

从易出成效的方面开始改进。立竿见影的经验总使人比较有成就感，也有助于再继续进行其他方面的改进。

以所花的时间、精力和金钱较少的方面优先进行改进。

④制定完成绩效改进目标的行动步骤

绩效改进方案一定要有实际操作性，要有"行动步骤"。如果只停留在理论上的话，绩效改进方案根本没有存在的必要。绩效改进方案的指导性一定要强，最好是能详细到具体的每一个步骤。

绩效改进方案制定的原则也要符合SMART原则，做到具体、可衡量、可达到、相关联和有时限。

绩效改进方案可以与计划目标制定相结合，也可以独立制定，目的都是提高员工的绩效。在实际工作中，由于时间等因素的限制，可以将制定绩效改进方案与计划目标相结合，通过一份绩效改进计划来反映绩效改进方案。

绩效改进方案的形式可以多样，但关键是要控制过程，给员工以指导。任何方案都需要付诸实施，绩效改进工作可以有各种各样的方案，但是改进的过程只有一个。绩效改进能否成功，关键就在于是否能控制改进的过程。只有各级主管在过程中给予员工指导和帮助，修正改进方案，才能保证绩效改进的效果。

最佳管理实践分享

绩效评估结果应用对组织动力系统有效发挥作用至关重要；结果应用要明确导向；因地制宜的应用才是最有效的。

第十一章
绩效实战技巧——老 HRD 不愿传授的秘笈

【本章导读】

◆ 绩效考核周期选择时的智慧

◆ 合理使用强制分布与末位淘汰

◆ 员工绩效不达标如何及时处理

◆ 如何对员工进行价值观评价

11.1 绩效考核周期选择的智慧

绩效考核周期也可以叫作绩效考核期限，是指多长时间对员工进行一次绩效考核。绩效考核通常也称为业绩考评或"考绩"，是针对企业中每个员工所承担的工作，应用各种科学的定性和定量的方法，对职工行为的实际效果及其对企业的贡献或价值进行考核和评价。

绩效考核周期一般而言可以分为月度考核、季度考核、半年度考核和年度考核。

有的企业倾向以一年为周期，有的是半年或一季度评估一次，也有部分企业会在员工完成某一特定任务后即针对员工这次的表现进行绩效评估。由此可见，评估的周期在实务运用上并无绝对标准，应根据不同维度的特征选择合适的评估周期。

1. 行业特征

产品生产周期的不同会对考核周期产生直接影响。例如，生产和销售周期短的行业，一般一个月内就有好几批成品生产出来或销售出去，这种企业可以以月度为周期进行考核；而某些生产大型设备的行业，或者以提供项目服务为产品的企业，服务周期一般都比较长，其生产周期往往是跨月度、跨季度，甚至是跨年度的，此类企业的评价周期设计为月度显然是不合理的，其考核周期应该加长。

2. 职务职能类型

对中高层管理人员的考核实际上就是对整个企业或部门经营与管理状况

全面评估的过程，这种战略实施和改进计划的过程，不是可以通过短期就能取得成果的，其评价周期应适当放长，一般为半年或一年。

对于销售人员的考核最容易量化，因为其考核指标通常以销售额、回款率、市场占有率、客户满意度等硬性指标来衡量，因此对销售人员的评价应根据实际情况尽可能缩短，一般为月度或季度。

对于生产系统的基层员工，出于强调质量和交货期重要性的考虑，应更关注短期激励，因此一般应采用比较短的考核周期，同时加强薪酬管理，缩短薪酬发放的时间，以此来强化激励的效果；对于生产周期比较长的业务系统员工则可以延长考核周期，按照生产批次周期来进行考核。

对研发人员的评价一般以任务完成率和项目效果评估，因此一般采用考核周期迁就研发指标周期的做法，即以研发的各个关键节点作为考核周期，年底再根据各个关键节点和项目完成情况进行综合考评。另外对研发人员的评价最忌讳急功近利，因为研发人员需要的是一个宽松、稳定的环境，而不应增加太多的管制。

行政与职能人员是考核工作的难点。针对行政人员工作的特点，重点应该评价工作的过程行为而非工作的结果，评价周期应该适当缩短，并采用随时监控的方式，记录业绩状况。

3. 评价指标类型

对于业绩评价，一般采用关键业绩指标进行评估，能力和态度指标是支撑关键业绩指标得以实现的保证。一般企业进行绩效考核的内容主要分为三大类，业绩指标、能力指标和态度指标。

工作业绩是工作产生的结果，如数量指标、质量指标、完成率、控制率等，因此对于业绩类指标的评估周期应该适当放短，牵引员工将注意力集中于短期业绩提升上。

工作能力包括领导能力、沟通能力、客户服务能力等。工作能力的评估着眼于关注未来，但这些指标的结果往往不是短期内可以提高的。因此，对于能力指标的评估周期应该适当加长，一般以年度或半年度周期为宜。

态度指标的评价周期应该缩短，因为工作态度往往直接影响到工作的产出（业绩指标）。因此，将态度指标评价周期缩短有利于引导员工关注工作的态度与作风问题，从而确保业绩指标的实现。

虽然正式的绩效评估应该考虑到行业、职能以及指标统计等因素的影响，但是笔者认为，绩效评估是一个持续的过程，如果过程中发现不对，是否一定要等到周期结束？答案必然是否定的，评估的修正是随时随地要进行的。

11.2 强制分布与末位淘汰

1."强制分布"

"强制分布"，就是按事物"两头小、中间大"的正态分布规律，先确定好各等级在被评价员工总数所占的比例，然后按照每个员工绩效的优劣程度强制列入其中的一定等级。这种方法被通用电气董事长兼CEO杰克·韦尔奇称作"活力曲线"，其基本构想就是强迫每个公司的领导对他们的团队进行区分，表现最差的员工通常都必须走人。韦尔奇称，通过采用这种方法，"你可能会错失几个明星或者出现几次大的失策——但是你造就一支全明星团队的可能性却大大提高，这就是如何建立一个伟大组织的全部秘密。一年又一年，'区分'使得门槛越来越高并提升了整个组织的层次。这是一个动态的过程，没有人敢确信自己能永远留在最好的一群人当中，他们必须时时地向别人表明：自己留在这个位置上是当之无愧的"。

通用电气（GE）在推行强制分布的过程中的确达到了"区分"的效果，而且"不进则退"的机制也促使团队成员不断追求进步，从而带来了组织能力的提升和进步。

不可否认，强制分布的导入的确会传递一种信息，即员工在企业中不进则退，也确实有不少企业在实施强制分布的过程中淘汰了一批不胜任的人，使企业的绩效水平上了一个新台阶；但同时也给一些管理者带来了很多困惑：团队所有员工工作都非常努力，为什么还要分出个优良中差等？这个团队整体业绩比其他团队都好,还用一样的强制分布比例合理吗?在和谐的团队中非要选出绩效最差的,不是人为制造不必要的矛盾吗?有的部门人数较少,而且个个都是精兵强将,如何进行强制分布排序?

实际执行中,认识上的偏差会导致行动上的不到位。比如,有些管理者把强制分布变通为轮流坐庄,把这个月评为差的员工在下一个月评为合格,或者把离职的员工或者新入职员工放到不合格档,以满足强制比例要求。这种操作看起来完成了比例的任务,大家相安无事,而事实上它会严重挫伤优秀员工的工作积极性,同时也变相鼓励不能胜任工作的员工,导致他们认为可以不用努力工作。而有些管理者在推动强制分布时仅凭个人主观印象对员工绩效进行评价,过程不公开、结果不合理,结果不仅起不到正面的激励作用,反而会不停地遭人投诉和抗议,最终导致管理者本人很无奈、被评价的员工"很受伤"。

为什么韦尔奇推行强制分布会取得成功?我们仔细分析 GE 推行"活力曲线"的背景和初衷以及配套的条件后明白:在韦尔奇的眼里,员工是"资本",通过对优质资本进行"投资",公司会获得丰厚的回报;在大多数中国企业眼里,员工是"成本",强制分布是很好的裁减"成本"的手段;韦尔奇接手后,以"数一数二"为原则,对业务群进行整合继而得到业绩的提升。数一数二的背后是资源配置的理念:公司的资源毕竟是有限的,要把好钢用在刀刃上。通过业务单元的裁减,GE 能够保证让优质业务单元获得足够的资源配置;韦尔奇在阐述活力曲线的时候,首先谈到的是业务单元的调整,而且提出对软(人)硬(业务)件的有效管理是实现业绩的重要手段。这一类比就可以看到,在韦尔奇的眼里,人是可以通过投资得到增值的。

更准确地说,强制分布在韦尔奇的观念中是"有区别的考评",它带有明显的价值观的特征,因而,从是否科学的角度去分析强制分布是一个误区,每个公司都有自己提倡的价值观,价值观没有好坏之分,也不能用是否科学来进行衡量,强制分布也是如此。其实秘诀就是一句话,"在合适的时候,在合适的企业施行强制排名系统",同时还需要有具体实施措施。

首先需要明确的是,并非所有的企业都适合用强制分布,表 11-1 对使用强制分布的影响因素做了大致的分析。

表 11-1　　　　　　　　　强制分布影响因素分析表

影响因素	适　用	不　适　用
企业所处阶段	发展期与成熟期的企业	初创期的企业
企业规模	大中型企业	小（如50人以内）
各个团队的规模	大	小（如小于10人）
管理者成熟度	成熟度高	成熟度低
工作要求	复杂，不易用单一指标衡量	生产线明确要求（注1）

（注1：对于生产线上有明确工序要求类型的工作不宜使用强制分布）

对于使用强制分布的企业，强制分布期望达到的效果是对绩效表现的区分，在实际执行过程中的一刀切肯定是会遇到挑战的。那么如何才能达到区分的效果呢？以下给出几个要点供读者在实际推行时作为参考。

一是要结合组织绩效，推行结合组织绩效的强制分布弹性比例。对于部门总体绩效好的，可以增加优秀类员工所占比例，适度减少绩效待改进类员工所占比例。比如，部门绩效考核前三名的，其优秀类员工所占比例可以增加50%，即由原来优秀类员工占本部门员工比例的20%提高为30%；同样地，绩效待改进类员工所占比例可以减少50%，即由原来待改进类员工占本部门员工比例的10%降低为5%，如表11-2所示。

表 11-2　　　　　　　　　组织绩效的强制与弹性表

部门组织绩效	部门强制分布比例		
A	A：15%	B：85%	C/D：根据情况部门自行掌握
B	A：10%	B：75%—85%	C/D：5%
C/D	A：<5%	B：75%	C/D：>10%

（注：绩效的好坏依次为：A\B\C\D）

通过弹性的考核分布比例，使得部门把争夺更多的 A 比例的关注，从对上级的公关转变为对组织绩效的关注，从而使各个部门你追我赶，争当上游。同时，组织绩效和员工考核的强制分布比例挂钩，牵引员工关注并提升组织绩效。

二是要考虑到合适的部门规模。部门更上一级的负责人需要对各部门提报上来的考核结果进行讨论，根据更大范围的比较和区分，来达成区分的效果，同时，对于人数较少的部门，可以依据实际情况在一个较长的时期内进行强制分布。

三是要在公司整体明确鼓励和不可接受的标准。针对某些管理者不善于或者不愿意找到本部门绩效较差的员工问题，企业可以直接明确地制定不得评为绩效好和必须评为绩效差的标准，这样，整个公司传递的信号就非常明确了，绩效好坏就清晰可见了。

四是要横向拉通部门之间的评价结果进行调整。尤其是对于人数少的团队／部门，可以把几个团队／部门作为一个单元进行强制分布。具体步骤为：（1）确定各个部门的考核系数；（2）求出各个部门的考核平均分；（3）用员工得分除以部门平均分得到员工调整后的考核得分；（4）用调整后的考核得分乘以部门考核系数得出员工参与排名的得分；（5）根据员工参与排名得分，确定最后的整体排名。具体如表11-3所示。

表 11-3　　部门之间绩效评价结果的横向拉通表

部门	部门员工	考核得分	部门平均分	调整后考核得分	部门考核系数	参与排名得分	最终排名
甲	甲1	94	95.8	98	1.05	103	6
甲	甲2	93		97		102	8
甲	甲3	95		99		104	3
甲	甲4	98		102		107	2
甲	甲5	100		104		109	1
甲	甲6	95		99		104	3
乙	乙1	89	88.7	100	1	100	10
乙	乙2	92		104		104	5
乙	乙3	88		99		99	11
乙	乙4	86		97		97	12
乙	乙5	91	88.7	103	1	103	7
乙	乙6	90		101		101	9
乙	乙7	85		96		96	13

续表

部门	部门员工	考核得分	部门平均分	调整后考核得分	部门考核系数	参与排名得分	最终排名
丙	丙1	108	109.5	99	0.9	89	17
丙	丙2	105		96		86	19
丙	丙3	107		98		88	18
丙	丙4	110		100		90	16
丙	丙5	112		102		92	15
丙	丙6	115		105		95	14

当然，上述的方法更多的是在技术层面给出的解决办法，但是究其根本，绩效管理是个系统工程，从公司的战略和文化价值观出发，企业在推行时需要根据实际情况，结合自身的企业文化和价值观对强制分布的绩效评估工作不断地进行调整和完善。只有这样才能真正发挥出该方法的压力性和激励性，更好地服务于企业的健康成长和快速发展。

2. 末位淘汰

我们先来看看华为是怎么做末位淘汰的。华为坚持以有效增长、利润、现金流、提高人均效益为起点的考核，凡不能达到公司人均效益提升改进平均线以上的，体系团队负责人、片区、产品线、部门、地区部、代表处等各级一把手，要进行问责。在超越平均线以上的部门，要对正利润、正现金流、战略目标的实现进行排序，坚决对高级管理干部进行末位淘汰。

将末位淘汰融入日常绩效考核工作体系，实现末位淘汰日常化。已经降职的干部，一年之内不准提拔使用，更不能跨部门地提拔使用，我们要防止"非血缘"的裙带之风。一年以后卓有成绩的要严格考核。对于连续两年绩效不能达到公司要求的部门/团队，不仅仅一把手要降职使用，全体下属干部和员工也要负连带责任。

不合格干部清理和员工末位淘汰要形成制度和量化的方法，立足于绩效，用数据说话。面向未来，要逐步把不合格干部清理和员工末位淘汰工作融入日常绩效管理工作体系中，以形成一体化的工作模式，而不是开展独立的工作。坚持"以客户为中心、以奋斗者为本"的文化价值观。华为前进就要让那些不合适的干部调整到合适的岗位上。华为对12级及以下人员的考核是绝对考核，但对13级及以上的"奋斗者"，实行相对考核，特别是担任行政管理职务的人，坚定不移地实行末位淘汰制，不能有坐享其成者，责任和权力、贡献和利益是对等的，不可能只有利益没有贡献。

从上述华为的做法我们不难看出有几个要点：

第一，越是高阶的人员越是末位淘汰的关注重点，尤其是高级管理者。这些人的考核是和问责结合在一起的，不能达成公司的战略目标，就要离开重要岗位，以免造成公司责任和权利、贡献和利益不对等的情况。如果没有管理层的强制分布和末位淘汰，只是在员工层面的末位淘汰是不能达到绩效管理的最终目的的。

第二，末位淘汰，其根本意义在于让不胜任岗位的人离开不胜任的岗位，并非是离开公司。尤其是在管理层做强制分布和末位淘汰，不适合管理岗位并不意味着没有价值，从人尽其用的角度来看，调整到合适的岗位上才是更有效的做法。

第三，并非所有的岗位都适合末位淘汰，上文所述的华为在12级及以下的员工实行绝对考核，13级及以上的"奋斗者"实行相对考核，如果解读内涵的话，在华为12级及以下的员工多是生产线工人，这些人只要完成生产线要求的动作和任务即可，没有实行末位淘汰的必要性，所谓的绝对考核即指的是考核自己，和标准比，而不和别人比较。而13级及以上的奋斗者，则除了和标准比，还要和别人比，其背后的管理假设是对于知识分子，很难量化产出，如果没有一个人和人比的氛围，很难激发大家的斗志和潜力。

11.3 绩效不达标如何处理

在法律层面而言，绩效不达标，对应的则是"不胜任岗位"。绩效不达标的处理方式无外乎三种：一是培训，二是调岗，三是解除劳动合同。每种处理方式都有不同的假设。对于培训，假设是员工因为缺乏技能而不能展现合格的绩效；对于调岗，则是假设因为把员工放到了不合适的岗位上从而使得员工不能有合格的绩效表现；而对于解除劳动合同，则是认为即使经过了培训和调岗，员工依然不能在本企业有合格的绩效表现，所以才通过解除劳动关系来处理。这背后都离不开具体的绩效分析。我们在这里重点讨论的是调岗和解除劳动关系。

1. 调岗

调岗难点之一：劳动者不同意就不能调岗吗？

根据《劳动法》第 17 条的描述，"订立和变更劳动合同，应当遵循平等自愿、协商一致的原则，不得违反法律、行政法规的规定"，以及《劳动合同法》第 35 条的描述"用人单位与劳动者协商一致，可以变更劳动合同约定的内容。变更劳动合同，应当采用书面形式"，很多 HR 会纠结于调岗属于劳动合同变更，而劳动合同变更需要劳动者和企业双方协商一致才可以，如果劳动者不同意，就不能调整岗位。

的确，这些是对劳动合同协商变更的描述，那么企业是否在劳动者不同意的情况下就不能单方变更劳动合同呢，如果答案为是，则无异于否定用人单位的内部管理权，企业生产经营状况是随着外部市场和自身情况不断变化的，根据自身生产经营需要调整工作岗位是企业用人自主权的重要内容，对企业不可或缺。可以肯定的是，法律也同时认为，不胜任调岗，属于公司行使用工自主权，不需经过员工书面同意。在《劳动部办公厅关于职工因岗位变更与企业发生争议等有关成绩的复函》中也明确"因劳动者不能胜任工作而变更、调整职工工作岗位，则属于用人单位的自主权"。

所以，因为不胜任的调岗属于公司的用工自主权，只要企业证明员工存在不胜任岗位的情形，就可以单方进行岗位调整。但是，还要留意调岗的合理性，否则会被认为恶意调岗而不被仲裁机构认可。比如，把总经理调岗到清洁工，明显就不合理。

那么，如何证明员工不胜任工作呢？《劳动部关于〈中华人民共和国劳动法〉若干条文的说明》第 26 条"不能胜任工作"，是指不能按要求完成劳动合同中商定的任务或者同工种、同岗位人员的工作量，通过企业的绩效管理规定，进行是否胜任的判断则是大多数企业的做法。

调岗难点之二：调岗不能调薪吗？

日常企业经营一般包括以下几种常见的调岗调薪：绩优员工晋升式的调岗调薪；因工作需要竞争上岗式的调岗调薪；因企业经营需要、组织架构调整而进行的调岗调薪；不胜任（绩效不达标）员工降级式的调岗降薪。

前三种调薪不会存在降薪，只要按照标准的流程操作一般不存在风险的可能。但针对最后一种调岗调薪的情况，不论是调岗还是调薪，都触碰了员工的切身利益，企业需要有相应的配套措施以保证执行得当，从而不被认定为不合乎法律法规。我们下边会介绍企业在进行调岗调薪管理中的一些实践经验，让调岗调薪工作，并不仅仅是做到"当下"，而是"未雨绸缪"，在需要调岗调薪时，有明确的制度可以依据、有清晰的流程可以操作，充分保证调岗调薪、绩效管理工作得到有理、有效的执行，促进企业人才竞争才能走上良性发展的轨道，有力支持企业和员工的健康和谐发展。

（1）合理设计薪酬结构，充分运用薪酬杠杆调节作用

依据员工个人绩效水平或企业经营情况进行调岗调薪，也要在薪资构成上多费些心思。企业在制定薪酬制度时，可将薪资分成基本工资、岗位薪资、绩效奖金等，并在制度中或《员工手册》中告知员工每部分薪资的挂钩因素。例如：

基本工资：与员工能力等有关，一般情况下基本工资不会出现太大的变动，但如出现不胜任工作的情况时，可以约定基本工资的变动。

岗位薪资与岗位相关，如出现岗位变动时，岗位薪资必会调整。

绩效奖金与员工个人绩效、年度考核、企业经营业绩等相关，常见的就是销售人员的销售奖金等，此部分薪资必会与员工的考核结果相挂钩。

（2）充分利用劳动合同预设约定，建立灵活的弹性条款

根据《劳动法》第19条和《劳动合同法》第17条的规定，企业可以充分利用必备条款和约定条款，在劳动合同中约定在什么情况下对员工可以进行调岗调薪，只要在劳动合同中有了事先约定，在今后的调岗调薪中公司就掌握了相应的主动权，如关于调岗调薪的弹性条款：如甲方（公司）可以根据工作的需要及乙方（员工）的身体情况、工作能力、工作表现，调整乙方的职位、工

作岗位，并根据甲方的经营状况、乙方的工作贡献等调整乙方的工资。

（3）制定有效的绩效考核流程，让岗位职责和绩效目标得以确认

企业制定绩效管理制度时应将调岗调薪事项与绩效考核结果结合起来，让员工签署《绩效目标责任书》，以此对企业的绩效管理制度和考核体系表示认同。同时，在每个绩效考核周期结束后，都应及时有效地告知员工考核结果（有条件的可要求员工在绩效结果上签字确认），为后续的调岗调薪等操作取得依据。因为员工不胜任工作而导致的调岗调薪的举证责任在企业，因此，企业要加强绩效管理中考核的过程管理和结果管理。

（4）配套竞聘上岗、人员轮岗等异动管理机制，让调岗调薪成为积极的管理手段

企业可以通过人才竞争上岗、轮岗调动等异动管理机制，定期提供岗位供员工竞聘或轮岗，并设定一定的聘任期或轮岗期。同时，签署岗位聘任协议，协议明确了岗位工作内容及考核办法、岗位工资、岗位期限、到期后工作安排等，将岗位聘任协议作为劳动合同的补充文件，与劳动合同具有同等效力。此种人才异动管理的做法可充分调动员工异动的积极性，将企业调岗调薪的被动权有效地转为主动权。

（5）规章制度及时明确沟通，便于后期的落地执行

企业应及时让员工了解因发展和内部管理需要而产生调岗调薪的情形，在企业的规章制度中明确规定，并在企业范围内进行公示宣传。如可能，还可以制作《员工手册》交由员工学习，并要求员工签收确认。此类做法可以保证员工认可企业的规章制度，在执行时企业就有章可循，有法可依了。

2. 解除劳动关系

依据《劳动合同法》的规定，劳动者不能胜任工作，经过培训或者调整工作岗位，仍不能胜任工作的。用人单位提前三十日以书面形式通知劳动者本人或者额外支付劳动者一个月工资后，可以解除劳动合同。

从上述规定中可以看出，员工如果不胜任工作，单位可以解除劳动合同。但是，并不能直接解除，法律要求我们要给劳动者改正的机会，员工不胜任工作，经过培训或者调整工作岗位，仍不能胜任的，才可以解除。

在因为不胜任解除劳动合同的处理中，应该注意两点：

（1）前提是必须经过培训或者调整工作岗位后，仍不能胜任；

（2）提前三十日以书面形式通知劳动者本人或者额外支付劳动者一个月工资（这一个月的工资即所谓的代通知金）。

绩效评估是判断员工是否胜任工作的必要工具。当员工绩效考核不合格时，公司首先要与员工进行面谈，找到影响员工绩效的真实缘由：员工是否刚调岗，不熟悉新岗位；是否对绩效制度不理解，产生了心理排斥等。然后再进行相对应的培训（留意保留好培训记录）。一是为了对症下药，改善员工绩效，二是为了仲裁机构认可，在解除劳动合同上合理合法操作。

11.4 如何评价价值观

1. 价值观为何重要

正如美国著名社会学家 Philip Selznick 所说的："一个组织的建立，是靠决策者对价值观念的执着，也就是决策者在决定企业的性质、特殊目标、经营方式和角色时所做的选择。通常这些价值观并没有形成文字，也可能不是有意形成的。不论如何，组织中的领导者，必须善于推动、保护这些价值，若是只注意守成，那是会失败的。总之，组织的生存，其实就是价值观的维系，以及大家对价值观的认同。"

在互联网时代，开放交融、瞬息万变，企业在战略大方向上有清晰的战略逻辑，但是在战术层面需要有迅速适应的能力。员工应对外界环境的动态价值创造以及决策下放的环境，追求团队成员能够快速反应与执行，会对决策的价值观标准产生更强的依赖性，这就要求员工都能清晰掌握决策的价值观标准。而同时新生代员工的思维越来越具有自我驱动意识，他们追求对文化的认同，只要找到在文化上能够相匹配的组织，公司只需要告诉他基本的任务和执行标准，他就能够进行自我管理。在这种大环境下，价值观评价的作用就更加彰显出来。

2. 价值观评价要点

在谈价值观评价之前，我们来借鉴一下海洋法系与大陆法系的法律治理机制。大陆法系起源于欧洲大陆的德国和法国，其核心特点是制定条文法律，明确规定什么能做、什么不能做。实行干涉主义，以法官为核心，按照对条文的演绎推理和案情作出判决；海洋法系又称英美法系，其核心特点是判例法，实行当事人主义，强调控辩双方充分对抗，法官充当中立的角色，裁判权掌握在陪审团手中。

传统的员工绩效评价就像大陆法系，上级根据绩效条款对员工绩效进行定性评价，比较机械。而融合海洋法系和大陆法系的治理思想，强化过程沟通、自我举证和公开机制，更能让价值观评价真正融入日常管理中，提升企业价值观的导向作用。所以，在做价值观评价时有几个要点。

（1）价值观行为化

价值观行为标准可以理解为企业总结的方法论，并按照这些方法论指导员工的工作行为。以"团队合作"为例，可能70%以上的企业的核心价值观中，都有这一内容。但阿里巴巴，给"团队合作"下了这样一个"共享共担，平凡人做非凡事"的不凡定义。而其精华，还不在定义，而是定义之后的详细注释。与"芸芸众生"不同，它们不是泛泛的要求或平平的案例，而是具体的、细致的行为描述：

- 积极融入团队，乐于接受同事的帮助，配合团队完成工作。
- 决策前积极发表建设性意见，充分参与团队讨论；决策后，无论个人是否有异议，必须从言行上完全予以支持。
- 积极主动分享业务知识和经验；主动给予同事必要的帮助；善于利用团队的力量解决问题和困难。
- 善于和不同类型的同事合作，不将个人喜好带入工作，充分体现"对事不对人"的原则。
- 有主人翁意识，积极正面地影响团队，改善团队士气和氛围。

细看这五条描述，不但其"主干"都是行为动词，而且，这五个系列的行为，都是有"等级"区别的。"发表""参与""支持"的级别高于"融入""接受""配合";以主人翁的精神去影响、改善团队的行为,又高于在"对事不对人"的原则指导下和不同类型的同事合作。

(2)以事件为抓手

价值观行为评价是对员工践行公司核心价值观行为的评价。虽然有行为描述,但是在具体评价上如果没有事件为抓手,很容易被误用,价值观评价往往"见人不见事",凭借主观感觉、印象打分,"说你好你就好,不好也好;说你不好你就不好,好也不好",这也是很多员工诟病价值观评价的原因所在。

就像法律治理一样,价值观行为评价要讲究"证据",这些证据就是员工行为在事件上的体现。而评价应该基于这些事件。所以,在价值观评价上,一定要以事件为依据,不能凭感觉就做出判断。当员工希望在某个价值观维度打一定高分时,需要有一定数量的关键事件支持。主管评价低于员工自评分时,也要出具关键事件说明。作为管理者,要发现员工工作中的优秀事迹或不良行为的关键事件,通过和员工的沟通,评价员工行为与价值观行为标准的符合程度,这个过程中员工的认知和共识非常重要。价值观评价中一定要做到有事件,有时间、有地点、有评论。

(3)用制度牵引固化,将价值观评价纳入日常绩效管理

没有正确的行为难以产生正确的结果。价值观行为评价作为绩效评价的重要维度,其评价结果应用一定要与薪酬、职位、职业生涯发展挂钩。不同的价值观行为可以表现为员工待遇不同,奖励那些对公司有贡献、做出了超越职责范围的优秀员工,绝不能让雷锋吃亏。阿里巴巴有个"271"概念,即在组织中,有20%是明星员工、70%是普通员工、10%是"野狗"和"小白兔"。公司的加薪、晋升、培训等资源都会向20%员工倾斜,而对于价值观考核不合格的"野狗",无论业绩多好,公司都会坚决淘汰。同时,业绩不好的"小白兔"也可能会被淘汰。

价值观评价的结果在任用奖励相关的事项上的应用,也有一些关键点要注意,其中最需要留意的是,与钱相关的内容上无论是薪酬还是奖金,不宜与价值观评价结果强行挂钩。价值观是通过长期来体现效果的,而且是不宜量化评价的,强行挂钩会导致更多的面上表现而不是实际的业绩结果。价值观评价更多的是筛选的作用,这个人是否可以长期培养和提拔(对于业绩很好但是价值观不符的人如果企业长期培养,传递的信号就是我可以不管企业

的价值导向，只要业绩好就会被提拔），这个人是否适合留在公司等。

（4）随时沟通和反馈比评价结果更为重要

价值观评价更强调以过程管理为重点，而非以结果管理为重点。在设计价值观行为评价机制的过程中，特别强调了发生关键事件时，员工与主管的双向沟通。发生正向关键行为事件时，鼓励员工主动与主管沟通；发生负向关键行为事件时，强调主管要主动与员工沟通，找到发生问题的原因，找到改进办法，提出改进建议。同时，价值观评价不宜用保密的评价方式。在企业实践中，主管为了保持团队内员工分数的平衡，往往存在"手松手紧"的情况，因此不愿意讲清评价理由，这很容易引起受评员工和其他员工的猜忌。在实践中，如果采取类似法庭上公开审理的办法，要求将好的价值观评价和不好的价值观评价支撑案例在团队内部进行公示，效果会更好。这种情况下，一方面是让大家知晓并统一认知，另一方面接受全体员工监督也会带来更高的可信度，提升员工的参与感，能更好地达到价值观评价的目的。

价值观评价的功夫在平常，平时关注细节，细小的行为，表明自己的态度；让员工感觉自己受到关注，主管的关注对于员工的肯定是很实在的。

表11-4是市场上比较公开的阿里巴巴对文化价值观的描述，从中可以看到有几个关键点：一是对价值观有诠释，二是设定了不同的层次（评分标准），三是每个层次（评分标准）又有具体的行为描述，根据具体的行为描述就可以结合员工日常的行为看看到底匹配公司的价值观在哪个层次上。

表 11-4　　　　阿里巴巴价值观评价的评分标准设定表

评价内容	基本诠释	评分标准	具体描述
客户第一	客户第一，客户是衣食父母	5	具有超前服务意识，防患于未然
		4	站在客户的立场思考问题，在坚持原则的基础上，最终达到客户和公司都满意
		3	与客户交流过程中，即使不是自己的责任，也不推诿
		2	微笑面对投诉和受到的委屈，积极主动地在工作中为客户解决问题
		1	尊重他人，随时随地维护阿里巴巴的形象

续表

评价内容	基本诠释	评分标准	具体描述
团队合作	共享共担，平凡人做非凡事	5	有主人翁意识，积极正面地影响团队，改善团队士气和氛围
		4	善于和不同类型的同事合作，不将个人喜好带入工作，充分体现"对事不对人"的原则
		3	积极主动分享业务知识和经验；主动给予同事必要的帮助；善于利用团队的力量解决问题和困难
		2	决策前积极发表建设性意见，充分参与团队讨论，决策后，无论个人是否有异议，必须从言行上完全予以支持
		1	积极融入团队，乐意接受同事的帮助，配合团队完成工作
拥抱变化	迎接变化，勇于创新	5	创造变化，并带来绩效突破性的提高
		4	在工作中有前瞻意识，建立新方法，新思路
		3	对变化产生的困难和挫折，能自我调整，并正面影响和带动同事
		2	面对变化，理性对待，充分沟通，诚意配合
		1	适应公司的日常变化，不抱怨
诚信	诚实正直，言行坦荡	5	对损害公司利益的不诚信行为正确有效地制止
		4	勇于承认错误，敢于承担责任，并及时改正
		3	不传播未经证实的消息，不背后不负责任地议论事和人，并能正面引导，对于任何意见和反馈"有则改之，无则加勉"
		2	通过正确的渠道和流程，准确表达自己的观点；表达批评意见的同时能提出相应建议，直言有讳
		1	诚实正直，表里如一
激情	乐观向上，永不放弃	5	不断设定更高的目标，今天的最好表现是明天的最低要求
		4	始终以乐观主义的精神和必胜的信念，影响并带动同事和团队
		3	以积极乐观的心态面对日常工作，碰到困难和挫折的时候永不放弃，不断自我激励，努力提升业绩
		2	热爱阿里巴巴，顾全大局，不计较个人得失
		1	喜欢自己的工作，认同阿里巴巴企业文化
敬业	专业执着，精益求精	5	遵循但不拘泥于流程，化繁为简，以较小的投入获得较大的工作成果
		4	能根据轻重缓急来正确安排工作优先级，做正确的事
		3	持续学习，自我完善，做事情充分体现以结果为导向
		2	遵循必要的工作流程，没有因工作失职而造成的重复错误
		1	今天的事不推到明天，上班时间只做与工作有关的事情

很多企业在具体操作的时候会说，我们无法做到这么细致的区分怎么办呢？在区分的层次上，像阿里巴巴区分到5个层次，确实是需要不断的积淀和总结之后才能达到。价值观评价之初，可以用两分法，符合和不符合，通过对价值观的基本诠释，来评价员工的行为是否符合，两分法的区分度还是很容易判断的。随后，可以用三分法，区分"榜样""符合""改进"三个层次，这样就能把好的凸显出来，逐步的行为和事例积累之后就可以更细致地区分。

第十二章
绩效教练——绩效管理最新实践

【本章导读】

◆ 教练本质是培养觉察力提高责任感

◆ 教练需要有基本的技能基础

◆ 使用的教练方法 GROW 和 CDCA

DDCU（Diversity，Dynamics，Complexity & Uncertainty，即多元性、多变性、复杂性及不确定性），将是企业外部环境的常态。应对这样的外部环境，需要员工更积极主动，也就意味着不能继续将员工看作是被动执行的齿轮和棋子，而应该看成驱动企业向前的发动机。与此相应，企业管理者也不能再将自己看成命令发布人，管理者与员工是单项的命令—执行关系，而是要更多地应用启发、诱导的方式，来激发员工潜能。管理者要学会从"司令"到"教练"的转变。

12.1 应需而生的教练

19世纪70年代美国AT&T公司领导人从体育培训中受到启发，他们发现体育教练通过一系列启发诱导的手段，平时很少进行体育锻炼的普通人也能克服心理障碍，激发出潜能，在短时间内掌握某项体育技能。于是将体育教练请到公司，并把这些培训技巧转化成管理内容，应用于领导力培训，使他们向教练式管理者转化。Google经过长期数据分析与访谈之后，也发现作为好的管理者的第一条就是：Be a good coach（成为一个好的教练），就是将员工工作过程中经验和技能的提升，与他职业生涯及个人梦想连在一起。因为只有这种"提升与移植"同时出现，人往往才会更有激情。

绩效管理有一个著名的公式，P=P-I，其中第一个P是表现（Performance），第二个P是潜能（Potential），I是干扰（Interference）。这个公式的意思也就是一个人的表现和所能取得的成就是去掉周围环境对他的干扰后，他所能发挥出的潜能。干扰越大，表现就会越小。

干扰来自何方？一个人表现不佳，并不是他没有这个潜能，而是因为有干扰存在，从而降低了他的表现。一个人不敢上台演讲不是因为他不具备演讲的能力。只是他在担心和恐惧，担心讲不好会被人笑话，担心出丑。这些干扰最终成为他不能很好演讲的障碍。表面上看，干扰是来自环境，实际上所有的干扰都是来自人的内心，来自我们对环境的看法和态度，来自心里的恐惧和担心。这些想法造成了干扰，干扰影响了行动，从而妨碍了潜能的发挥。

干扰源于过去我们的信念、心态与行为习惯。教练的重要工作，就是让被教练者明白这一事实，并清晰地面对这一"真相"：我们的种种担心、害怕、猜想甚至一直隐藏于我们内心的习惯性想法并不一定就是事实。

有人形象地把教练做了如下的比喻：

镜子——真实反映被教练者的心态、行为和现状，镜子不会教人怎么穿衣服，但它会"告诉"你"穿"得怎么样，让你自己去作调整；

指南针——清晰你要去的方向及所处位置，以便更有效和更快捷地达成目标；

催化剂——挖掘潜能，提升组织和个人表现、加速成长。

12.2 教练的本质

教练的本质是培养员工的自我觉察力。所谓觉察力，就是知道你周围发生了什么，收集并清晰地感知有关的事实和信息，以及确定事物之间的关联能力。觉察力包括事物和人之间的系统、动态和关系的理解；自我觉察力就是知道你正在经历什么，能够意识到什么时候情绪或欲望会影响自己的认知。

良好的觉察力对高绩效非常关键。但往往人还拥有一种心态，它会不断寻求降低我们的觉察力到"正好可以应付"的水平。如果管理者不致力于提升员工的自我觉察力，很有可能员工将提供最低级别的输出。

自我觉察正是要提高自身的正向敏感度，使之成为一种可以被自动触发，打断某个过程进入暂停状态，以便理性介入进行调整的习惯。自我觉察是自我调整的前提，很多事情都有一个发展变化的过程，在初始阶段各种迹象都不是很明显，及时警觉发现问题才能及时调整处理，可见觉察是把问题消灭在萌芽阶段的关键。

自我觉察力可以应用于自身认知、情绪和行为的多个方面，主要在于培养对情绪的敏感。

如果一个人能及时察觉负面情绪，就可以及时进行调整，避免陷入恶性循环，或者把不健康的负面情绪转化成健康的负面情绪作为采取建设性情绪的动力。除此之外还包括及时察觉自身的情绪状态，以便在具体情境中保证情绪表现得体，营造积极和谐的人际氛围。

（1）对自身的思维过程和想法进行觉察

及时发现不良的思维习惯和不合理的想法，如在分析问题时从非理性思考转入理性思考等。

对自身的行为进行觉察，及时发现自身的不合理行为。

（2）培养责任感

责任感是另一个关键的概念，或者说是教练的目标。责任感是获得高绩效的关键，当一个人真正对他的想法和行为负责时，对它们的承诺就提升了，绩效也会随之提升。员工会面临，做某项工作是因为如果不做就会有潜在的威胁，但为了避免威胁而做某事，这样并不会使业绩最大化。要想真正地感觉有责任感就不可避免地涉及选择。

如果管理者主动给员工建议，员工采取了行动但并没达到预期目标，那么员工会有什么想法？员工会认为责任在管理者。未达成目标，不但可以归结于管理者的错误建议，甚至可以归结于自身缺乏应有的权力。在工作场合中，当建议是一个命令时，员工的主权为零，而这可能会导致怨恨、暗中的破坏，甚至对着干的行为。当管理者没有给员工选择的时候，员工会认为自己无法做主，所以才导致到头来无法收拾，在这种情况下，员工可能会自作主张，采取另一个令人受到伤害的行动。

觉察力和责任感都是可以通过教练技术提升的。告知某人对某事承担责任并不会让他真正感到所负的责任。人可能害怕失败，如果失败将感到内疚，但那与感觉负有责任感完全不同。真正负责的感觉需要问题来引导。

12.3 绩效教练的基本功

一个管理者要做到一个好的绩效教练，首先要看到人的潜力，而不是过去的表现。管理者要知道，每个人都渴望成功，都渴望有所成就，渴望被更多人尊重。想赢是每个人的愿望。每个人身上既有积极负责的一面，也有惰性和消极因素存在，但绩效教练更要看到的是，每个人都有"见贤思齐"之心。

绩效教练要求管理者能找到干扰员工绩效表现的因素，为了增强员工的责任感，提高劳动生产率，管理者"停止管理"，转而"开始教练"，这种角色转换是一个巨大的转变，也对管理者提出了极高的要求。

一个好的绩效教练标准应该包括如下要素：

- 有明确绩效目标；
- 认可、发掘并依赖员工的激情、意义和愿望；
- 建立信任，建立没有恐惧的工作环境；
- 能反思和承认错误，关注未来（向前看）而不是关注过去（向后看）；
- 对改变持开放态度，愿带着好奇和谦虚心态倾听他人意见；
- 提问，尤其是针对浮出水面的深层次问题，提出探索性的问题；
- 耐心，帮助建立自我觉察，提供准确的反馈意见；
- 看人之大，鼓励优秀，期望成功。

1. 聆听

聆听是绩效教练的基本能力之一。心理学研究表明，人的思想和情绪80%会通过肢体语言表达出来，教练在聆听的时候还要注意对方的表情行为。听到一般人听不到、听不懂的东西，听出对方的目标和所处的状态。

（1）聆听的过程及不同层次

听见是聆听过程的第一部分内容，即双耳感觉到声波的生理活动。除此之外，聆听还有其他三个同样重要的部分：首先是"翻译"听到的内容，其后果有可能是正确地理解，也有可能是曲解或误解；其次是评价，对所听到的信息进行权衡并决定如何使用；最后是基于听到的和评价的内容做出反应。

同时，聆听也是区分不同层次的：

- 层次1：内在聆听——关注点在自己的思想上；
- 层次2：聚集聆听——关注点在对方的思想上；
- 层次3：全面聆听——能全面关注到对方的情绪、身体语言、声调等。

做到全面聆听，需要关注以下三方面内容：

第一，动机。他/她为什么要说这些话，他/她的本意和目的是什么？

第二，事实、真相和假设。他/她说的话，哪些是客观事实，哪些是因为想达到某种目的而进行的演绎和假设，当然"真相可能我们不清楚"，这就需要通过个人经验和能力尽可能区分。

第三，情绪。通过表达者的言谈、表情、神态，可以了解到他/她当下的心理状态——个人的情绪是怎样的。

（2）聆听技巧的核心

聆听技巧的核心包括四个步骤加上一个身体姿态，四个基本步骤如下：

第一，对对方当时正在表达的内容作出呼应；

第二，对对方正在表述的内容公开说出自己的感受；

第三，表示你理解和接受别人所说的；

第四，鼓励对方进一步袒露自己的意见。

聆听的身体姿态是：

第一，说话时面向对方，以表示愿意接近；最好不要面对面，双方应该坐在侧身方位，这样没有对视压力；

第二，谈话时不可端架子，不要因你是领导者就不可一世；

第三，采用开放姿态，不要抱臂、跷二郎腿或靠在椅背上；

第四，保持目光接触，面带和善，以真诚而专注的目光去看对方；

第五，在做深度沟通时，不要在老板桌前与员工对话，因为那是权势的象征。选择会议室或者茶馆、咖啡厅等比较中立的场所，而且领导人应尽量身体前倾，关注对方。

表 12-1 给出了一些具体的聆听技巧。

表 12-1　　　　　　　　　具体聆听技巧一览表

- 闭嘴：你不可能在同一时间内又说又听，这对一些人是最难掌握的技巧。
- 耐心：时间和注意力也许是能送给别人最珍贵的礼物。
- 凝视：当说话人重复说同一件事时，不要让你的大脑走神。内容也许是相同的，但是语气上的微妙变化，经常能够告诉你和实际的话语一样多的东西。
- 忘掉自己的感受：不要说"我知道你有怎样的感受"，因为在大多数情况下，你是不知道的，也不可能知道其他人的真实感受。
- 不要分心：倾听需要百分之百的注意力。
- 观察：说话人的态度和姿势将告诉你更多有关他们要表达的感受。你会注意到，如果他们说的和他们用身体语言告诉你的内容不一致，那么，也许无意识的肢体语言会告诉你真相。
- 不要争论：既不要在心里也不要直接地争论。你也许希望别人接受不同的思想，但是要等到你完成了认真倾听并提出问题后再说。
- 听出说话人的特点：你越是能发现某些人的特点，如他们喜欢什么、不喜欢什么，他们的动机、希望和价值观等，你越是能很好地回应他们。
- 不要先入为主：避免因为自己是否喜欢他们的发型或他们穿衣的趣味等作出即时判断，或根据社会阶层或性别分门别类地硬放入某些框框内。要当心自身的偏见可能干扰倾听。

2. 提问

作为绩效教练，提问是有针对性的，问的是和被教练者的目标有关系的、有帮助的问题。

美国著名的领导力专家隆纳·海非斯说："好的领导是问正确的问题。"好的提问本身就是洞察力的一部分。通过提问帮助对方挖掘盲点，发现潜力。通过提问，让对方回答，发掘对方的心态。提问的态度是中立的，有方向的和建设性的。

提问的内容与对方的水平有一定关系，必须在他的水平上进行，超越了他的理解力和接受力就会偏离方向，徒劳无功。

世界顶尖的 NLP 潜能激发教练安东尼·罗宾是很多世界级名人的教练。他的发问技术是一流的。他说，所谓的"成功的人生"就是"问自己一个更好的问题",问问题就是在解决问题。

发问的目的和作用主要有：

- 搜集资料信息；
- 引导对方思路，寻找问题或者答案的线索；
- 选择性问题，让对方做出二选一，或多选一的"选择"；
- 宣言性问题，给对方以激励和鼓舞；
- 挑战性问题，给对方施加压力，促使他/她进行突破。

有效发问的前提，是得到对方的"信任"，并能进行"互动"。

3. 区分

区分是绩效教练的第三个基本功。区分让对方更加清晰哪些行为是对目标有用的，哪些属于"添乱"或者"干扰"。

从聆听和提问中，作为绩效教练的管理者要进行清理分类、判断，区分出真情和假象。了解对方的动机态度，帮助对方还原真实的自己。实际上，区分和聆听、提问是交叉进行的，就像体育场上的教练一样，指导运动员做动作，甚至严格要求他反复去完成某一个动作，但比赛必须他自己去完成。

区分的目的在于提高对方的自我洞察力，让对方看到更多的选择和可能性，从而支持其调整心态。

下边我们列举几种区分的情形：

- 事实 VS 假设

所谓的假设，就是我们的信念和价值观，即我们心中所预先假设会发生的事实，它来自我们过去经验的折射。

打个比方，当你看见一个人拿着杯子，你知道他想去哪里吗？很多时候，还没有等别人说出答案你就抢先回答了。因为经验会告诉你，他拿着玻璃杯可能是去接水、去刷牙、去浇花等。然而，真正的答案是什么呢？有可能他拿了杯子什么也没有干。这就是事实和你脑海中的假设的区别。

- 目标 VS 渴望 VS 障碍 VS 成果

例如，有 ABC 三个部门进行总结，C 部门负责人的发言是："A 组有一位业内的顶级专家，B 组比我们多 20% 的项目研发资金，所以我们部门的赢利最低，比不上 AB 两个部门。"

由此我们可以了解到："真相"当然是未知的，"事实"是 C 部门的赢利最低，而 AB 组的所谓优势，可以看作 C 部门负责人"演绎"的内容，因为 C 部门也应该有自己的优势，只是在赢利落后的情况下，没有暴露地说出来而已。

目标：是争取赢利第一；

渴望：是得到领导的理解、认同和原谅；

障碍：是缺乏负责任的心态，因为他主要找寻的和依赖的是客观原因；

成果：是既没有争取到"赢利"第一，也可能得不到领导的认同和原谅，这当然不是我们（C 部门领导）想要的。

教练是一面镜子，只反映而不揭示真相。因为，不是所有的人都有足够的勇气和智慧面对事实真相。教练通过自己的技巧的引导，把"目标、渴望、障碍、成果"从杂乱而晦涩的言谈中剥离出来，暴露在对方面前，让他看到"成果"到底是不是自己想要的？若不是自己想要的，对方就会进行换位及反思，自己找出"真相"，然后调整心态和行动。

4. 回应

回应，发挥镜子的反射作用，及时指出对方存在的问题。教练通过倾听、发问和区分等做法，已经了解到对方真实的态度和动机之后，就要像镜子一样，把他的真实状态反馈给他。让他清楚地看到自己的长处和弱点。这个回应应该是负责任地、明确地、及时地给他们信心和激励。让对方认识到原来自己是这个样子，自己有那么大的潜能，能完成那么伟大的目标，从而选择改变自己。当然在这里必须有一个重要前提，就是被教练者有改变自己的愿望，否则也达不到目的，外因必须通过内因起作用。

一个人每时每刻都在从外界接受回应，因为自我注意力有限，也因此忽略了很多外界回应的信息。这就导致了看事物时的盲点。

教练的作用，就在于引导被教练者聆听到各种回应的价值和意义。

回应不拘泥于形式，恰到好处的有效发问固然是一种回应，沉默无语地给予思考空间也是一种回应，以及中国禅宗大师们对弟子当头棒喝也是一种回应。

例如：一名新员工向你诉苦，说"为什么脏活累活全是我干？"你应该怎样回应？

可以反问他："你是不是感觉很郁闷？感觉是他们在欺负你"，让他看到自己的不满和抱怨等负面情绪。

也可以让他/她清楚自己的位置和状态，可以以自己的新员工经历作为例子，寻找共同点。

还可以让他意识到自己有需要改进的地方。

回应的目的主要有：

- 厘清目标

多数人没有明确的近期或远期的目标，而只有模糊的目标概念，感觉自己有目标了，但思路不够明确，没有方向，行动就不得力。

- 反映真相

不识庐山真面目，只缘身在此山中，多角度看问题，让对方跳出固有的自我意识，拓开眼界和思维。

- 调整心态

让对方看到正面积极的一面，合理的就是锻炼，不合理的就是磨炼，保持积极、乐观、向上的心态。

- 计划行动

所有的一切努力，只有付诸行动，对现实生活和工作起到了辅助和推动作用，才有意义。

12.4 教练实用框架——GROW

由约翰·惠特默爵士在1996年所提出的GROW模式，是依据此模式的四个阶段的英文单词字首Goal、Reality、Options、When结合而成，意为"成长"。惠特默爵士认为这是一种用来提升个人绩效的架构方法，以四个不同阶段有效的顺序（GROW）来进行教练：

- Goal：设定要达成的理想目标（短期及长期）。
- Reality：探索并检视现况与目标状态之间的落差。
- Options for Improvement：考虑不同选择的策略或行动的可行性。
- When will they commit to do：讨论并确定行动的时程。决定什么（What）该做，何时（When）行动，由谁（Who）来做，意愿（Will）如何。

1. 目标（Goal）

绩效目标是要确立一个绩效标准，这个标准应是一个人确信自己有很大机会达成的目标。绩效目标在很大程度上是可以掌握的，同时为工作进展的衡量提供了一种尺度。

- 你的目标是什么？
- 如果你知道答案的话，那是什么？
- 具体的目标是什么？
- 什么时候实现？
- 实现目标的标志是什么？
- 如果需要量化的话，拿什么量化你的目标？
- 你能描述一下达到目标时的情形吗？

制定目标时要把控制权还给员工。管理者习惯性地把目标当作无可置疑的命令传达下去，这就剥夺了那些被期望完成目标员工的自主权，而他们的绩效承诺也会相应地打折扣。

明智的管理者在激励员工的时候，会竭力使自己和目标之间保持有益的距离，并且只要有可能，就鼓励下属自己设定有挑战性的目标。

2. 现状（Reality）

（1）关于现状的常用问题主要有：

- 目前的状况怎样？
- 你如何知道这是准确的信息？
- 这是什么时候发生的？
- 这种情况发生的频率如何？

- 你都做了些什么去实现目标？
- 都有谁和此相关？他们分别是什么态度？
- 是什么原因阻止你不能实现目标？
- 和你有关的原因有哪些？
- 在目标不能实现的时候你有什么感觉？
- 是什么令你……
- 其他相关的因素有哪些？
- 你都试着采取过哪些行动？

（2）现实阶段的教练技巧

- 客观

为了接近事实，管理者和员工需要消除潜藏的意识，这就要求管理者高度公正，并且表述问题的方式能够使员工给出符合实际的答案。"哪些因素影响了你的决策？"比"你为什么那样做？"更客观公正，能够得到更精确的答案，后一种提问方式会使员工倾向于给出他认为管理者想听的答案，或进行自我辩护。

- 描述而不判断

管理者使用详细的描述性语言，能得到员工的理解和接受。描述性的语言能提升价值，而批评通常会降低价值。

不要简单地告诉员工他做错了，要告诉员工："这份分析报告和当初我们讨论的目标还存在较大偏差，上次我们提到的行业标杆企业成本结构以及这些成材料的供应商的成本结构分析没有体现，这和我们定的目标不符。"

- 唤起深层次意识

对于意识到的事物，人是有一定的选择权和控制权的，而意识不到的事物常常在控制着我们。因此，在现实阶段，管理者要努力唤起员工的意识，让员工觉察到自己应该做些什么来改变自己，促成目标达成。

当管理者问出一个问题，员工短暂沉默，并同时皱起眉头的时候，不要急于打断员工，等着员工的回答，这时候员工的潜意识正在不断被唤起，从一个较低的层次提升到一个较高的层次。

这时候的景象就像是员工在自己内心的档案资料里翻东西来寻找答案，

一旦找到了答案，员工新的意识就被唤起，这也带给了员工更多的力量。

3. 选择（Options）

（1）选择常用的问题有：

- 为改变目前的情况，你能做什么？
- 可供选择的方法有哪些？
- 你曾经见过或听说过别人有哪些做法？
- 如果……会发生什么？
- 哪一种选择你认为是最有可能成功的？
- 这些选择的优缺点是什么？
- 请陈述你觉得采取行动的可能性，打分。
- 如果调整哪个指标，可以提高行动的可能性？

（2）选择方案阶段的技巧有：

①更多的选择方案。选择阶段的目标不是要找到"正确答案"，而是想出和列出尽可能多的可选择方案。在这一阶段中，解决方案的数量比每个具体选项的质量和可行性更重要。好的解决方案并非一下子就可以得到的，只有把可能性放在首位，才有机会发现更好的解决方案。

②使选择范围最大化。管理者要尽其所能通过各种问题启发员工想出更多解决方案，为了做到这一点，首先要营造一个可以让员工放心说话的氛围。例如，鼓励的眼神，给员工充分的表达时间，做一些记录，轻易不打断和插话，多问"还有吗？"之类的问题等。

不管员工提出的解决方案乍看起来多么简单，甚至好笑，管理者都不要表现出来不耐烦，而是要不断做记录，把所有解决方案的核心点记录下来，这是后续讨论的基础。另外，一些看起来简单或者不现实的解决方案也许孕育着更大的良机，起到了抛砖引玉的效果，在管理者和员工进行适当碰撞后会得出好创意。

③消除想当然。教练过程，员工经常会习惯性地做一些防卫性的举动，说一些保守的话。例如：那样做根本行不通；这样做的话成本太高了，公司不会同意的；这样做时间太紧张了，我们根本来不及；咱们刚才想的法子，竞争

对手肯定早都想到了。

这些防卫性的语言经常掺杂在对话过程中，它起破坏性的作用，会把教练引向失败。管理者要及时发现这些思维陷阱，帮助员工走出自己思维的局限，跳出框框的限制，找到更多的可能性。为了做到这一点，可以提出以下问题："如果你有足够的预算呢？""如果你有更多的人力呢？""如果你知道该怎么办，事情会怎样？""如果障碍不存在，你又会怎么做？"等。

4. 行动意愿（Will）

常用的问题如下：

- 下一步是什么？
- 何时是你采取下一步的最好时机？
- 可能遇到的障碍是什么？
- 你需要什么支持？
- 谁可能对此有帮助？
- 你何时需要支持，以及如何获得支持？

5. 教练技巧

最后一个环节是把讨论变为决定。管理者要帮助员工下定决心，决定未来一段时间要真正需要去做的事情。这时候，可以这样问："刚才我们讨论了很多可能的解决方案，那么，这里面哪些是真正需要去做的？"大多数情况下，员工最终会选择多项解决方案，或者把几项解决方案整合起来。

具体的时间表是一个重要问题，必须问得非常精确，否则可能议而不决，尽管讨论了很多，但员工并没有马上去做的紧迫感。因此，管理者要问："你想在哪一天开始这个工作，在哪一天完成这个工作？"为了精确，可以具体到每天的时间点。

如果要保证一项工作得到有效的执行，最好能得到这样的答案："这项工作将于7月10号周三上午10点完成，以书面形式提交。"通常，开始和完成的日期都需要，如果任务是重复性的，那么就要制定间隔时间："每周二召开电话会议，对上周工作进行总结，对下周工作进行计划。"

通过 GROW 模型，管理者能有效地帮助员工明细目标，找到问题的核心点，鼓励员工进行发散但具创造力的思考，与员工一起商讨出解决方案，这个过程也使得员工对于后续的行动方案有足够的承诺和投入。

12.5　教练的实用框架——CDCA

CDCA 是华人教练吴咏仪女士基于自己 20 余年的企业教练的实践和人生经历，以及对东方文化和对不同的管理学及心理学理论的认知，在 GROW 模型的基础上进行的整理与提炼，从而形成了原创的 CDCA 的教练步骤，即：

C：Connection（联系）

D：Discovery（发现）

C：Choice（选择）

A：Action（行动）

该模型的核心部分是"目标和成果"，目标是起点，成果是终点，这与 GROW 模型的"以目标为导向的教练"异曲同工。只有当成果等于或大于目标时，教练才是有效的。

在明确目标的前提下，开始教练式的绩效对话。CDCA 的教练步骤中，作为绩效教练的管理者，前两个步骤 C（联系）和 D（发现）主要是与对方建立信任与意愿，厘清目标和方向，支持对方了解目标与现状差距的真相，认清内在干扰及潜能。后面两个步骤 C（选择）和 A（行动）是被教练者在看清楚事情的真相后积极面对选择和及时行动。例如，同体育项目的运动员在获得教练指导之后，运动员自己就会根据教练的意见及启发，在实际训练之中付诸实践。

整个 CDCA，更多地关注双方的互动，两者在对话过程中是一个"团队关系"，必须具备相互的信任度和意愿度，把员工放在核心位置，员工通过绩效教练在前面 C（联系）和 D（发现）的层层推动下，最终在"负责任"的态度下，主动和自愿地进入选择和行动实施的阶段。

1. 联系（Connection）

教练式对话不是漫无目的的沟通过程，不是日常聊天，而是"目标导向"的沟通对话，但沟通目标的过程，也是双方"信任及意愿"打开与建立的过程，没有足够的联系作为前提，即使是绩效教练与员工之间"感觉"目标沟通清晰，其实员工也很有可能只是应付，或只在事件表面目标上徘徊，没有真正做好进入事件背后的准备，特别是当员工把绩效教练当上级的情况下更容易出现此状况，因此第一步的C（联系）比"目标"更为全面地关注员工。

在C（联系）的过程中双方清晰此次教练式对话的意图和目标。更重要的是，厘清员工的信任度与开放度、对目标的意愿度及承诺度。"教练与被教练者的关系"和"被教练者与目标的关系"这两个维度帮助建立成功教练式对话的基石，被教练者的意愿的强弱决定教练四步骤的最后一步"行动"的效果。教练式对话的"最终检视点"是行动后的结果。

那么，C（联系）如何在教练式对话中实施，怎样进行"联系"才能确保整个教练过程的顺利进行呢？我们可以通过以下的提问来进行"Connection（联系）"的引导和检视。

- 我们今天的讨论主题是什么？
- 这主题和你目前、半年内或一年内要完成的目标有什么关联？
- 从1—10分，你对这主题的承诺是多少分？为何是这个分数？
- 从1—10分，你认为这个主题令你困惑的程度是多少分？希望我们沟通之后，降低至几分？

在以上的问题中，第三和第四个问题用度量化问题的方式帮助对方直面自己对于这次教练对话的意愿度和期望，数据化的提问给予对方一个机会自我对话，了解自己更多，坦诚面对自己及公开给绩效教练，更清晰和直观地了解自己在教练式对话开始时的状态，直面内心声音，不要回避。

这个步骤完成与否的关键点在于：

- 对方是否清晰树立自己的目标？
- 对话目标是否与其短期、中期、长期目标有相关的关联性？
- 了解对方的个人状态怎样？通过被教练者回答的答案感受，评估对方对教练的信任度及对目标意愿度。

2. 发现（Discovery）

在教练式对话过程中，教练是副，被教练者是主，教练支持被教练者打开思维，进入自我发现之旅，去发现自己内在的干扰、潜能、事情的真相、目标与现况的差距、事情的广度及深度、多维度的认知，从而更有方向性地去面对目标。在 GROW 模型中关于这个部分更多地体现在 Reality（现实）的环节，R（现实）集中在"事"的层面，围绕目标搜索相关事情，发现困难和寻找资源。而在 CDCA 的 D（发现）阶段提问的主要聚焦"人"的自我认知层面，主要目的是让被教练者知道关于事件本身的盲点和事件真相。

D（发现）是整个教练式对话中最关键的部分。探索不充分，容易造成话题和内容核心较浅，问题真正的广度和深度不足，而令整个教练式对话过程变得平庸、苍白，不能做到使被教练者顿悟、警醒，继而无法支持被教练者做出有效选择。

可以尝试通过以下问题来进行"Discovery（发现）"的引导：

- 你主要的干扰在哪里？你面对这些干扰的反应如何？
- 现状如何？现况和目标的差距在哪里？
- 哪些是目标完成中的关键人物？他们对现状的看法如何？你如何看待他们的看法？
- 你对这件事的看法是什么？这些看法是你的演绎，还是真相？和相关人士求证过吗？
- 哪些信念在阻碍你达成目标？在这事件上，你的责任是什么？

这个步骤的关键检视点包括：

- 找出问题真相及干扰来源，让被教练者找到并认清目标及现状的差距；
- 引发被教练者往内看、向内找原因、发现各种可能性，包括正面的和负面的；
- 发挥被教练者的内在四大天赋：自我意识、想象力、良知、独立意志力，为下一步"有效选择"做好准备。

有效的"发现"步骤提问需要教练从多方面、有广度、有深度地了解被教练者的主题，这要求不仅从被教练者个人角度出发看问题，也需要了解周边其他人的看法，以及他们的反应对被教练者的影响，同时了解被教练者本身对这些看法的真实反应，工作相关的主题，可从自我管理、团队管理、组织管理、行业管理四个维度去探究，探索深度要求不仅关注事情的细节，还需关注行为背后的选择及其影响力，支持选择的信念和价值观，更能看清楚被教练者本身背负的干扰来源。

3. 选择（Choice）

"Choice 选择"阶段提问的目的在于赋予选择权给被教练者，强化被教练者需要自己做出决定并承担责任，在互动的对话中，绩效教练顺利把"话语权"交给被教练者。

C（选择）是四个步骤中承上启下的一个关键部分，如果无法清晰地区分"选择"与"行动"两个步骤，而过早地走入催促"行动"计划的部分，这样容易变成"教练想"多过"被教练者想"。

成功的 C（选择），可以令被教练者更加主动地拟定行动方案，对教练的引导也会给予更加积极的回应。因此 C（选择）步骤是转折点，将被教练者从反思状态提升到负责任、承诺自我改变、提升行动的状态，在教练过程中所有的选项设定和选择权利在被教练者手中。

以下"Choice（选择）"阶段的问题可以让教练帮助被教练者自发寻找更多的可能性以及主动地打开：

- 你看到什么盲点？
- 你对这些目标完成的干扰有什么新的发现？
- 你愿意在哪方面负责？你会选择以什么样的心态去面对？
- 你看到什么新的可能性的方法、资源去完成目标？
- 你的决定是什么？

在意愿以及核心价值的层面去支持被教练者发现更多的选择可能，秉持"看人之大"的理念，相信被教练者有足够的自信及资源为自己负责，支持被教练者往达成目标方向思考和推进。

这个步骤的关键检视点包括：

- 让被教练者厘清其心态、情绪的选择对现在的行为造成的影响，对其目标达成是在加分还是减分；
- 在此基础上，被教练者做出选择：继续使用过往的心态，或者做出改变，以另一种可能性去面对问题与挑战；
- 通过"主动选择"去面对所有可能性，被教练者会对所作出的选择百分百负责任。

在这个阶段可以根据被教练者的实际状况，"挑战"被教练者对"可能性"的宽度和深度的解读，挖掘更多的可能性也是为最后的行动做好坚实的铺垫。

4. 行为（Action）

"Action 行动"阶段提问的目的在于令被教练者提出可支持其有效达到目标的具体行动方案。A（行动）步骤是整个教练式对话过程的最后一步，在成功的教练式对话中，这个步骤不需要花费过多的时间，因此此前的三个步骤已经成功将被教练者心态打开，进行实现有效选择及有力行动。

需要注意的是，广义的教练不仅仅包含教练式对话过程四步骤本身，还包括被教练者后续持续的承诺及行动，作为绩效教练的管理者需要参与到被教练者完成行动计划、检视目标达成等一系列工作中。因为目标与成果才是检视教练效果的唯一途径。

这个阶段可以问的问题包括：
- 你打算怎么做？
- 什么时候去做？
- 怎么证明你达到这个目标了？
- 你需要什么样的资源去达成目标？你希望我怎么支持你做到？

其关键检视点包括：
- 清晰需要达成的目标是什么，约定下一步行动计划和检视方法；
- 为下一次设立检视点，并与被教练者达成共识。

教练式对话是一个"与被教练者"共舞的过程，身动而心定，进退之间的突破与接纳，与被教练者同行。教练是一个永无止境的过程，任务或目标在过程中不断更新和提升，每次目标的达成，也意味着新任务和新目标的开始，而人的潜能就在这个过程中不断被自我挖掘，自我突破！

> **最佳管理实践分享**

　　真正的绩效是超越他人的预期，自己设定最高标准，择高处立，是一个人潜能的展现。而如何使个人能充分展现潜能就成为管理的一个新课题。

　　责任感是获得高绩效的关键，当一个人真正接受、选择或者对自己的行为负责的时候，个人的承诺就会提升，绩效也会随之提升。

　　教练可以使管理者的两个职责"完成任务"和"培养人才"结合起来。

　　人只能被领导而不能被控制，而领导成功的关键是需要了解人和调动人的潜力，从而让每个人都变成资源。

第十三章
绩效管理变革与趋势

【本章导读】

- 社会环境的变化对绩效影响
- 绩效变革在组织中如何体现
- 绩效管理更注重长效和本质

当诺基亚 CEO 约玛·奥利拉在记者招待会上公布，同意微软收购时最后说了一句话："我们并没有做错什么，但不知为什么，我们输了。"说完，连同他在内的几十名诺基亚高管不禁落泪。这个场景让人伤怀不已，诺基亚是一家值得敬佩的公司，诺基亚并没有做错什么，只是世界变化太快。自己不变，就要被别人"变"掉。

之所以专门有一个章节来谈趋势，谈外界环境的变化，是希望各位 HR 能从外向内，看到正在发生的未来，不仅仅是为此而提前做出准备，更重要的是感知变化、接受变化、引领变化。

13.1 新时代的变革和冲击

免费、大数据、粉丝、众筹、互助分享……互联网的技术确实把我们带到了一个全新的生活模式中，万物互联带来的用户主权，虚实结合，无线互联，信息的透明和快速传播，自由、速度、方便、随时随地……

互联网时代带来了两个深刻的变化：一是人类时空的充分"解放"。互联网突破了时间和空间，连接一切，成为像电力一样的基础设施，互联网打破了原先的信息壁垒，让信息的流动越来越便捷和直接。二是人类重返社群时代。社群变得无所不在，社交成为随时随地的生活状态，在一个社群中，每一个个体都具有极大的自主性和能动性，线上社交和线下生活能够实时打通，更是促进了粉丝、分享、众筹的产生和蓬勃发展。

这两个深刻的变化有赖于技术的进步，同时也带来了整个管理上的变化和挑战。一方面是连接更为直接，中间环节越来越少，信息更加透明和对称；

另一方面也带来了大量的信息和数据的交互和积累；同时，不同的连接和交互使得变化越来越成为常规的环境。这些，使得组织从如下方面出现了明显的变化：

- 权力秩序到影响力秩序
- 封闭架构到开放架构
- 物质利益到精神利益

就像马云说的，"我一直认为互联网不是一种技术，而是一种思想。如果你把互联网当思想看，那么自然而然就会把你的组织、产品、文化都带进去，你要彻底重新思考你的公司。今天很多人都说网上营销好，但是营销好了，麻烦也就开始了，整个组织、人才、战略都要进行调整"。

可以说，传统的以领导为导向的管理模式转换为以客户/用户为中心；使得单纯以薪酬和晋升为主的员工激励模式拓展为倡导自由、开放、平等的人性化激励机制；也使得企业集权制管理逐步改善为基于客户满意度经营或者用户体验至上的管理理念。

（1）用户至上

互联网+时代，所有的企业都在谈论的一件事情就是怎么能够跟用户去做连接，如果不能跟用户做连接，就没有办法真正地去连接市场，或者真的去理解这个市场。互联网+时代，企业的核心竞争优势来源于企业对用户需求的敏感度和满足度。每个企业要想成功，必须更广泛地与用户建立沟通，给用户赋权，让用户以吐槽或者点赞的方式来驱动企业产品或者服务的改进。

用户思维归根结底是价值思维，到底能为用户创造什么样的价值，无论是专注、极致，还是口碑和快速，都是围绕着给用户带来的价值进行的。好的用户体验应该从细节开始，并贯穿于每一个细节，能够让用户有所感知，并且这种感知要超出用户预期，给用户带来惊喜。

对于人力资源管理而言，一样要找到自己的用户。公司是兼具内部与外部营销职能的，而对于人力资源管理而言，也要看看自己的用户到底是谁？在一个企业内部，上至领袖，下至员工，每一个环节上，"人"的意志和行为最终决定了公司的发展方向和经营成败。所以，不仅仅是领导，员工以及潜在的候选人都是人力资源管理的用户。因此，企业在关注外部客户满意度的同时还应当视其员工为企业内部用户，切实地考虑员工的工作习惯和需求，将现有人员管理制度结合员工的视角进行优化，通过数据调研帮助员工发现自身优势并运用这些优势完成和享受工作，从而使雇员的工作理念和服务精神由"契约型"转变为"自驱型"。

譬如，硅谷的一家高成长软件公司 Palo Alto Software 的员工就自豪于东家没有严格的考勤约束和容许在特殊情况下"带着孩子上班"的企业文化。他们的公司只看重工作结果和目标完成情况，而不硬性规定在办公室的时间。这样的柔性管理，既缓解了员工的实际生活压力，又体现出公司对他们家庭生活和家人的尊重；而这种颇具人文关怀的隐含着"自主、掌控和平等"思想的管理理念为员工提供了发挥创造力和主动性的卓越空间，使得其企业内部客户更积极地投入工作并换来了前所未有的财务成功。这也正是对企业内部管理"用户至上"的最好阐述。

（2）大数据

人类保持数据、生产数据和使用数据的能力都得到了空前的增强，尤其是社交媒体的兴起，把交流和协同的功能推到了一个登峰造极的高度。互联网尤其是移动互联网开始成为人们实时互动、交流协同的载体。社交媒体推动数据总量骤然增加。全世界的网民都是数据的生产者，每个网民都犹如一个信息系统、一个传感器，不断地制造数据，这引发了人类历史上迄今为止最庞大的数据爆炸。社交媒体使人类的数据世界更为复杂。

举例来说，2009 年 Google 在全球做了一个著名的计划，叫作氧气计划，它希望能够打造一款更好的产品，就是公司内部的经理人。它对公司的 1 万多名员工进行了访谈和问卷，他们想知道到底在员工看来什么样的经理人才是一个好的经理人。Google 最开始发展的几年，公司规模非常小，那个时候主要是以技术人员去推动的，遇到的技术问题，员工都去问他的主管、经理，要求他的主管和经理能够解答员工的问题，但是公司越来越大之后，公司发现如果仅仅有一个能够解决问题的主管或者经理，是远远不够的。2009 年测试发现，成为一个拥有技术专长的技术型专家，排在了提炼出的几个指标的最后一位，而排在第一名的恰恰能够成为一名好教练。所以，相应的就需要把能够成为一名好教练当作经理人最重要的选拔、培养和考核的内容。

（3）迅速迭代

数据、信息的充分连接，各种变量互相作用，使得变化无处不在。就像应运而生的互联网开发的典型方法论"敏捷开发"，一种以人为核心、迭代、循序渐进的开发方法，允许有所不足，不断试错，在持续迭代中完善产品。这里面有两个点，一个"微"，一个"快"。

①小处着眼，微创新

"微"，要从细微的用户需求入手，贴近用户心理，在用户参与和反馈中逐步改进。"可能你觉得是一个不起眼的点，但是用户可能觉得很重要"。360安全卫士当年只是一个安全软件产品，后来就是因为它在细微处给用户带来的便捷使得在3Q大战中"二选一"时用户毫不迟疑地坚定选择它。

②"天下武功，唯快不破"

只有快速地对用户需求做出反应，产品才更容易贴近用户。Zynga游戏公司每周对游戏进行数次更新，小米MIUI系统坚持每周迭代，就连雕爷牛腩的菜单也是每月更新。

这里的迭代思维，对传统企业而言，更侧重于迭代的意识，意味着我们必须及时乃至实时关注用户需求，把握用户需求的变化。

对于人力资源管理而言，以往"建立体系、政策稳定"的思路受到了挑战。外界环境、用户需求的快速变化，不停地冲击着现有的流程和政策，要求的是更快的响应，在这种情况下大而全的政策制度建设以及流程管理肯定是不能适应企业的需求的，越来越多的时候需要灵活应变，见招拆超，允许先破后立，而不是固守规章流程。

13.2 正在发生的未来

如今，很多方面都已经为传统管理的颠覆创造了可能，互联网对组织的颠覆和互联网原住民强势的诉求，云、大数据、机器学习等新技术与管理工具乃至管理思想的融合，加之心理学对人性和人类认知思维的进一步诠释，这些力量无论是哪个都可能导致传统管理剧烈变革，再加上以硅谷为代表的无数同时具备思想家和企业家光环的先驱者的探索和实践,以及无数后继者的跟进,传统管理的颠覆必然在所难免。

1. 自由雇佣时代

这个时代,被颠覆的不只是过去成功的企业,还有与之相连的人的命运。从传统来看,劳动者往往在获得一份工作之后,便终其一生为一个雇主服务。职业被认为几乎与婚姻一样永固,雇主与员工彼此承诺,无论是业绩好还是坏,牛市还是熊市,只有退休能将彼此分开。"80年前,美国上市公司挑选标准普尔股票指数的样本公司平均存活时间为90年,40年前,这个数字是35年,2014年,这个数字为15年。"过去一个人只要找到一家公司托付终身即可,现在越来越多的人意识到,那种将自己人生或者命运托付给企业的传统生存方式,已经成为最不安全的选择。几年前,还有很多人认为进入一个大公司是梦寐以求的,因为进入诸如IBM、HP的大公司后,职业生涯就像乘坐自动扶梯,只要按照既有的规则,未来就会按部就班地晋升。今天,更多的人会认为将自己的人生或者命运托付给企业的传统生存方式,是不安全和不靠谱的人生选择。雇主、管理者和员工的关系框架开始进入一个新的篇章。Linkedin的创始人Reid Hoffman在他的著作《联盟》一书中就雇主、管理者和员工新的关系框架做了研究,他指出自由雇佣年代已经来临,"在自由雇佣年代,员工被鼓励将自己看作'自由人',寻找最好的发展机会,只要有好的工作机会出现就跳槽"。无论公司如何渴望稳定的环境,员工如何渴望终身受雇,世界都已经发生了不可逆转的变化。就像罗辑思维创始人罗振宇所说的,现在很多人是U盘化生存,自带信息、不装系统、随时插拔、自由协作。原来在企业变故(倒闭、兼并购、裁员等)的时候才发生的职业变动,多有被动的意味在里边,但是现在职业变动变得越来越主动,更加普遍和频繁。

多元与独立,自由与责任共存。今天所看到的每一个个体都会特别强调他的独体性和自主性,也特别在意他的个体价值观以及个体的能力。这种多元与独立,其实是我们今天看到个体的一个基本特征。如果都是这样的一个多元的、独立的个体,怎么去让他拥有责任呢?现实告诉我们,这些多元、独立、自由的个体比我们想象的更具有责任心和创造力。他们在天性上需要自由，愿意去开放地做事情，也由衷地希望能把事情做出效果，当这些要素组合在一起的时候，迸发出来的创造力是超乎想象的，组织在逐步进入"人人是创客"的时代，每个人都有权利提出自己的想法，但也要为自己的想法买单，即付出努力带其变成现实。

2. 变化的组织

组织中的个体与组织的关系从依赖转向共生。原来的组织，是组织的目标处于核心的地位，但现在个体的能力变了。在个体能力没有改变之前，其实个体要依赖于组织的。所以个体会服从于组织的目标，可是当个体的能力改变之后，组织的属性就要关注另外一个概念，即组织要依赖于个体，组织目标的实现其实要依赖于个体能力的释放，个体和组织是共生的关系。企业组织过去以控制命令为核心的组织关系逐渐变成了一个相对平等和自主、富于创新的关系。

同时，信息的更加开放透明，也使得企业信息可以在同一层次上传递和共享，而不必自上而下层层下达或是自下而上的逐级汇报。传统的企业员工之间的纵向关系在企业信息网络平台（数据平台）上变成了纵横交错的平等关系。而且企业管理人员的信息沟通能力和管理跨度已成倍、甚至数十倍地增长，从而大大压缩了企业组织结构的层级，向扁平化方向发展。扁平化的组织结构是一种静态架构下的动态组织结构，它改变了原来层级制组织结构中的企业上下级之间、部门与部门之间以及组织与外部之间的联系方式，具有敏捷、灵活、快速、高效的优点。其最大的特点就是等级型组织与机动的计划小组并存，具有不同知识的人分散在结构复杂的组织形式中，通过凝缩未来时间与空间，加速知识全方位运转，以提高组织绩效。

组织的另一个变化就是无论是内部边界还是外部边界都变得更加模糊、更加富有柔性和灵活性。组织边界的柔性化更易于企业的资源、信息等的传递和扩散，使信息、资源能够快捷便利地穿越传统组织的边界，促进各项工作在组织中顺利展开和完成，使组织作为一个整体的功能已远远超过各个组成部分的功能之和。

总之，企业组织形态的演变从根本上说是组织与组织内外部环境相互作用的过程中，为了维持环境与自身的动态平衡，随其所处环境的变化而变化，从而获得自身的生存与发展。由于环境的复杂性和多变性，未来企业的组织形态将是现有组织形态与创新组织形态、实体组织形态与虚拟组织形态并存，企业的组织形态呈现多样化的发展趋势。当员工所处的组织已然开始不同，整个绩效管理体系的变化也就需要随需而变。

3. 实证的管理

在这个时代，引导管理学进步的基础将不再是形而上的思辨，因为当外部环境发生变化的时候，它只能用来解释过去，而无法指导现在和指引未来。

就像传统的管理咨询行业的某某模型、某某工具，更包括我们最近被频频当作靶子的传统绩效管理，好像一套模型和工具可以往各个组织上面套。笔者在互联网行业浸泡十几年，接触到处于各个阶段的公司，有初创时期的，有快速发展的，也有成熟阶段的，还有谋求转型的，无一例外，创始人或者CEO的特点都是非常务实，在他们眼中专业性并没有那么重要，更为关键的是能否帮他们解决问题，如果HR还按照所谓的专业思路来跟他们对话，不去关注业务面临的挑战及问题，因地制宜地给出解决方案，你会发现无法与这些创始人或者CEO对话。就像采购咨询公司的工具，接纳它的方法论，但却无法在事实层面回答为什么需要一套这样的东西，这套东西是否适合，以及究竟这套东西带来的价值是什么。一切的论证都来自假设，如传统绩效管理使用的对人性的X假设，可是没办法回答说这个组织的员工是符合X假设，还是符合Y假设，还是两者都有但是比例不同，变成了假设是X就是X，假设是Y就是Y，然后再说下面的推论。这种方法在实践中的操作效果可想而知。

所以，在这个时代，管理学的基础将不再是思辨，而应当是实证。HR们也应当通过最基本的科学实验对每一个组织证明，这个东西适合你，而不是因为这是一套所谓的金科玉律。但是能否在企业组织中直接采用实证方法来落地管理实践，这股潮流一直从近年来才从硅谷兴起而成为潮流，这在很大程度上得益于技术的进步和互联网的兴起使试错的成本越来越低，实证的可操作性越来越强，如对线上与线下的行为数据进行挖掘的可能性。就像我们前边提到的Google的氧气计划，他们通过实证找到了适合自己的领导力模型，而不是找咨询公司采购和找领导拍板。在这个时代，企业的勇气跟方法同样重要。

4. 已经进行的尝试

几乎所有的企业都有绩效管理制度，大部分企业在现今，也能设定明确可衡量的组织 KPI 并层层下放连接至事业处、部门以及个人的 KPI。但是 DDI 近期的全球领导力调研报告（Global Leadership Forecast）显示，根据 1400 个参与调研的企业，只有 12% 认为他们的绩效管理制度是有效的。根据 The Conference Board 最近一期的调研，只有 35% 的企业认为绩效管理制度对达成事业结果有帮助，更只有 20% 的使用者对于现在有绩效管理制度是满意的。各大企业纷纷开始做一些尝试，如取消以强制分布和年度考核为代表的传统绩效考核，虽然对于替代方案并没有达成共识，而是各行其是地创造了适合自己的方案，但是，从这些尝试中我们还是能看到一些共性之处。

13.3 重新思考绩效

当外部环境发生急剧变化，而且变化不断加快，快到企业的流程已经无法适应变化，必须要求员工充分发挥能动性去面对复杂和不确定的环境时，这种能动性和结果越来越无法被简单量化，那些对不同环境中不同人员的产出的量化和对他们的绩效进行排序就出现了巨大的问题，使绩效的考核评价标准变得十分模糊，使得非正常的绩效提升手段横行，如给自己定十分容易达成的目标，或为了完成 KPI 而不择手段等，加上在传统企业中由管理者掌握着绩效的生杀大权，这些模糊的标准给权力的滥用提供了天然的温床，最终导致企业员工一边浪费时间完成绩效动作，一边因为绩效管理而怨声载道，对工作敷衍了事，生产力和创新力下降。在恶性循环不断发生之后，公司终于发觉这套东西不能再用了。

（1）不是非 KPI 不可

传统的绩效管理体系从目标设定到绩效评定再到绩效反馈，目的无外乎两个，一是让目标能层层分解到员工，以使公司整体目标得以实现；二是通过绩效评定能让业绩好的员工有好的回报从而激励员工更好地付出。然而，现实是超过一半以上的管理者认为现有的绩效管理方式，既无法激励员工，也不能提升绩效，因为目标不再是一个评估周期内不变的，调整的频率越来越频繁，甚至有些事情事先并不能设定出清晰的目标，在这个基础已经变了的情况下，固定周期的绩效反馈和评估就更没有意义了。绩效管理体系也需要与时俱进，也需要立足于用户、敏捷、即时、更个人化的系统专注于促进绩效。

就像下文辅助案例中所谈到的逻辑思维，就重新界定了绩效管理的三大目标：肯定、认清和有效激励员工的表现。实际上很多公司也在反思绩效管理的真正目的以及实现手段。

◎案例

罗辑思维是目前影响力较大的互联网知识社群，包括微信公众订阅号、知识类脱口秀视频及音频、会员体系、微商城、百度贴吧、微信群等具体互动形式，主要服务于有"爱智求真"强烈需求的"80后""90后"群体。上线半年时间，节目点击量和微信关注数都呈现出指数级高速增长态势，知识社群氛围初步形成，成为受众和媒体关注的现象级产品。

罗辑思维的员工每个月可以获得10张节操币，每张相当于人民币25元。可以用这张节操币在我们周边的咖啡厅和饭馆随便消费，还可以获得打折和VIP待遇，公司月底统一与这些饭馆结账。但是节操币不能自己使用，必须公开赠送给小伙伴，而且要在公司公示你为什么要把节操币送给他，说明具体原因。节操币成了硬通货，每月公司会公示当月节操王。每年收到节操币最多的节操王，会获得年底多发三个月月薪的奖励。所以，每个人都能看到一个公开的数字，这个节操币的交易情况，反映了每个人与他人协作的水平以及别人对其工作的认可程度，没有明确的KPI，也不是由上级来评判，而是把权力交给了每个能看得见你工作的人来评判。

（2）链接个人价值观和企业价值观

这里说的价值观，不仅仅是企业的价值观和文化，更重要的是体现在具体企业产品所传递出来的价值观和文化。"工作最好的报酬就是工作本身"，企业的价值观和文化让工作本身变得让人愉悦、有吸引力，与员工的追求一致，就是最根本的激励。

说到价值观就不得不分析现在及未来就业的主力人群80后及90后。80后和90后成长在物质丰富的时代，父母已经为他们积累了财富，相比60后和70后的白手起家而言，他们有父母积累的财富，生存的压力要小得多，这使得80后和90后更注重自我价值的体现，要"有情怀"。而我们也能看到这几年优秀人才尤其是崭露头角的年轻一代，越来越多的从大公司流向创业团队，创业团队吸引他们的就是在其中更能真实深刻地感受到公司产品的力量，更能切实地体会到通过产品改变世界，在创业团队更能实现理想和抱负，有想法能马上实践，而不用在大公司中等排期等审核。

◎案例

一个创业公司的HR谈到福利好、条件好已经成为各个公司想要吸引人的一个标配，可是，为什么他们作为一个创业公司还能吸引到相当不错的候选人呢？HR告诉我他们开始也没有自信，他们开始问他们的员工，为什么选择加入公司，结果非常让她吃惊，短短的一个小时内，大家用小纸条的方式给了他们积极的反馈，"因为我怀揣着让人们生活更美好的理想，而我们的产品正是这么一款产品""我们热爱我们的这款产品，因为产品真的给用户解决了问题，看到用户的感谢，我真的很自豪""开始入职时，公司的理念和模式吸引了我，我希望参与进来""面试的时候就给了我和谐、务实、拼搏的感觉""并不是每个人都有机会经历每一波浪潮，与其在外边讨论不如加入进来"这些都是大家写出来的。

时代的变化要求组织重新审视人这个最重要、最核心的资源，真正从人力资本至上角度重构管理理念和模式。接受这种变化，体会它，你就能把握住它每一分正在勃发的积极力量。现在越来越多的企业重视雇主品牌的内外建设，对外吸引欣赏公司文化的人才加入，对内凝聚和打造强势文化，正是在朝着保证个体基因一致的方向发展，以适应充分授权的需要。

（3）关注人大于关注具体任务

互联网改变了人与组织的关系，改变了人与组织的力量对比，组织中话语权的分散使信息的发布权力掌握在每一个个体手中，依靠个体的影响力去掌握资源。现在的环境已经不是一个封闭的体系了，如果我们把绩效管理体系也看成一个产品的话，这个产品的用户就是员工，如果没有员工参与，闭门造车，这个产品可能就只是管理者的想象，或者是管理者，或者是制度，总有一项被埋葬。

①重视参与，选择信任

用互联网的用户思维来考虑，我们需要通过微博、微信、电子邮箱、内部论坛、面对面沟通等方式，让员工参与进来，了解员工的需求，让员工成为公司管理产品的"粉丝"，时刻建言献策，共同打造以实际需求为基础的绩效管理解决方案。

员工参与，其实传递着经营管理理念的转变。之前对员工更多的是"管控"，而缺少了"理解"，管控思路下的假设是"人性本恶"，如果没有严格明确的规则，员工就会钻空子。而互联网思维下更多的是"理解"，背后的假设是"信任"，相信员工可以有办法，可以贡献他们的智慧，为达成共同的成就自愿自发地做事情。

◎ 案例

笔者曾经和一个互联网公司的创始人讨论过管理问题，这个创始人说了他们管理中的一个例子，他在设定差旅报销的规定时，只规定"建议大家住经济型酒店"，而不是规定住宿标准不得超过多少钱。上千人规模的公司，大家非常自觉地选择出差住经济型酒店，只有在特殊情况下，如需要会见重要的客户等才会申请住星级酒店。这种做法，不仅实现了成本控制的目标，而且省去了各种复核申请和审批的流程，对运营成本也是一种降低。这就充分说明了当以信任的假设来管理团队、衡量团队的业绩时，团队会自觉地用自己尽可能想到的办法来达成目标。当然，如果一旦有人破坏了"信任"，他就不再被信任，而这种人也很难在团队中存活了，因为还有周围的监督，大家都希望在信任的环境中工作，而不是在被严格监控的环境中工作。

所有的管理者都希望员工负责任，负责任的本质就是内在地同意这些事情与自己有关，愿意为这些事情付出自己的智慧、精力、感情和时间，以及资源等。这就是负责任的最根本的一层，即有意愿负责任，意愿有多强，责任心就会有多强。而信任员工，让员工参与就是让员工内心产生共鸣，认可这个事情跟自己有关的有效的方式。

②去中心化，重新定义角色

原来的绩效管理模式强调的是管理者分解目标、管理者评估目标完成情况，等等。领导做决策，员工做执行，这背后的假设是上级掌握更多做决策的信息，上级比员工有更多的经验。但是在移动互联网时代，全新事物的不断出现，没有人敢说这个事情我有经验，管理者过去的经验已经不能应付快速的变化和越来越多的不确定性了，而且信息越来越倾向于公开透明和快速传播，以往绩效管理很多做法所依赖的假设已经开始变化甚至不复存在了。

在新的环境和趋势下，管理者不再是绩效管理的中心，也不再是管理者做决策，员工执行即可。企业的大方向确定之后，需要一个个有能量的个体凝聚在一起，越来越多的企业开始真正的"以人为本"，关注"个体"，在尊重个体诉求的基础上，找到共同的利益点，从而激发个体的内在动力，赋能给个体，让企业价值链上最能感知到需求的人来做判断，因地制宜地采取恰当的做法。所以，华为提出"让听到炮火的人做决定"，"未来的战争是班长的战争"，呼唤炮火的不再是塔顶的将军，而是贴近前线的一个个小团队。海底捞给每个服务员一定的权限和预算来处理客户的投诉或者不满，而不用再层层审批到领班处才能决定如何处理客户的不满意，等等。这些都是这种思路和尝试的体现。

而在此时，管理者的作用更多地在于机制的设计者、过程中的教练者以及资源协调和提供者。绩效辅导不再是冰冷地指出错误，GROW模型不再是以完成冰冷目标为核心的"割肉模型"，而是一次以用户为中心的互动体验。在移动互联网时代，应该抛弃只看投入产出比的思路，特别是在保留和激励优秀人才方面，在员工的感情银行里预存入更多的资金，以期日后或有双倍的回报。

③绩效管理体系由繁至简

绩效管理体系越来越简单化，去除繁文缛节，追求便捷、高效。人力资源部门是企业规章制度的制定者、执行监督者，往往给员工以"官僚"和"故作深沉"的感觉。约束是为了减少出错或者害怕出错，但是约束是无法产生创造力的，没有惊吓亦不会有惊喜。回到绩效管理，作为管理者，有没有被信息过载？建立各种流程，设立各种检测指标，绘制各种报表，用各种KPI去考核员工的绩效表现，但面对这些数据，要花多少时间和精力去收集整理，而又有多少能简明扼要地帮助做决策？对于员工，没有谁能够随时把考核要点背全。即使把考核指标背全就代表他一定会尽心尽力去做吗？

另外，互联网思维要求产品快捷便利，要让用户用最少的时间完成对产品的理解和熟悉，会用产品。产品要求快捷便利，针对用户的需求快速应变和调整响应，管理者要想一想，企业内部的管理流程能支持这些来自业务第一线的需求吗？貌似业务第一线的需求和很多企业内部绩效管理形成了悖论，内部的管理要求各种评估、审核，批复下来，需求已经又变了，还得再审批再批复，时间花得毫无效果。

互联网的不少创业公司，当他们觉得惯行的绩效管理办法、方式不那么有效时，开始大胆的尝试，而且尝试的效果相当令人满意。

◎案例

有一家专门做互联网招聘服务的公司ITerGet（之所以不叫他们猎头公司，是因为他们所做的已经远远超出了传统猎头公司的范畴），专门为互联网的创业公司提供人才服务，在成立不到一年的时间，业绩将近2000万元，顾问规模也从最初的几人到50人，这个增长速度在招聘类公司中，属于TOP序列的。笔者曾经造访这家公司，晚上已经9点了，整个公司还人声鼎沸，都在加班。我问这家公司的创始人，你们每天都是这样吗？他说是啊。再仔细聊下去，才发现原来他们在业绩管理上有一套独特的方法，创始人分享了他在绩效管理上的理念和方法。

两个基本理念：一是简单易理解；二是让员工有充分的空间发挥，只关注员工能决定的最后一个环节，之前的环节让员工自己决定，保证最后结果即可。创始人把他们的指标体系做了分析并跟大多数的同类公司做了比较，具体如图13-1所示。

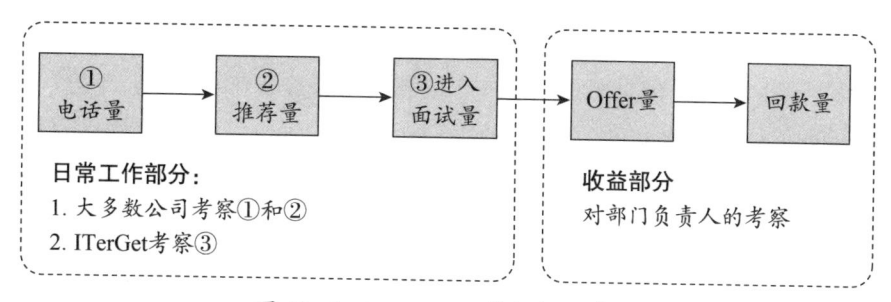

```
┌─────────────────────────────────────┐  ┌──────────────────────┐
│  ①        ②       ③进入            │  │  Offer量 → 回款量     │
│ 电话量 → 推荐量 → 面试量            │  │                      │
│                                     │  │  收益部分             │
│  日常工作部分：                      │  │  对部门负责人的考察   │
│  1. 大多数公司考察①和②             │  │                      │
│  2. ITerGet考察③                    │  │                      │
└─────────────────────────────────────┘  └──────────────────────┘
```

图 13-1　ITerGet 日常指标示意图

每一步的观测指标对应着不同阶段，不同级别的人。

电话量只针对入职 1 周的同事，目的：确认能够拨打出去电话，并且保证质量。

推荐量只针对入职 1—3 个月的同事，目的是确认掌握多种寻访渠道。

对于通过试用期的**成熟顾问**：考察每周进入面试的数量。这个指标有个特征：一是初期顾问能保证的最后一个指标；二是把前两部分的工作交给顾问自由发挥。

很多公司的指标是：检测①和②，缺点如下：

顾问疲于应付前两个指标，公司的管理层经常因为前两个指标不达标判定员工不努力。

顾问的工作兴趣度大大降低，因为他自己不能对结果负责。

创始人还专门小结了一下，他认为最近流行的 OKR 取消 KPI 的说法日盛，盲目实行 OKR 也不完全正确，在一个完整的业务流程中，适合自己的考核点，最关键的原则是：简单可行，把员工当前能决定的最后一个环节来考核，尽量把之前的环节让其去发挥。

很多公司已经开始逐步放弃事前制定复杂的指标体系，花费大量的时间在指标的分解和计算衡量上，尤其是对于研发和产品人员，更多的转为事前定方向，事中多沟通讨论，事后评价（更多的是事后的复盘和总结），通过这种办法，让大家能聚焦于事情本身，而不是既定的指标值上。

（4）静态管理转向动态管理

传统的绩效管理体系，以年度或者季度或者半年度为周期，在固定的时间点开始并完成规定动作：设定目标、绩效评估、绩效反馈。比如，花了时间把目标设定好了，但是外界环境已然变了，重新填表修改目标吗？时间可能都用来 Paper Work（纸面工作）了。用一年一次（或半年一次或每季度一次）来收集正式的员工表现吗？在奖励上，表现优秀的员工不能够得到及时的提升，在决定惩处时，需要层层审批，反馈到员工处时已然时过境迁，效果已然大打折扣甚至收效甚微。这种静态的周期管理显然开始受到越来越多的挑战，越来越多的企业开始尝试各种形式的动态管理。一些互联网企业已经放弃了传统意义上的绩效管理，开始用灵活动态的方式看方向，看执行，及时讨论，及时调整，及时反馈。

◎ 案例

某互联网创业公司并没有所谓的体系性的绩效管理，创始团队在创业伊始就把每月的月会变成了绩效的及时回顾，在月会上，各个团队述职，对阶段性的成果做出分析讨论，如果根据外界环境需要调整，则在会上直接讨论确定下来，如果月度太长，则中间随时召开会议专题讨论。除了业务讨论的内容外，他们还会对团队的人员一起讨论，如新的项目或者调整后的项目谁适合来负责、为什么适合，等等。在这种密集的沟通共识中，无论是对业务结果的评判，还是过程中是否用心思考，甚至包括团队能力的强弱，员工的擅长以及短板，都会一目了然。当然，这家创业公司在人员规模比较小的时候秉承不宜把绩效管理做得太重的理念，随着业务发展，人员规模也逐步扩大的情况下，这种灵活的、及时的绩效管理思路是否适用，如何贯彻，他们也做了细致的探讨，如当团队规模扩大的时候，他们依然坚持扁平化、小团队的组织建设原则，以横向裂变的方式，裂变成不同的小团队，每个团队依然可以按照这种模式来及时快速地看到业绩效果以及团队的情况。

（5）绩效评估结果应用更综合更长期

员工激励，没有钱不行，但光给钱也不行。如果绩效评价的结果就是发奖金，员工就会把所有的焦点关注在绩效评价的结果上，而前边我们也讨论过因为环境变化带来的绩效目标的不断调整以及精确衡量的难度越来越大，各种不确定性因素的出现使得团队的协作共同配合更为重要，以往的绩效评价结果就体现在奖金上的方法还合适吗？传统的绩效闭环往往直接会和员工的物质激励紧密结合起来，但过度的物质激励的刺激真的会让一个优秀的员工保持持续的干劲儿吗？还有很多企业还会定期根据业绩情况进行优秀评选，这个方法在管理中很流行，以至于管理者几乎不会思考种种方法的合理性，把它当成一种有效的方式在使用。往往的结果是奖励一个或者几个，打击了剩下的一大批。大家会想，这又不是他一个人的功劳，为什么就他被奖励？

从心理学意义上看物质奖励，物质需要是人的基础需要，衣、食、住、行等条件的改善，对调动人的积极性有着重要意义。物质奖励榜样，奖励先进，实际上是树立了榜样，强化了按劳分配的观点。

精神奖励是满足人们的精神需要，在物质需要获得满足时，精神需要则往往成为某些人的主导需要。精神奖励能激发人的荣誉感、进取心、责任感和事业心。

那怎么解决激励动力不持久，奖励一个人打击一片的问题呢？

第一，牢记物质奖励能发挥有用武之地的场景，发挥物质奖励按劳分配，树标杆的作用。如果不能特别明显地区别出来个人的贡献，宁愿奖励团队。

第二，看长远，链接最终用户。以给用户带来价值，从用户的认可中给员工和团队激励。

把给用户的价值衡量链接到我们的管理，从长期来看，动态调整，而不是根据每次固定时间点上的评价来看，这样能给员工充分的安全感、适度的紧张感、深度的自我驱动力觉察，再加上团队的化学反应，共同引爆员工的创造力，这应该是互联网时代的绩效管理所应该追求的东西。所以，给员工有安全感的保障，减少物质刺激的频率和力度，欣赏，发自内心的点赞，让工作本身带来的成就感成为对他们最好的奖赏，花费不大却是最珍贵的。当然，笔者要表达的是，不能用静态来管理动态，也不能用短期来管理长期，这并不代表不需要物质奖励，对在一定时期都能不断成长作出贡献的人，还是要及时给予激励的，只是在动态长期的情况下，这种奖励能更有效果。

第十四章

来自名企的绩效实践

- 阿里"三板斧"
- 华为价值链管理
- IBM 的 PBC

本书前文对绩效的各种理论和实践框架做出了尽可能详尽的探讨，在最后一个章节里，笔者希望通过对具体企业的绩效管理展开观察和分析，帮助读者真正地在未来的绩效管理实施过程当中有的放矢。

14.1　阿里巴巴的绩效观

在阿里巴巴，其绩效管理的基本哲学是通过自己的语言的绩效管理，让文化扎根更深，让业务成长得更好，让员工之本得到发展，最终通过业务、文化，让员工去实现其使命愿景价值观。

1. 阿里巴巴绩效管理的四个出发点

（1）东方智慧和西方管理相结合。支付宝有一句很典型的话叫"因为信任所以简单"，阿里巴巴在很多所谓的管理上都是很弱的。比如，出差申请，一天不批，自动生效。东方智慧说得简单一点是阴阳，有的时候强悍，有的时候很温柔。在绩效考核等级分步上，阿里巴巴也会做强制排序。

（2）梦想使命与商业现实相结合。阿里巴巴是要天下没有难做的生意，解决社会问题，帮助一些中小企业发展，但这是理想，毕竟要有商业现实，有商业模式。一个公司能够生存下去，怎么把理想和商业现实放到一起，需要通过绩效管理去体现。

（3）组织与无组织相结合。阿里巴巴的组织特点非常多样化，B2B从管理上来说是非常紧密的一个公司，在淘宝开会，你根本不知道总裁是谁，因为大家都踊跃地去表达自己的观点，最后可能就是几个表达管理意见的同学就把事给定了。阿里巴巴特别相信，这种从下而上的执行力和创新力的结合，是通过绩效管理来实现的。

（4）坚信文化的力量。阿里巴巴的文化决定了其员工为谁服务，多大程度上坚守这种信任，自己应该做什么和彼此应该怎么样一起来工作。

2. 阿里巴巴绩效管理的实践与组织

（1）目标设定：回归客户价值，共同规划

①目标设定的"定"与"晒"。"定"是要回归客户价值，因为阿里巴巴的绩效管理是从客户价值出发的。在做绩效目标的时候，一定要回答这几个问题：

- 公司或者团队到底是做什么的？
- 我为谁服务和要给别人解决什么样的问题？
- 别人能做为什么我们还要做？
- 现在要做的跟原来做的有什么不同？

一定要回答这四个问题。

举个例子，某一个业务部门的负责人跟高管汇报，上面问题他都能回答，说为商家创造价值，每个商家一天能卖掉50万元的货。高管说："你这个还不错，但还是不行。如果说我给你一个KPI，到年底的时候，能让我都特别惊奇地说，哎哟，在这个平台上还能卖这种东西，我就觉得你做得好。"高管的要求是，别人做了，为什么还要做，或者今天做跟昨天做有什么不同，就是要求你放掉原来的追求，从只是追求销售额，变成怎么能让产品更丰富，卖的东西更丰富。

"晒"，上下左右，用各种方法去晒。目标要人人知道，人人理解，人人相信，人人支持，因为目标靠KPI的精细分解想达到协同基本上是表面繁荣，真正能够协同的是让彼此之间能够了解，能够理解，能够相信。

②在目标设定中，强调聚焦。要思考如何通过目标设定，推动业务聚焦在关键业务实现场景和这场"仗"上，以及在打仗的过程中，怎么样去凝聚人心。做绩效定目标的时候，需要经常思考，这个目标究竟是不是聚焦的，究竟打赢了这场仗之后，能不能把员工的能力和士气再上升一个层面？

③在定目标的过程中，阿里巴巴的方法叫共同规划。要把大家看见的因素放在一起，大家共同看我们应该去做什么事，应该定什么样的目标，阿里巴巴的语言里叫"共同看见、共同规划、共同执行和共同复盘"，更强调参与。为了让组织活力能够充分的发挥，阿里开发了像"三板斧"、晒KPI等工具和方法。

（2）绩效执行：丑话当先，持续追踪业务进展

在绩效执行过程中，除了中间要辅导，要关注关键细节外，就是要丑话当先。阿里巴巴人非常直接，如某个下属有问题，管理者就会找他谈，同时会把如果他不能及时改进会产生什么后果谈清楚。曾经有一位员工，她做事很努力，能力也不错，但在那个阶段对这个事情掌握不好，和她谈的时候，她开始也不太接受，但是对管理者来说，在阿里巴巴丑话当先，这是绩效执行当中在过程中需要去做的。到后来，她自己也能够慢慢理解。阿里原来有一句话，在阿里巴巴做负责人对下属要修理，要下功夫，要把话直接说出来。

（3）绩效评估：业绩与价值观的双轨制考核

阿里巴巴采取双轨制考核，考核业绩，也考核价值观，结果要好，过程也要好。价值观考核的方法在不断变化，在公司发展的前十年，价值观需要不断去强化，让大家不断增强认知，那个时候业绩考核和价值观考核是并轨制，两个都是要打分的，最终总的结果产生绩效结果。发展到后面，阿里的价值观考核变成了通关制，起码要到B，符合价值观的要求，做到A是杰出青年，是非常好的；但是如果做到了C，那是不能容忍的。这种变化实际上是随着企业发展和阿里对文化价值观的认知做的调整。

（4）面谈反馈：帮助员工成长是最大善意

阿里半年做一次面谈反馈，"立场坚定""今天的表现是明天最低的要求""丑话当先""No surprise""One over one plus HR"，这些是面谈反馈最基本的原则。其实人都需要直接的反馈，要做到公正、真诚、善意，这种善意不是指用好的话鼓励别人，而是要花很大的脑力和心力去帮他想哪点干得不好，这才是真正对人的帮助。阿里巴巴有很多年轻人，对年轻人很重要的是能够帮助他们成长，而且更多的应该是帮助他们看到有哪些做得不够的地方。

（5）改进提升：借事修人，借人成事

在做业务的过程中，业务做成了，人能不能成长，人的成长会在什么地方。阿里原来叫雌雄同体，雄是做业务，把事情做好；雌是把团队带好，雌雄同体是业务负责人做循环的过程中，不断要去思考的地方。

3. 适应组织："来之能战，战完能散"的灵动模式

阿里的组织形态，由原来按部门条线的组织，发展到要按事情、按项目、按战区的组织模式。绩效管理应该怎么能够让这种"来之能战，战完能散"的灵动组织模式发挥作用。另外，工作流沉淀个人信息，成为绩效依据，也很重要。一是在过程中获取信息与获取资源的能力，二是评估。在一个灵动的组织里，这两点都是非常困难的。阿里巴巴有个手机APP，可以在上面开内部的会，大家可以通过APP点评、点赞，或者踩一下。到年底评估的时候，老板可以根据这些反馈与被点评的员工进行沟通。它的意义在于从实际的场景中及时收集绩效评估信息，包括在内网上，很多人给员工打标签，评价某件事情做得好不好。在灵动的组织里，评估是随时和360度的发生。

4. 从绩效管理的"土话"中传递的理念

阿里在绩效管理方面有一些土话，背后代表着在绩效管理中最难把握的那种味道和感觉。

第一，为不懈努力鼓掌，但为结果付薪。有些公司做绩效的时候，业务的负责人会说某个员工工作特别努力，家里人生病了还在加班，应该多发点奖金。阿里巴巴的判断就很简单，为过程鼓掌，为结果付薪，结果是属于奖的范围，过程属于励的范围。晋升也一样，你说这个人能力很强，投入度很高，我们都同样会问一句，他的结果是怎么样？如果结果还没有到，他就不具备晋升的条件，这是整个组织公认的一个判断。

第二，没有过程的结果是垃圾，没有结果的过程是放屁。过程和结果都很重要，虽然是为过程鼓掌，为结果付薪，如果企业只是在绩效中强调结果，过程或者方向是会走歪的，这里面同样重要的是强调过程，也强调结果。在

阿里巴巴早期，从做事和做人两个维度对人才做了区分，做事特别好的，但是过程和做人特别差的，当时叫"野狗"，他把事情做成了，但是过程非常损害客户利益，或者损害团队利益，在早期叫打野狗，这种同学是不能在阿里巴巴生存下去的。当然企业大了之后，除了打野狗以外还要把"小白兔"请走，小白兔就是多少年如一日，表现非常一般，没有成长。因为企业大了，他在这个部门待两年，再转到另一个部门待两年，四年就过去了，但是对企业对团队都没有什么贡献。

第三，今天最好的表现是明天最低的要求。在阿里巴巴有一句话叫"没有批评就是表扬"，在阿里巴巴永远不要期望别人给你表扬。阿里巴巴的工作历程，就是一个不断从被要求到要求自己，要求别人，不断挑战自己，用更好的方法去取得更好结果的过程。这种不断的成长对个人是有帮助的。

5. 对 Leader 的要求：当爹又当妈

高级别的管理者要不断地说目标；低级别的管理者定 KPI，但要不断地尝试变化。对于创业阶段的公司，CEO 既要抓战略又要抓执行，既要做得对，又要做得好。阿里巴巴对管理者有一些观察和要求，最基层的管理者通过自己拿结果，上边的管理者通过别人拿结果，如何让别人抢着为自己拿结果，好的管理者要思考怎样不断做到这点。

◎附：关于阿里的"三板斧"

"三板斧"典故，相传源自程咬金，他在梦中遇到贵人，只学到了三招，三招说法很多，无非下劈、横抹、斜挑及击刺等关键动作，简单而实用，威力无比。

三板斧延伸含义：解决问题的方法不需要太多，把最简单的招式练到极致，每一招都是绝招。

在阿里巴巴，三板斧是一套管理工具，分别适用于基层、中层、高层管理者，合并起来实际上叫"九板斧"，如表 14-1 所示，这些在管理者的绩效考核中举足轻重。

表 14-1　　　　　　　　　　阿里巴巴三板斧

早期版本	演进版本
基层：定目标、追过程、拿结果	基层：拿结果、Hire&Fire（招聘和解雇）、建团队
中层：Hire&Fire（招聘和解雇），Team Building（建团队），Get Result（拿结果）	中层：定策略、做导演、搭班子[注2]
高层：揪头发、照镜子、闻味道[注1]	高层：定战略、断事用人、造土壤[注3]

注1：通过"揪头发"锻炼一个管理者的"眼界"，培养向上思考、全面思考和系统思考的能力，杜绝"屁股决定脑袋"和"小团队"，从更大的范围和更长的时间来考虑组织中发生的问题。通过"照镜子"来修炼一个管理者的"胸怀"，管理者是需要孤独的，因为要面对自我内心的强大，管理者是需要融入的，因为需要通过"上通下达"来推荐企业与组织的发展，以自己为镜，做别人的镜子，以别人为镜子，将自我完善。通过"闻味道"来修行一个人的"心力"，任何一个团队的氛围，其实就是管理者自我味道的一种体现与放大。一个管理者的味道，就是一个团队的空气，无形无影但无时无刻不在影响每一个人思考和做事的方式，尤其影响团队内部的协作以及跨团队之间的协作。

注2：管理者作为导演角色，一要挑一个好的剧本，即挑选一个好的业务；二要找好的演员，将团队建立起来；三要好的舞美与灯光等配套设施，把团队捏合起来。

注3：管理越往上，能否用对人、能否做艰难而不完美的决定最为关键，这非常考验管理者的智慧，也最能体现他/她到底相信什么。

只要土壤好，植物就容易播种，让团队文化呈现健康的、正能量的状态。

从三板斧的演变也能看出，在企业发展过程中，对于各个层级的要求实际上是跟着企业发展不断在提升的。

14.2 华为的绩效观

接下来，我们再来看看在国内企业里被提及次数最多的华为。华为的各种讨论案例已经非常多了，本书将尝试从华为基本法入手，来展开探讨。

1. 华为基本法——华为绩效管理的基石

首先，华为基本法的第一条，就是对企业使命愿景的阐述，"华为的追求是在电子信息领域实现顾客的梦想,并依靠点点滴滴、锲而不舍的艰苦追求,使我们成为世界级领先企业。为了使华为成为世界一流的设备供应商,我们将永不进入信息服务业。通过无依赖的市场压力传递,使内部机制永远处于激活状态"。第二条就是关于人的,"认真负责和管理有效的员工是华为最大的财富。尊重知识、尊重个性、集体奋斗和不迁就有功的员工,是我们事业可持续成长的内在要求"。

从这两条我们可以很直观地看到一些关键字眼,如华为的基本商业模式所追求的是点点滴滴、锲而不舍。换句话来说,轻轻松松赚钱不是华为的风格。认真负责和管理有效的员工,是华为认可的员工类型,不是说华为无法接受更多样化的员工类型,但是从基本法中所强调的内容里仍然可以管中窥豹。

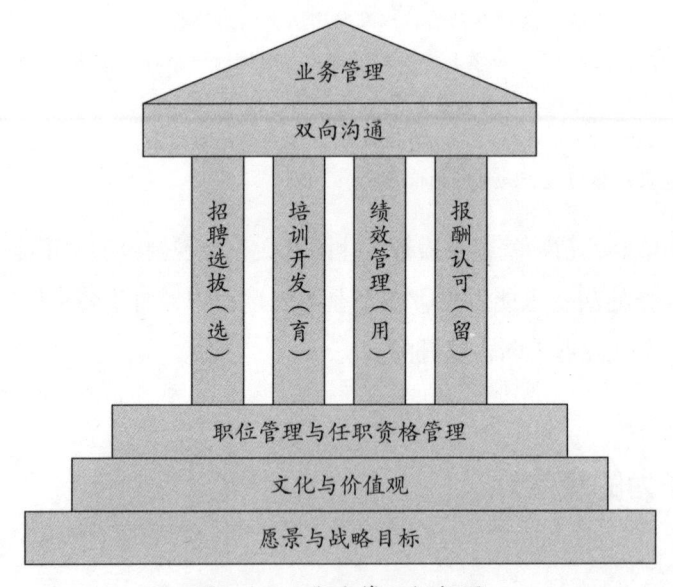

从图14-1,我们可以看到华为整个管理框架。

图 14-1 华为管理框架图

对于绩效管理,华为将其定义为整个人力资源管理体系当中如何使用好人这个资源的核心体系。从评价体系上看,华为主要采用组织绩效测评对公司内的组织进行组织绩效的管理和评价,而对个人,则更多地采用任职资格、绩效管理、绩效考核和计量考核等方法来进行。

2. 华为绩效考评体系的基本假设

华为绝大多数员工是愿意负责和愿意合作的，是有高度自尊和有强烈成就欲望的。

- 金无足赤，人无完人；优点突出的人往往缺点也很明显。
- 工作态度和工作能力应当体现在工作绩效的改进上。
- 失败铺就成功，但犯同样的错误是不应该的。
- 员工未能达到考评标准要求，也有管理者的责任。员工的成绩就是管理者的成绩。

从上述这些描述当中可以很明显地看到目标管理当中的Y理论的体现，但也明确地表明结果导向和管理者与被管理者之间责任共担的导向。

同时，华为认为价值创造、价值评价和价值分配应该是一个闭环的体系，如图14-2所示。华为认为建立客观公正的价值评价体系是华为人力资源管理的长期任务。而绩效管理则是管理价值创造链中价值创造、价值评价和价值分配的系统工作重要载体之一。

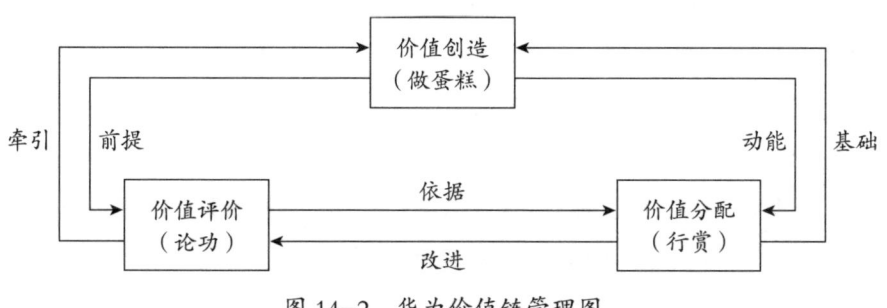

图 14-2　华为价值链管理图

3. 华为绩效管理的实施

图14-3所描述的是典型的华为绩效管理的日常流程，详细的内容和本书前述的各个环节有很多相类似的地方，这里我们只是对其中的一些有特点的地方加以详述。

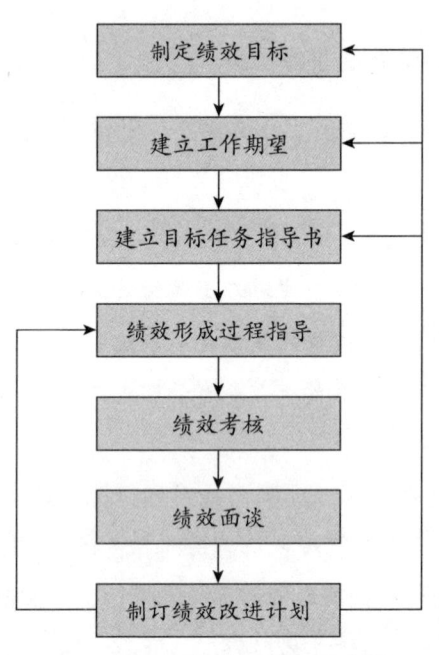

```
制定绩效目标
   ↓
建立工作期望
   ↓
建立目标任务指导书
   ↓
绩效形成过程指导
   ↓
绩效考核
   ↓
绩效面谈
   ↓
制订绩效改进计划
```

图 14-3　华为绩效管理流程图

（1）绩效目标的制定

绩效目标是各级主管根据考核周期内公司对员工的要求和期望，在协商的基础上确定的工作目标。

对于拥有管理角色的员工来说，他们的目标当中，通常任务类、指标类的目标会占到70%，工作行为与态度考核占20%，管理行为占10%。

对于非管理类的岗位任职者，任务类、指标类的目标会占到80%，工作行为与态度考核占20%，没有管理行为这个维度。

由此我们可以观察到，华为在指标设定的部分，还是非常倾向于采用KPI的模式来进行，并通过行为与态度考核，来部分平衡重结果可能带来的轻过程的问题。

（2）建立工作期望

为了确保员工在业绩形成过程中实现有效的自我控制，各级主管在填具考核表后，必须与所辖员工就考核表中的内容和标准进行沟通。换句话来说，目标制定不是走过场，而是要把制定的目标和控制的过程在事前进行充分的沟通，达成共识。

沟通的基本内容包括：
- 期望员工达到的业绩标准；
- 衡量业绩的方法和手段；
- 实现业绩的主要控制点；
- 管理者在下属达成业绩过程中应提供的指导和帮助；
- 出现意外情况的处理方式；
- 员工个人发展与改进要点与指导等。

在沟通结束后，按照华为的要求，必须形成书面文件即目标任务指导书的，根据指导书的内容，管理者必须在整个绩效周期当中，不断地给予指导和帮助，并记录在行为指导记录当中，以便积累客观事实和依据。

实际上通过这种把口头和行动落实到纸面上的方式，虽然可能看上去很"笨"，但实际的效果会大大好于那种所谓的"简化"，考虑到公司规模和人才管理水平现状，不得不说这是目前在国内比较有效的方法之一。

（3）绩效考评与面谈

工作绩效的考评侧重在绩效的改进上，宜细不宜粗；工作态度和工作能力的考评侧重在长期表现上，宜粗不宜细。考评要素随公司不同时期的成长要求应有所侧重。

在绩效考核的过程当中，必须依据客观事实进行评价，尽量避免主观，同时做好评价记录，以便进行考核面谈。

在考核结束后，各级主管必须与每一位下属进行考核面谈，面谈的主要目的在于：肯定业绩，指出不足，为员工职业能力和工作业绩的不断提高指明方向；讨论员工产生不足的原因，区分下属和管理者应承担的责任，以便形成双方共同认可的绩效改善点，并将其列入下年度（或考核周期）的绩效改进目标；在员工与主管互动的过程中，确定下年度（或考核周期）的各项工作目标和目标任务指导书；如有必要，可修订年度（或考核周期）的"目标任务指导书"，但必须经过上一级主管同意后方可。

绩效考核的结果原始文件，在华为由人力资源部进行保存，管理者与被管理者都只能保存复印件。

4. 绩效结果的应用

在绩效结果的应用上，华为几乎涉及了人力资源管理价值分配的所有方面。华为基本法对价值分配做出了基本定义，如"华为可分配的价值，主要为组织权力和经济利益；其分配形式是：机会、职权、工资、奖金、医疗保障、股权、红利以及其他人事待遇。我们实行按劳分配与按资分配相结合的分配方式"。"效率优先，兼顾公平，可持续发展，是我们价值分配的基本原则。按劳分配的依据是：能力、责任、贡献和工作态度。按劳分配要充分拉开差距，分配曲线要保持连续和不出现拐点。股权分配的依据是：可持续性贡献、突出才能、品德和所承担的风险。股权分配要向核心层和中坚层倾斜，股权结构要保持动态合理性。按劳分配与按资分配的比例要适当，分配数量和分配比例的增减应以公司的可持续发展为原则"。具体而言，主要有：

- 奖金的分配，包括月度奖金、季度奖金和年度奖金；
- 绩效工资的确认，对于年薪制的人员，则确认年薪上限；
- 各项资格的确认：晋级、晋等、晋职等资格的确认；
- 培训资格的确认；
- 其他资格的确认，包括是否参与长期激励等。

这里要单独提一句，关于年薪制员工，他们的个人绩效系数只有在等级为优秀的情况下，才能够为 1。也就是说，如果有任何领域的绩效指标未能达到优秀，该员工就不可能拿到全额奖金，至少在个人系数上。

◎附：华为绩效目标制定的指引

华为是通过 PBC（Personal Business Commitment 个人绩效承诺）来作为绩效目标设定的体现的。员工和干部的考评，是按明确的目标和要求，对每个员工和干部的工作绩效、工作态度与工作能力的一种例行性的考核与评价。考评结果要建立记录，在各层上下级主管之间要建立定期述职制度。各级主管与下属之间都必须实现良好的沟通，以加强相互的理解和信任。沟通将列入对各级主管的考评。

员工和干部的考评实行纵横交互的全方位考评。同时，被考评者有申诉的权利。

1. 个人绩效承诺各部分的关系

如何看到个人承诺与总体目标的关系，如图14-4所示。

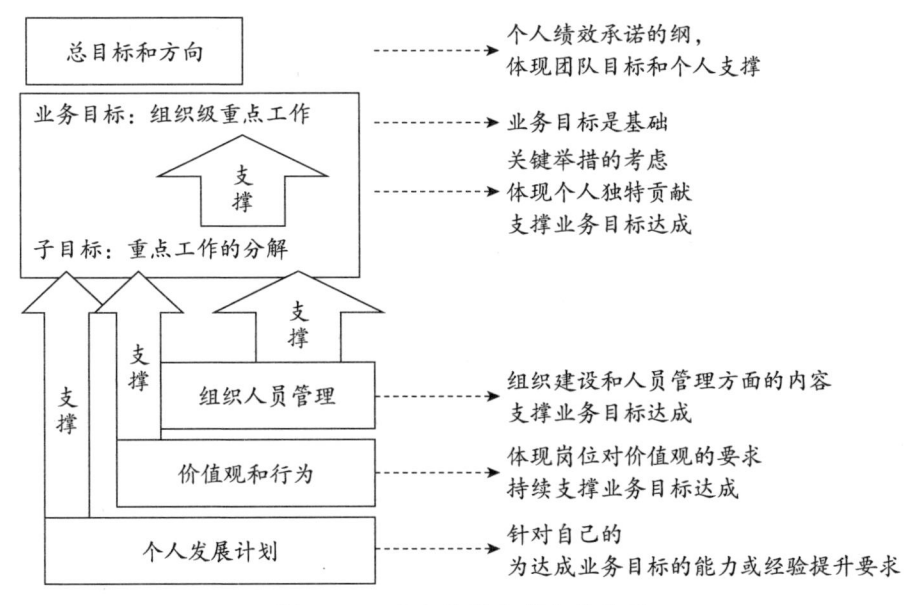

```
┌─────────────────┐
│  总目标和方向    │----→ 个人绩效承诺的纲，
└─────────────────┘      体现团队目标和个人支撑
┌─────────────────────────┐
│ 业务目标：组织级重点工作 │----→ 业务目标是基础
│         ↑支撑           │      关键举措的考虑
│ 子目标：重点工作的分解   │----→ 体现个人独特贡献
└─────────────────────────┘      支撑业务目标达成
   ↑支撑 ↑支撑  ↑支撑
┌─────────────────┐
│  组织人员管理    │----→ 组织建设和人员管理方面的内容
└─────────────────┘      支撑业务目标达成
┌─────────────────┐
│  价值观和行为    │----→ 体现岗位对价值观的要求
└─────────────────┘      持续支撑业务目标达成
┌─────────────────┐
│  个人发展计划    │----→ 针对自己的
└─────────────────┘      为达成业务目标的能力或经验提升要求
```

图14-4　个人承诺各部分关系图

2. 个人绩效承诺聚焦主业务目标

这其中强调了两点：

一是明确导向，确保质量。各业务部门和团队需要明确团队绩效评价的导向和标准，并面向员工进行有效的解读和传递；明确澄清并分解本团队的业务目标，并体现个人的独特价值，确保上下对齐。

二是聚焦工作，形式简化。聚焦业务成功，质量为先导向。关键举措为必选项，团队目标及评价标准体现在员工的个人绩效承诺中。

3. 业务目标制定：强调透过现象看本质

在这个过程中，要找到自己真正的客户，发现自己为客户服务时有区别于他人的独特价值。

一是日常工作项列举（列现象），包括列出关键工作项，写出该工作区别于他人的事情或者动作。

二是找到每项工作目标（看本质），包括结合列出的每项工作思考"这项工作为客户带来什么价值"；找到不同工作项可能相同的"主目标"，主目标相同的不同工作项，无法用统一的评价标准时，就应有不同的"子目标"及评价标准。

三是结合目标定衡量标准（定标准）。标准是用于衡量目标达成的质量，是岗位要求，不是衡量个体的；在不可接受、达标和卓越三个层次之间有明确间距。超出达标不一定是卓越，只有每次目标达到了卓越才叫卓越。也就是说评价的不是目标的完成率，而是达成的整体结果。

4.业务目标制定沟通：3+1 对齐（图 14-5）

帮助下属聚焦正确的事	辅导下属将事做对	激发下属拥抱挑战热情
澄清与沟通下属年度工作方向、业务重点和绩效期望及目标，确保其与战略一致且聚焦	分析"组织和个人面临的当前与未来的核心挑战"，共识"达成目标的思路、方法和领导行为"	激发下属主动设立有挑战性的目标，促使出于自己的意愿而乐于付出超越职责的努力
目标对齐	思路对齐	理念对齐

个人绩效承诺认识和理解的对齐

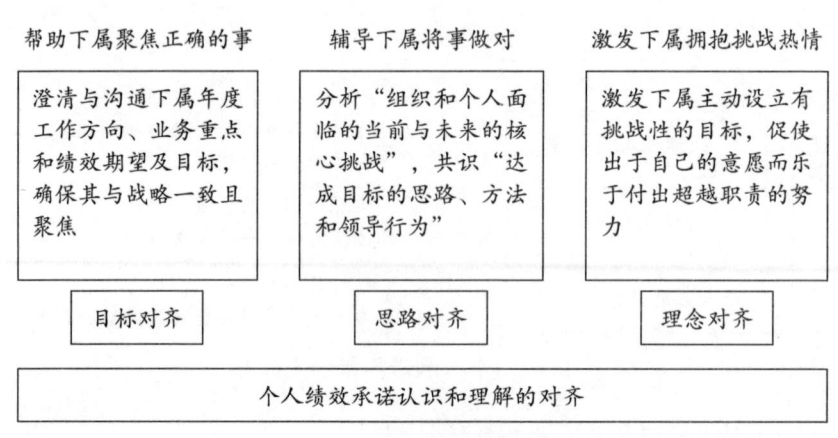

图 14-5　业务目标制定对齐图

在华为，强调的是，个人绩效承诺目标不是单纯为了考核，而是给员工指明业务和努力方向的激励工具。是工作方向，不是工作计划；是按岗位制定达标标准，并结合个人实际设定挑战目标；是目标而不是指标，会有部分有效的量化指标，但不过分追求量化。

个人绩效承诺目标设置环节，要通过"3+1 上下对齐"，逐步将个人绩效承诺作为核心工具应用到人员管理的全过程，从而真正驱动更高绩效。

5.PBC（Personal Business Commitment 个人绩效承诺）示例（表 14-2）

表 14-2　　　　　　　　　　　PBC 示意表

总体目标方向（是描述该考核周期总体目标和方向，是 PBC 的纲）						
深入了解部门业务，保障 X 项目有效运作，高效支撑 A 部门的业务工作						
主业务目标描述	子目标分类	子目标描述（可选）	子目标权重	评价标准		
^	^	^	^	不可接受标准（可选）	达标标准	卓越标准
作为项目计划监控的协助者，精细化管理人力、进度、依赖关系、遗留问题、项目费用，促进项目的有效管理	保证人力预算即时准确且满足要求	1. 及时制定今年预算及准确刷新滚动预算 2. 及时提供部门总体人力信息，协助管理人力不超预算	30%			
^	项目有效运作	1.A 部门全面分层的 AHB 开展 2. 建立有效的版本效率基线 3. 研发项目运作报告有效支撑项目开张	30%			

14.3　IBM 的绩效观

虽然在过去一年多的时间里，很多的大型外资高科技企业都在尝试取消绩效打分体系，但这并不意味着其取消了绩效管理。

大家比较熟悉的 IBM 的绩效管理工具是 PBC（Personal Business Commitment），其具体有以下几方面特点：

（1）从考核周期看，PBC 以年为单位，即使是身处基层的一线员工，包括销售人员在内，也是以年为单位。

（2）从考核内容看，PBC 包括业务目标、个人发展目标和员工管理目标，其中员工管理目标仅对经理人员（People Manager，指有直接下属的各级领导）适用。

（3）从指标性质看，除业务目标中部分目标是定量指标，如销售收入、利润和工时利用率外，PBC 的其他指标大多是定性指标，如团队合作、知识贡献等，即主要由上级来进行主观评定的指标。

（4）从指标数量看，大多数员工 PBC 的定量指标一般不会超过 5 个。

（5）从考核结果看，PBC 的考核结果分为五档，即 A、B+、B、C 和 D，并实行强制分布，其中 A 一般不超过 15%，C 和 D 加起来，一般不少于 5%；考核结果由经理直接给出，对于 A 和 C 或 D 的，须由经理所在的团队集体讨论决定。

（6）从考核流程看，IBM 的 PBC 会严格遵循计划、辅导、考核和反馈四个环节。其中计划在年初做出，由经理和个人讨论决定，特别强调双向承诺，即员工对领导下达的业务目标从心里承诺和领导对员工提出的个人发展目标承诺。辅导贯穿整个考核周期，制度要求经理和员工在 7 月有一个正式的面谈，主要回顾绩效的达成情况，讨论存在的问题，以及在必要的时候对绩效目标进行修订。考核结果一般在年底做出，由经理直接反馈给员工。如果员工对考核结果不满意，可以向人力资源部门申诉。

（7）从应用结果看，IBM 是一个绩效导向很强的公司，员工的绩效考核结果对员工晋升和工资增长有着直接的决定作用。在 IBM 内部有一个说法，即使和老板的关系再好，如果你的绩效不好，你也很难晋升，当然也很难大幅加薪。

（8）一般员工一年花在 PBC 上的时间不会超过 1 天。经理人员所花时间主要看他所带的团队规模，但整体而言，除平时给下属的指导和辅导外，其花在单个下属 PBC 上的时间，一般也不会超过 0.5 天。

但是随着 IBM 自身业务从硬件转向软件，以及人才市场的变化，自 2016 年下半年开始，整整沿用 10 年的 PBC 被新的 Check Point（检查站）系统所取代。之所以会采用新的系统，除了向云计算和大数据转型过程中对岗位、人才以及各种调整带来的变化，另一项重要的原因是很多员工在实际工作当中已经在做与系统假设不一致的内容。

传统的 PBC 系统保证了员工在年初、年中、年末三个视点能够对一年的目标展开绩效的讨论与审核，还包括了员工自评和管理者评估的部分，但是这些曾经备受瞩目和模仿的做法，越来越难以获得 IBM 公司员工的认同。在设计新的绩效管理体系的过程中，IBM 采取了一种异于常规的做法。人力资源部门并不是简单地选择了一套新的系统，而是在公司内的社交网络上发布了这样一条消息，即邀请 170 多个国家的 38 万名员工，对公司的新的绩效管理体系提建议。这条消息一共获得了 7.5 万次阅读和超过 2000 个评论。之后，IBM 通过对评论的文字分析以及后续的访谈，总结出了未来新系统的改进方向。比如，他们了解到其实员工非常讨厌进行自评，管理者对强制分布的反感，员工希望得到频率更高的反馈，等等。

新的 Check point（检查站）系统当中，员工将需要制定短期目标，经理会根据进度，每个季度进行一次反馈沟通。年终审核的时候，会从业务成果、客户影响、创新、团队责任和技能五个方面来进行评估。绩效评估的结果不再是一个"单独"的分数，而是五个更为平衡综合的审核。

那么究竟是什么原因导致 IBM 改变现有评估体系，并启用新体系呢？从笔者所了解的信息来看，当业务发生转型时，人力资源政策和人员战略也需要协同一致来支撑这种转型。这就需要一套敏捷、灵活的绩效体系来帮助员工制定短期目标，并实现经常性的绩效反馈。这样可以帮助经理和员工根据业务演变需要动态地去改变目标。同时，也能以一种结构化的和方便的形式，便于员工寻求有关个人发展的反馈，以及经理向员工提供反馈。之前每年一次的绩效评估体系 PBC 中也包括了"员工排名"：把员工互相比较，而不仅仅是把员工和他完成自己目标的情况比较。这种比较是多余的。

新的体系当时采取的办法是自下而上，在实施新体系之前采纳了员工的反馈。

人力资源部门并不是随便选一个新体系然后就开始实施它。人力资源部门向 170 个国家的 38 万名 IBM 员工征求应该采用什么样的流程和体系。当公司决定再造员工绩效评估体系时，首先问员工他们希望看到什么样的结果。人力资源部门通过 IBM 的内部社交网站 Connections 征询全体员工的意见。可以说是 IBM 的员工创造了 Check Point。人力资源部门还通过在线小型调研来让员工就工作优先项这样的话题进行投票。员工希望废除员工排名制度，也希望更加经常性地得到绩效反馈，并且在一年之中有机会修改他们的目标。

根据对员工意见的分析，评估流程中加入了 5 大标准，分别是：
- 业务结果（Business Results）；
- 客户成功影响（Impact on client success）；
- 创新（Innovation）；
- 对他人的个人责任（Personal responsibility to others）；
- 技能（Skills）。

经理需要评估员工的工作，是否在上述五个维度达到或超越了目标，以及是否还有改进空间。

Check Point 和之前的 PBC 体系相比，不同之处究竟在哪里？传统的做法是在年初设定目标，然后根据这些目标来评估员工。员工和经理之间有一次年中检查（Mid-year Check-in）。然后，员工会在 12 月得到一次最终评估和唯一的绩效得分。Check Point 的做法是让绩效反馈贯穿全年。它让目标从一种行政管理流程变得生动起来，可以让员工在完成重大目标的过程中推动协同和确定里程碑。Check Point 在全年周期中以上述 5 个标准作为绩效反馈和对员工最终评估的基础。

在新体系中，IBM 不是简单地让员工在每个季度都有不同目标，或是把年度目标分解为四部分。而是根据员工的工作类型——有些 IBM 员工做项目工作，所以他们的目标是和这些项目统一起来的，会根据年度目标分解为不同里程碑。Check Point 能让员工在全年过程中改变目标，并获得更加频繁的反馈。

员工在进行年终评估时，也不是简单地根据 5 大标准直接评分。比如，第一个标准"业务结果"是和完成那些在全年过程中设定的目标相联系的。后面三个标准（"客户成功影响""创新"和"个人对他人的责任"）是和 IBM 的价值观紧密相关的。最后一项标准与技能发展有关，如何评测这项标准取决于员工发展的技能和从事的工作类别。

总体来说，IBM 的员工对新评估体系进行了积极的反馈。新老体系的过渡进行了将近一年。为了确保平稳过渡，人力资源部为经理和员工举行了宣讲会。变革成功的关键是大家要真正成为这种变革的主人。这套体系从员工的利益出发、真正服务于员工，所以它很受欢迎。员工们在 IBM 内部社交平台 Connections 上也不断地对这套体系提出意见。人力资源部在该领域的专家们也会通过该社交平台来回答员工提问。

Check Point 对 IBM 的绩效管理来说，它不仅仅是一个新项目。它是 IBM 作为公司转型的重要一步。Check Point 帮助 IBM 创建了一种反馈和公开沟通的文化，它通过赋权从而让 IBM 员工找到一种更佳的工作方式。通过不断进行的小型调研，人力资源部可以随时了解新体系的适用情况，也会不断地检查和采纳员工对新体系的反馈。

IBM 目前的做法，其实正在被越来越多的美国公司采用。曾经在绩效管理领域走在最前沿的 GE，10 年前放弃了强制分布，2015 年又宣布，将在未来的几年内，放弃正式的年度绩效评价流程，改为使用 APP 进行频次更高但非正式的评价系统。在试点的群体当中，连打分都取消了。

越来越多的理论研究和企业实践都在质疑，年度评估与打分的这套绩效管理体系，是否能够对公司整体绩效的提升产生有效的刺激作用。所谓的负向激励（通过批评和挑毛病来促使人进步），是一种对人类激励有缺陷的理解。人群的分布和正态分布之间相差极大。所以多数年度评分和打分的这种体系，最后都落在纸面上，成为纸上谈兵、官僚主义的存在，而不是真正能够带来变革。

图书在版编目（CIP）数据

名企绩效考核最佳管理实践：价值评估与应用新模式 / 王文萍，李喆著 .—北京：中国法制出版社，2018.4
（名企 HR 最佳管理实践系列丛书）
ISBN 978-7-5093-9240-9

Ⅰ. ①名… Ⅱ. ①王… ②李… Ⅲ. ①企业绩效 – 企业管理 – 研究 Ⅳ. ① F272.5

中国版本图书馆 CIP 数据核字（2018）第 028471 号

策划编辑：潘孝莉（editorwendy@126.com）
责任编辑：潘孝莉　程　思　　　　　　　　　　　　　　封面设计：古涧文化

名企绩效考核最佳管理实践
MINGQI JIXIAO KAOHE ZUIJIA GUANLI SHIJIAN

著者 / 王文萍　李　喆
经销 / 新华书店
印刷 / 三河市紫恒印装有限公司
开本 / 787 毫米 ×1092 毫米　16 开　　　　　　　印张 / 16.75 字数 / 256 千
版次 / 2018 年 4 月第 1 版　　　　　　　　　　　2018 年 4 月第 1 次印刷

中国法制出版社出版
书号 ISBN 978-7-5093-9240-9　　　　　　　　　　　　　　　　定价：59.00 元

　　　　　　　　　　　　　　　　　　　　　　　　值班电话：010-66026508
北京西单横二条 2 号　邮政编码 100031　　　　　　传真：010-66031119
网址：http://www.zgfzs.com　　　　　　　　　　　编辑部电话：010-66066620
市场营销部电话：010-66033393　　　　　　　　　邮购部电话：010-66033288
（如有印装质量问题，请与本社编务印务管理部联系调换。电话：010-66032926）

向名企 HRD 大咖学习标杆企业管理实践

中国人民大学劳动人事学院院长、博士生导师　**杨伟国**

华夏基石管理咨询集团董事长　**彭剑锋**

联袂推荐

《名企人才招聘最佳管理实践》	潘平	《名企员工关系最佳管理实践》	贺清君
《名企绩效考核最佳管理实践》	王文萍　李喆	《名企员工培训最佳管理实践》	王俊杰
《名企薪酬福利最佳管理实践》	于彬彬　刘雅玲	《名企人力资源最佳管理实践》	孟涛
《名企阿米巴合伙人制最佳落地实践》	陈毅贤	《名企人力资源最佳管理案例》	胡劲松
《名企人力资源管控最佳管理实践》	张萌　王松林　武啸	《名企员工激励最佳管理实践》	李琳

- 融汇国内顶级标杆企业实践
- 提炼业界人力管理经典做法
- 企业各级管理者必备锦囊

丛书主编　贺清君

· 凡购买本套丛书者模板工具表格均免费赠送
· 凡购买丛书者零距离倾听大咖独家传授秘籍
· 遇到管理难题可免费在线提问并获支持帮助

与大咖为伍，携智慧同行，相敬为师，一起向前！

01 课程背景：

十多位来自360、乐视、凤凰网、北汽福田等名企HRD/HRVP专家领衔主讲。微课设置基于"名企HR最佳管理实践系列丛书"知识体系，微课分为阿米巴合伙人制、招聘、培训、绩效、薪酬、员工关系以及员工激励等人力资源最佳管理实践经验分享。

三人行联合"名企HR最佳管理实践系列丛书"作者，倾力打造"向标杆企业学人力资源管理"专题微课，与丛书作者零距离为伍，同在一群，互动交流，学习共长！

02 上课形式：

文字＋图片＋语音＋线下讲座　　微信班级群内分享（每班仅限200人）
每月2次微课分享　　　　　　　晚上8:00-9:00课程精讲、9:00-9:30互动答疑
一年总计20次

一年只需99元，加入专享微信班级群

03 即可拥有：

1. 与10多位名企HRD专家同在一个群；
2. 365天专业学习与工作交流的机会；
3. 老HRD手把手微课精讲与工作指导；
4. 每月2次、全年20次微课绝对超值；
5. 不定期分享主题沙龙暨HR联谊会；
6. 重温"班集体"互帮互助的温暖；
7. 来自五湖四海HR同学的关系人脉；
8. 不定期的线下聚会共同学习成长；
……

04 报名方式：

第一步：添加微课助手微信号（请右侧的二维码加入）；
第二步：微信直接缴费99元；
第三步：邀请加入微课班级群，开启一年的学习。

（每班学员仅限200人，先报先得，人满即止）